verlag wiljo heinen

Heinz Langer,
ausgewiesener Lateinamerika- und Kuba-Kenner, wurde 1935 in Schwarzheide, Brandenburg, geboren. Er absolvierte eine Berufsausbildung als Dreher im VEB Braunkohlenwerk Lauchhammer-Ost, wo er nach Abschluss der Ausbildung bis 1953 tätig war.

Von 1953 bis 1956 besuchte er die Arbeiter- und Bauernfakultät in Leipzig und Halle, erwarb dort sein Abitur und studierte dann von 1956 bis 1962 am Institut für Internationale Beziehungen in Moskau, Spezialisierung »Lateinamerika«. Seine Diplomarbeit schrieb er zum Thema »Die Allianz für den Fortschritt«.

Ab 1962 arbeitete er in der Abteilung Lateinamerika des Ministeriums für Auswärtige Angelegenheiten der DDR, Sektor Brasilien. 1964/65 war er Attaché an der DDR-Botschaft in Havanna, danach Sektorleiter im MfAA für Chile, Argentinien und Brasilien. 1969 bis 1973 lag sein Arbeitsmittelpunkt in Rio de Janeiro, Brasilien, zunächst als Stellvertreter, dann als Leiter der dortigen DDR-Handelsmission.

1. Akkreditierung Heinz Langers (re.) als DDR-Botschafter im Juli 1975: Übergabe des Beglaubigungsschreibens an den Präsidenten Kubas, Oswaldo Dorticós (erster Präsident Kubas nach dem Sieg der Revolution)

Von 1975 bis 1979 und von 1983 bis 1986 war er Botschafter der DDR in Kuba, danach in der Abteilung Information des MfAA tätig.

Ab 1989 war er Direktor des Büros für die DDR-Kulturzentren im Ausland, 1990 erfolgte dann der unfreiwillige »Altersübergang« zum Rentner. Seit 1990 leitet er jährliche Gruppenreisen interessierter deutscher Touristen nach Kuba mit politischem Bildungs- und Kontaktprogramm. Er unternimmt Reisen nach Kuba u.a. im Auftrag von deutschen Unternehmen.

KUBA

La revolución dinámica
Die lebendige Revolution

Zur Entwicklung Kubas in jüngster Zeit

Heinz Langer

ISBN 978-3-939828-06-8

Eine »elektronische« Version dieses Buches ist im Internet unter **www.verlag-wh.de** erhältlich.

Bildnachweis:
Die Fotos auf Seite 2, Seite 210 und der Rückseite des Umschlags stammen aus dem Archiv von Heinz Langer.
Die Fotos auf dem Titel und auf den Seiten 10, 79, 129, 164, 190, 201, 221 und 253 stammen von Wiljo Heinen und wurden im Jahre 2006 in Kuba aufgenommen.

Umschlag und Typographie: Wiljo Heinen

Druck und Weiterverarbeitung:
UAB »Spaudos projektai«, Litauen

Gesetzt aus der Utopia.

INHALT

Die kubanische Perspektive

In unzähligen Diskussionen und Gesprächen, die ich mit Freunden aus früheren Zeiten und auch der Gegenwart hatte, wurde mir die besorgte Frage gestellt: Wird die kubanische Revolution überleben? Wird es den USA gelingen, sich nunmehr auch Kubas zu bemächtigen? Andere deuteten starke Zweifel an, ob nicht die kubanische Führung die gleichen Fehler mache, wie es in der DDR geschehen war. Was könne Kuba ohne die Sowjetunion und die anderen sozialistischen Länder Europas tun? Die Besorgnis ist groß.

Auch heute noch, nach über 16 schweren Jahren, in denen das kubanische Volk die extremen Niederlagen und Verluste aus eigener Kraft überwunden hat, bleiben viele Fragen offen. Aber die Kubaner sind stolz auf das, was sie geschaffen haben und sie stehen zu ihrer Revolution.

Die Mehrheit der so vielfältigen Fragen, Zweifel oder skeptischen Beobachtungen beruht wohl auf eigenen Enttäuschungen aus dem Schicksal der sozialistischen Entwicklung in Europa und lässt ehrliche Sorgen erkennen, ob es in dieser fernen, vermeintlich auf sich selbst gestellten Insel möglich sein wird, den antikapitalistischen oder gar sozialistischen Weg fortzusetzen.

Es gibt aber auch »Fragesteller«, deren Motive woanders liegen. Auch denen bin ich in Veranstaltungen in der Heimat, in Gesprächen als Begleiter touristischer Kubareisen in nunmehr bereits 16 Jahren oder in der zahlreichen Kuba-Literatur begegnet. Die meisten von ihnen könnte man oberflächlich als nicht lernfähige Besserwisser abtun, die aus Erscheinungen des täglichen Lebens auf Kuba voreilige verallgemeinernde Folgerungen ziehen, oder gar mit Absicht vorgefasste z.T. falsche Meinungen verkünden. Bedenklicher jedoch sind solche so genannten Gesellschaftswissenschaftler, Soziologen oder Politikwissenschaftler besonders der vermeintlich linken Szenerie, die nun – ausgerechnet jetzt, da die Wirtschaftsentwicklung in Kuba einen deutlich höheren Rhythmus als in der kapitalistischen Welt zeigt – versuchen, theoretisch den Beweis anzutreten, dass auch in Kuba, wie damals in Europa, der Sozialismus objektiv an seine Grenzen gestoßen sei.

Dieses Buch beleuchtet einige Zusammenhänge – und Unterschiede zu unserer Entwicklung in Europa –, um Fragen zu beantworten und damit Anregungen für weitere hoffentlich lebhafte Aussprachen zu geben.

Viele Fragen sind bereits vom Leben beantwortet, viele wird die Zukunft beantworten. Von einer Prämisse sollten wir aber bereits heute ausgehen: *Kuba, seine Revolution, seinen sozialistischen Versuch nicht mit der DDR oder mit anderen Ländern gleichzusetzen.*

Nach dem Zusammenbruch des sozialistischen Lagers blieben die Hoffnungen der kapitalistischen Profiteure auf einen Umsturz in Kuba unerfüllt, die kubanische Revolution wurde fortgeführt. Zwei Faktoren waren dabei ausschlaggebend:

1. die Verpflichtung gegenüber der eigenen Geschichte: der jahrelange Kampf gegen koloniale Unterdrückung und Ausbeutung, um nationale Unabhängigkeit, um die Souveränität Kubas, um nationale Würde, Selbstbestimmung und um soziale Gerechtigkeit für das Volk und

2. die feindliche USA-Politik gegenüber Kuba, die die kubanische Führung stets zur Konsequenz in den politischen Entscheidungen gezwungen hat und zu strengster Wachsamkeit verpflichtete.

Die Ideale aus den Schlachten gegen fremde Herrschaft prägten die Handlungen kubanischer Freiheitskämpfer bereits weit vor dem Entstehen der »Bewegung des 26. Juli«, vor dem Sturm auf die »Moncada«-Kaserne am 26. Juli 1953. Sie waren Motivation für den Kampf der Rebellenarmee und gruben sich in den Jahren nach dem Sieg tief in das Bewusstsein des Volkes und besonders der Jugend ein. Es war bedeutsam, dass bereits lange vor dem Sieg am 1. Januar 1959 eine grundlegende politisch-ideologische Orientierung und eine reiche revolutionäre Praxis aus den Befreiungskriegen im Volk vorhanden waren.

Dies war eine der Besonderheiten der kubanischen Revolution, die sich von den Entwicklungen in Osteuropa und in der DDR unterschied. Um das zu verstehen, muss heute nachdrücklich darauf hingewiesen werden, dass sich die kubanische Revolution weitgehend unabhängig von den Prozessen in Europa vollzogen hat, dass sie nicht mit den Panzern der Roten Armee »dahergekommen« ist. Das hatten sicherlich auch die Repräsentanten aller gesellschaftlichen Organisationen Kubas im Sinn, als sie im Juni des Jahres 2002 eine Initiative zur Ergänzung der kubanischen Verfassung ergriffen. Darin heißt es u. a.: *»Das Volk von Kuba, rechtmäßiger Erbe und Fortsetzer der ruhmreichen Traditionen des Kampfes um die Befreiung, die Unabhängigkeit und Souveränität der Nation...«* In einer

Volksabstimmung votierten über 8 Millionen Kubaner, 95 % der erwachsenen Bevölkerung für die Verfassung.

Wie zur Verdeutlichung dessen führte Fidel Castro bereits einige Jahre vorher in einem Interview mit dem US-Fernsehsender NBC im Jahre 1986 aus: *»Wir sind ein Land, das aus eigener Kraft die Revolution gemacht hat. Niemand anders hat sie für uns gemacht. Wir haben sie ganz alleine gemacht. Als diese Revolution begann, kannten wir keinen einzigen Menschen aus der Sowjetunion. Als diese Revolution siegte, kannten wir noch immer keinen einzigen Menschen aus der Sowjetunion. Unser Land vertrat immer selbstständige Ansichten, und es verfolgte immer die Politik, Lehren aus nützlichen Erfahrungen anderer revolutionärer Länder zu ziehen.«*

Nicht nur die erbitterten Gegner des antikapitalistischen, sozialistischen Wegs werden nicht müde, Kuba eine wirtschaftliche, soziale und somit politische Fehlentwicklung vorauszusagen, die zudem noch von Diktatur, undemokratischer und somit den Menschenrechten feindlicher Entwicklung geprägt sei. Es ist allzu verständlich, dass die Ideologen und Propagandisten des Kapitalismus ein solches Bild verbreiten müssen. Weniger verständlich ist es jedoch, wenn sich selbst als »links« verstehende Wissenschaftler, seien es Soziologen oder gar Kybernetiker, nach Analyse des Scheiterns der sozialistischen Versuche in Europa zu dem Schluss kommen, dass auch die sozialistische Revolution auf Kuba objektiv an ihre Grenzen gekommen sei. Diese so genannten »Neomarxisten« sollten sich gründlicher mit dem Gegenstand ihrer Forschungen vertraut machen.

Um den historischen Prozess der kubanischen Revolution besser zu verstehen, muss man sich mit der Geschichte des Landes beschäftigen: In erster Linie ist es der ständige Kampf um die nationale Unabhängigkeit, der die Politik in Kuba noch heute weitgehend prägt und den Nationalstolz ungewöhnlich deutlich erkennen lässt.

Die Wurzeln der Revolution

Die nationale Befreiungsrevolution begann faktisch mit dem ersten Unabhängigkeitskrieg 1868 bis 1878 unter Carlos Manuel de Céspedes. Dieser Rechtsanwalt und Gutsbesitzer, Nachkomme spanischer Grundbesitzer, proklamierte auf seinem Landsitz »La Demajagua« am

10. Oktober 1868 die Unabhängigkeit Kubas und gab seinen Sklaven, wie viele andere Mitstreiter, die Freiheit.

Am 10. Februar 1878 endete der Befreiungskrieg mit dem »Pacto de Zanjón« - fehlende Waffenlieferungen besiegelten die Kriegsniederlage. Doch die zehn Jahre des Krieges gegen die spanischen Kolonialherren hatten das Bewusstsein der Mehrheit der Kubaner verändert. Das Gefühl für den eigenen Wert, für die eigene Würde prägte sich tief im Charakter der Menschen ein.

Es dauerte fast 17 Jahre, bis die kubanischen Freiheitskämpfer ihre Kräfte erneut gesammelt hatten, um - diesmal endgültig - die spanische Kolonialherrschaft abzuschütteln. Es kam zum 2. Unabhängigkeitskrieg 1895-98. Antonio Maceo, ein Mulatte, und der Dominikaner Máximo Gómez, die bereits im ersten Krieg zu Nationalhelden wurden, waren die militärischen Führer dieser neuerlichen Erhebung.

Der geistige, politische Führer jedoch war José Martí. Geboren am 28. Januar 1853 in Havanna, war er bereits mit 16 Jahren Mitherausgeber der antikolonialistischen Zeitschrift »Patria Libre«. Er wird 1871 zur Zwangsarbeit verurteilt, verbannt und muss sein Dasein in vielen Ländern Europas und Amerikas fristen. Immer war Martí rastlos für ein freies und unabhängiges Kuba tätig. 15 Jahre lebte er in den USA und erkannte frühzeitig die große neue Gefahr für sein Heimatland, die von den Annexionsgelüsten der Herrschenden des »Raubtieres im Norden« ausging. Nachdem er mehrere politisch-patriotische Organisationen geschaffen hatte, gründete er 1892 die »Kubanische Revolutionäre Partei« mit Máximo Gómez zum Vorsitzenden. Nach seiner Rückkehr nach Kuba, um an dem Krieg gegen die Spanier teilzunehmen, stirbt er am 19. Mai 1895 in Kämpfen bei Dos Rios.

In der Endphase der erbitterten Schlachten gegen die spanische Armee, 1898, zeichnete sich ein Sieg der kubanischen Freiheitskämpfer ab und der Appetit des Nordens wuchs: die USA präsentierten sich als »Befreier Kubas«.

Unbestreitbar bilden die im Kampf gegen die Spanier entstandenden Tugenden auch den Ursprung des weiteren Kampfes um Unabhängigkeit, gegen die USA-Einmischung in vielfältiger Form - bis zum Sieg am 1. Januar 1959. Die kubanische Revolution hat eine über 100jährige Geschichte und ist tief im Bewusstsein des Volkes verwurzelt. Historisch bestehen ihre Wurzeln nicht nur in den Kämpfen um nationale Befreiung, sondern auch im gleichzeitigem Kampf gegen Sklaverei, gegen Kolonialismus und für nationale Selbstverwirklichung. Das macht den einzigartigen Charakter der kubanischen Revolution in der Weltgeschichte aus.

Auch in der Phase des Sieges der Rebellenarmee und selbst zum Zeitpunkt der Proklamation ihres sozialistischen Charakters gehörte Kuba seiner sozialen und wirtschaftlichen Struktur nach zu den Ländern der so genanten »Dritten Welt«. Das ist eine weitere Besonderheit, die eindeutig darauf hinweist, dass Kuba in keiner Weise mit den ehemals sozialistischen Staaten Osteuropas identifiziert werden sollte.

Angesichts des Stolzes auf die Traditionen der eigenen Geschichte war es nicht verwunderlich, dass Fidel Castro bereits am 26. Juli 1989, noch vor dem Zusammenbruch des Sozialismus in Europa, auf der Revolutionsveranstaltung in Camagüey erklärte, dass Kuba seinen Weg fortsetzen werde, auch wenn die UdSSR eines Tages nicht mehr bestehen sollte.

Aus heutiger Sicht ist davon auszugehen, dass Kuba sowohl die objektiven als auch die subjektiven Voraussetzungen hat, dies auch in absehbarer Zeit weiter tun zu können.

Kampf gegen die spanische Besatzung

Die Zeit der Besatzung Kubas durch Spanien wies Besonderheiten auf, die die Insel auch von ihren Nachbarn unterschieden. Einige typische Erscheinungen beleuchten diese Sonderstellung:

- Kuba war Ausgangspunkt für die Unterwerfung des lateinamerikanischen Kontinents und der beispiellosen Ausplünderung der nationalen Reichtümer in ganz Lateinamerika durch die spanische Krone.
  Zehn Jahre nach ihrer »Entdeckung« waren 90 % der Bevölkerung eines ganzen Subkontinents durch Mord, Folter, Ausbeutung und Krankheit ausgerottet, der Gier der neuen Herren nach Macht und Reichtum zum Opfer gefallen;
- von hier ging der erste Völkermord an den Ureinwohnern aus, was erste Wurzeln des Hasses auf fremde Besatzer begründete (nach ca. 60 Jahren Ausrottungsfeldzug lebten von ursprünglich über 300000 Indianern nur noch etwa 5000).
- Nach Kuba wurden die ersten afrikanischen Sklaven verbracht (zwischen 1595 und 1850 wurden über 1 Mio.

lebend »angelandet« – 500000 kamen bei der Überfahrt ums Leben).

- Auf Kuba wurde aber auch die erste Universität und die erste katholische Kathedrale in Lateinamerika errichtet.
- Kuba war die erste (am 28. Oktober 1492 von Christoph Kolumbus entdeckt) und auch die letzte spanische Niederlassung in Lateinamerika. Die Sklaverei wurde erst 1886 abgeschafft und die Unabhängigkeit 1898 proklamiert.

Unter der spanischen Kolonialherrschaft war die kubanische Gesellschaft voller Widersprüche. Hier wurden große Reichtümer des spanischen Imperiums gehortet. Begünstigend war die geographische Lage – die Kreuzung wichtiger Seewege. Gold und Silber, die eigentliche Antriebskraft der Conquistadoren, gab es auf Kuba kaum. Kuba spielte eine andere Rolle: Es wurde zum Stützpunkt für die spanische Flotte – aber auch Zufluchtsort für die inzwischen massenweise auftretenden Piraten, die sich auf Kuba und den vorgelagerten Inseln versteckten und die kubanischen Kolonialstädte brandschatzten und plünderten.

In den Jahrhunderten der spanischen Kolonialherrschaft waren auf der Insel Viehzucht für die Versorgung der Mannschaften und Holzwirtschaft für den Schiffbau vorherrschend, aber zum Ende des 18. Jahrhunderts war Kuba bereits der größte Zuckerproduzent der Welt. Das Land erlebte einen rasanten wirtschaftlichen Aufstieg, aber zu welchem Preis? Der »Zuckeradel« entstand. Und mit der Entwicklung einer wohlhabenden eigenen

Herrschaftsschicht entwickelten sich auch neue Ideen – der Wunsch nach eigener Machtausübung und Unabhängigkeit von der Kolonialmacht.

Die gesellschaftswissenschaftliche und historische Forschung sieht, genauso wie die kubanische Führung, *José Martí als geistigen Vater der Unabhängigkeitsbewegung.* Er gründete die einheitliche Partei der kubanischen Revolution zu Beginn des 2. Unabhängigkeitskrieges gegen Spanien mit dem Ziel, den Kampf gegen die Besatzung zu führen.

Es wundert nicht, dass der mit José Martí verbundene Kampf gegen ausländische Herrschaft, für nationale Unabhängigkeit bis hin zur Gegenwart das Leben des Volkes beeinflusst hat und weiterhin prägt. Fidel Castro erklärte 2003 in der Festrede zur Würdigung des 150. Jahrestages der Geburt von José Martí: »Wir, die am 26. Juli 1953 den am 10. Oktober 1868 begonnenen Unabhängigkeitskampf am hundertsten Geburtstag Martís wieder aufnahmen, hatten uns vor allem die ethischen Prinzipien zu eigen gemacht, ohne die an eine Revolution nicht einmal zu denken ist. Ebenso hatte er uns seinen inspirierenden Patriotismus vermittelt sowie einen derartig hohen Begriff von Ehre und Menschenwürde, wie es kein anderer auf der Welt hätte tun können.«[1)]

Die *tragenden Kräfte* der Befreiungsbewegung jener Zeit waren die liberale Bourgeoisie in den Städten, große Teile der Aristokratie auf dem Lande (besonders die Zuckerbarone), Bauern, Arbeiter in den Städten, Zuckerrohrschneider, zahlreiche Siedler aus Mexiko, Haiti und China (die nach Abschaffung der Sklaverei als billige

Plantagenarbeiter zusätzlich ins Land geholt worden waren). All diese gesellschaftlichen Gruppen waren sich einig im Patriotismus, im Kampf für Unabhängigkeit und Menschenwürde: Dieses Mal standen die einheitlich handelnden aufständischen Kubaner faktisch vor dem endgültigen Sieg über die spanischen Armeen.

Offenbar war diese Situation, von den nordamerikanischen Eroberern seit langer Zeit herbeigesehnt und in den Medien intensiv propagandistisch vorbereitet, dann die geeignete Gelegenheit für das Eingreifen der USA.

Die ständig wachsende nordamerikanische Vorherrschaft

Das Bestreben der in den USA herrschenden Gruppen, nach dem Süden zu expandieren, hat tiefe historische Wurzeln. Je weiter sich die USA durch ihre Landeroberungen und aufeinanderfolgenden Eingliederungen von Louisiana, Florida, Neu-Mexiko und Texas ausdehnten, desto mehr steigerte sich der Appetit, nicht nur einen Teil, sondern das gesamte Lateinamerika zu beherrschen. So wie der ungerechte Eroberungskrieg gegen den Süden mit anscheinend fortschrittlichen Losungen, nämlich der Sklavenbefreiung, bemäntelt wurde, so gedachte man, auf die gleiche Weise die Fackel noch weiter nach Süden zu tragen. Kuba war dabei zweifelsohne eine Schlüsselrolle zugedacht.

Der zweite USA-Präsident, Jon Adams, erklärte schon im Jahre 1783, dass Kuba ein natürlicher Bestandteil des nordamerikanischen Kontinents sei und seine Annexion durch die Vereinigten Staaten früher oder später eine

Notwendigkeit werde. Er schlug vor, Kuba zunächst unter spanischer Herrschaft zu belassen, bis es problemlos erobert werden könnte. Die Unabhängigkeit jedoch könne Kuba niemals zugestanden werden.[2)] Später dann, im Jahre 1817, erklärte der damalige US-Präsident Jefferson: »Wenn wir Kuba in Besitz nehmen, sind wir die Herren der Karibik.«

Dieser Gedanke zieht sich in den politischen Strömungen der USA durch das 19. Jahrhundert. Er trug sicher mit dazu bei, dass die Bewegungen gegen den europäischen Einfluss in Südamerika, besonders den Spaniens, Portugals, Englands und Frankreichs, schließlich einen stärkeren institutionellen Ausdruck erhielten: Am 2. Dezember 1823 verkündete US-Präsident James Monroe offiziell die Ambitionen der USA zum »Zusammenschluss« des amerikanischen Kontinentes. Dieses Dokument wurde unter dem Namen »Monroe-Doktrin« bekannt.[3)] Dieser Doktrin gemäß nahmen die Herrschenden in den USA das Recht in Anspruch, Lateinamerika und besonders den karibischen Raum zu »beschützen«. Jede Zusammenarbeit zwischen einem beliebigen europäischen Staat und den sich entwickelnden lateinamerikanischen Republiken wurde als unfreundlicher Akt angesehen. Bis weit in das 20. Jahrhundert hinein und auch heute noch prägt diese »Monroe-Doktrin« die Außenpolitik der USA. Mehr als 100-mal veranlassten die Vereinigten Staaten »Militäraktionen« in den Staaten Lateinamerikas. Panama, Nicaragua, Mexiko, Kuba, Haiti, Kolumbien und die Dominikanische Republik litten unter direkten kriegerischen »Eingriffen« – immer diente die »Monroe-Doktrin« als vermeintliche »Legitimation«. Auch heute noch vertreten USA-Politiker entsprechende Forderungen nach Umsetzung der Doktrin – beispielsweise im Zusammenhang mit Venezuela.

Mitte des 19. Jahrhunderts war besonders in den Südstaaten der USA die »Annexionistische Bewegung« für den Anschluss Kubas aktiv, und noch vor dem ersten Unabhängigkeitskrieg in Kuba forderten einflussreiche US-Persönlichkeiten im Jahre 1854 im »Manifest von Ostende« den Kauf Kubas von Spanien oder ersatzweise dessen Eroberung.[4)] Sie erinnerten sich dabei wohl an die Worte John Quincy Adams', Nachfolger von Präsident Monroe und unter dessen Präsidentschaft als Außenminister maßgeblich an der Entstehung der Monroe-Doktrin beteiligt, der u. a. schrieb: »Ein Apfel, der bei einem Sturm vom Baum fällt, muss zwangsläufig zu Boden fallen. Kuba, das durch Gewalt von seiner unnatürlichen Verbindung mit Spanien getrennt wurde und unfähig ist, sich selbst zu erhalten, muss unweigerlich der nordamerikanischen Union zufallen, die auf Grund des nämlichen Naturgesetzes es nicht zurückweisen darf«. Allein die geografische Lage der Insel als Schlüssel zum Süden des Kontinents wurde bestimmend für die Geschicke Kubas in den Jahren danach.

Mehrfach hatten die USA versucht, Kuba von Spanien zu kaufen, doch Spanien lehnte ab. Es war nur eine logische Folge der jahrzehntelangen Annexionsbemühungen, dass sich die USA im entscheidenden Moment, als die kubanischen Befreiungskämpfer bereits die spanischen Kolonialsöldner besiegt hatten, mit Hilfe einer infamen – aber in der Geschichte der Neuzeit durchaus US-typischen – Provokation militärisch in Kuba einmischten. Am 15. Februar 1898 wurde der vor Havanna liegende US-Kreuzer »Maine« durch eine Explosion versenkt,

266 amerikanische Marinesoldaten wurden geopfert. Der spanischen Armee wurde von der damals bereits weltweiten US-amerikanischen Propaganda die Rolle des »Attentäters« zugeschrieben. Dies wurde zum Vorwand der USA zu einer Kriegserklärung am 24. April 1898 gegen das bereits besiegte spanische Heer. Binnen kurzer Zeit wurde die spanische Flotte vernichtet und auch das Heer konnte keinen ernsthaften Widerstand leisten. Die Begeisterung der kubanischen Bevölkerung über den neuen mächtigen Verbündeten war zunächst groß. (Das war die Geburtsstunde des »Cuba Libre«, des in der Euphorie erfundenen und weltweit bekannten Cocktails aus kubanischem Rum und der kurz zuvor erfundenen Coca-Cola.)

Nach dem Krieg herrschten verheerende Zustände auf der Insel. 400000 Tote waren zu beklagen. Die Zuckerproduktion war um 70% zurückgegangen, die Tabakproduktion und der Viehbestand gar um 80%. Es gab faktisch keine Infrastruktur mehr und der Gesundheitszustand der überwiegend armen Bevölkerung war katastrophal.

Am 16. Juli 1898 wurde in Loma de San Juan die spanische Kapitulation unterzeichnet und ein US-amerikanischer Militärgouverneur eingesetzt. Den kubanischen Truppen unter ihrem General Galixto Garcia wurde von den Nordamerikanern der Einmarsch in die Stadt Santiago und die Teilnahme an der Siegesparade verwehrt.

Im nachfolgenden *Friedensvertrag von Paris* vom 10. Dezember 1898, der ohne Beteiligung Kubas, den faktischen Sieger über die spanische Armee, ausgehandelt und unterschrieben wurde, sind die Klauseln für die künftige USA-Herrschaft über Kuba enthalten, die auch bis zum Sieg der kubanischen Revolution, dem 01.01.1959, in der praktischen Politik der US-Regierungen gegenüber Kuba angewendet wurden.

Spanien verpflichtete sich zur Übergabe der Insel an die USA – damit tauschte Kuba die spanische Kolonialmacht gegen eine US-amerikanische Militärregierung ein. Unter USA-Besatzung wurde dann 1900 die erste kubanische Nationalversammlung gebildet und am 21. Februar 1901 die erste kubanische Verfassung angenommen. Am 20. Mai 1902 wurde die Republik Kuba ausgerufen und in eine sehr zweifelhafte Unabhängigkeit entlassen.

So sicherte sich Nordamerika die politische, ökonomische und auch militärische Besitzergreifung Kubas. Das später in die Verfassung aufgenommene »Platt-Amendment« räumte (zumindest juristisch) den Vereinigten Staaten ein »Recht« auf beliebige Einmischungen in Kuba ein. Nach diesem völkerrechtlich beispiellosen Akt durfte z. B. Kuba ohne Zustimmung der USA keine Verträge mit ausländischen Firmen abschließen oder Anleihen aus dem Ausland aufnehmen, die USA konnten bei Bedarf intervenieren und sogar einen Militärstützpunkt einrichten.[5)] Schon am 24. Mai informierte US-Präsident Theodore Roosevelt den ersten Präsidenten Kubas, Tomas Estrada Palma, dass die USA als Flottenstützpunkte Cienfuegos und Guantánamo ausgewählt hätten. Dieses erste völkerrechtswidrige imperialistische Machwerk der Gegenwart diente den US-Machthabern z. B. dazu, die drei militärischen Interventionen gegen Kuba in der ersten Hälfte des 20. Jahrhunderts (1906-1909, 1912, 1917-22 und eine Seeblockade mit 33 Kriegsschiffen im Jahr 1933 bis zum erfolgreichen Putsch Batistas) und natürlich die Unterwerfung der Wirtschaft Kubas zu rechtfertigen.

Diese Eingreifklausel wurde schließlich später im Austausch gegen die Aufhebung der zeitlichen Begrenzung der Inbesitznahme Guantánamos gestrichen. Das geschah im Zusammenhang mit dem Aufstand gegen das zwar von den USA ausgehaltene Terrorregime des Präsidenten Machado. Am 12. August 1933 floh Machado auf die Bahamas, während eine Menschenmenge den Präsidentenpalast stürmte und 18 seiner Kumpane lynchte. In der so genannten »Revolte der Sergeanten« übernahm am 4. September 1933 der Militärgerichtsstenograph Fulgencio Batista Zaldivar das Oberkommando über die Streitkräfte und wurde faktisch bis zum Sieg der Rebellenarmee der Drahtzieher für die Lenkung der politischen Macht. Er setzte Präsidenten ein und manövrierte sich bei Bedarf selbst an die Spitze der Regierung – immer war er der Mann Washingtons.

Der Leiter der kubanischen Delegation zur UN-Vollversammlung, Carlos Lage, schilderte die darauf folgenden Zustände in den Beziehungen Kuba-USA in seiner Rede am 12. November 1996: »Lange bevor die Vereinten Nationen entstanden und bevor der kalte Krieg begann, war die offene oder versteckte Manipulierung der jeweiligen Regierung Kubas durch die USA-Botschaft in Havanna mehr als ein halbes Jahrhundert lang ein beschämender Karneval.«[6)]

Neben den globalpolitischen Zielen der Ausdehnung der Herrschaft nach dem Süden war das Hauptanliegen der USA-Machthaber eindeutig *die wirtschaftliche Unterjochung* der Insel und ihre Ausbeutung. Das zeigt sich u. a. an wenigen Daten über die Positionen, welche die USA in der ersten Hälfte des vergangenen Jahrhunderts, also vor 1959, in Kuba errungen hatten:

Im Jahre 1958 besaßen die USA mittels großer Kapitalgesellschaften 90% der Bergwerke und 50% des Bodens. Sie kontrollierten 67% der Exporte und 75% der Importe.[7] Über 60% der kubanischen Exporte gingen nach den USA und 80% der Importe kamen aus den USA.[8] Aber nicht nur der Handel wurde kontrolliert. Kuba war faktisch eine Kolonie. 90% der für den gesellschaftlichen Verbrauch erzeugten Elektroenergie wurden durch die »Cuban Electric Company«, eine Filiale des USA-Energie-Giganten »American and Foreign Power Co.« verteilt.[9] Bereits im Jahre 1954 betrugen die direkten USA-Investitionen 713 Mio. US$.[10] Die Zuckerwirtschaft, der eigentlichen Reichtum der Insel, bot ein ähnliches Bild. Nordamerikanische Magnaten besaßen oder kontrollierten über 46% der Zuckerrohr-Anbaufläche. Nur zwei Gesellschaften, »La Atlántica del Golfo« und die »Cuban American Sugar Mills«, besaßen ein Fünftel der landwirtschaftlichen Nutzfläche des Landes.[11] 39 der größten Zuckerfabriken, die 40% des Zuckers produzierten, waren Eigentum von US-Monopolen. Allein die »American Sugar«, »General Sugar« und die »United Fruit Sugar« hielten über 30% der Zuckerproduktion Kubas unter Kontrolle.[12] USA-Unternehmen kontrollierten fast alle Privatbetriebe, ihnen gehörten das mittelöstliche Eisenbahnnetz, fast die gesamte Energieproduktion, das Telefonnetz, die Hafenanlagen, der größte Teil der Übersee-Handelsflotte, die Luftflotte. Sie kontrollierten die Importe, besonders die der Energieträger und ihre Verteilung, sie besaßen die Erdölraffinerien und hatten Zugang zu den wichtigsten Bodenschätzen. Der größte Teil des Ackerbodens war Eigentum einer kleinen Gruppe kubanischer Großgrundbesitzer und ausländischer, meist nordamerikanischer Monopole. So besaßen z. B. die »Atlántica del Golfo« oder die »Cuban American Sugar Mills« oder ähnliche Unternehmen durchschnittlich 134000 bis 200000 ha Land. Dieser Großgrundbesitz führte dazu, dass über 70 % der kubanischen Bauern über kein eigenes Land verfügten. Es entsprach also der Logik, dass die Rebellenarmee nach ihrem Sieg, als ersten politischen Akt überhaupt, eine Landreform verkündete.

Auch die zweifelhaften nordamerikanischen Gangster, die Herren der Unterwelt und der Spielhöllen, nutzten selbstverständlich ihre Möglichkeiten auf Kuba. Meyer Lansky zum Beispiel und andere zwielichtige Gestalten hatten Unsummen auf Kuba investiert und waren sich ihres guten Freundes Fulgencio sicher. Unter Vorsitz von Lucky Luciano versammelten sich alle prominenten Gangsterbosse im Hotel Nacional in Havanna. Noch am 10. Dezember 1958, als sich der militärische Sieg der Rebellenarmee bereits abzeichnete, eröffnete Meyer Lansky sein neues 14 Millionen Dollar teures Hotel »Riviera« in Havanna. Einen Großteil der Summe hatte die kubanische Regierung beigesteuert. Auch Al Capone flüchtete oft in das sichere Kuba. Sein Haus ist noch heute am Strand von Varadero zu besichtigen.

Angesichts dessen, dass sowohl der US-amerikanische Geldadel als auch die Fürsten der Unterwelt auf Kuba und besonders in Havanna ihre zweifelhaften Gelüste auslebten, ist es nicht verwunderlich, dass sich die Mehrheit der kubanischen Bewohner der Stadt zu Dienstleistenden für die nordamerikanischen »Herren« entwickelte. Prostitution (man zählte in Havanna etwa 11500 Prostituierte[13)]) und ähnliche Gewerbe bestimmten den Tagesablauf. Noch heute sind zuweilen Spuren solcher Lebensgewohnheiten in kubanischen Familien zu spüren.

Die halbkoloniale Entwicklung in Kuba über fast sechs Jahrzehnte *verschärfte alle Widersprüche*, die es zwischen einem armen, kleinen, ausgebeuteten Land und einer entwickelten, modernen Industriemacht geben konnte. Außerdem spitzten sich die unüberwindlichen Gegensätze zwischen der Masse des Volkes und der kleinen korrupten Oberschicht Kubas extrem zu. Vor dem Hintergrund dieser historischen Gegebenheiten entwickelte sich eine explosive Konfliktsituation.

Unabhängigkeitsbewegungen in Kuba gegen USA-Herrschaft und Diktatur

Bereits in den Befreiungskriegen gegen Spanien bildete sich eine starke Bewegung für nationale Unabhängigkeit und Würde.[14)] In den Jahren während des II. Weltkrieges und besonders danach entwickelte sich eine einflussreiche Freiheitsbewegung kubanischer Intellektueller, Studenten und anderer patriotischer Schichten, die in der 1947 gegründeten »Partido del Pueblo Cubano« ihre politische Organisation fand. Diese war auch Ursprung und Hort der sich später entwickelnden »Bewegung des 26. Juli«, die schließlich den Aufstand des kubanischen Volkes am 1. Januar 1959 zum Sieg führte.

Die halbkoloniale Abhängigkeit und die wirtschaftliche Tätigkeit der US-Gesellschaften hatte allerdings nicht nur die maßlose Ausbeutung der Reichtümer Kubas zur Folge, sie hat auch in gewissem Maße zur Entwicklung der Produktivkräfte und zur weiteren Zuspitzung der gesellschaftlichen Widersprüche beigetragen. Kuba wurde zum Umschlagplatz zwischen Amerika und Europa. Bei allem negativen Einfluss durch den modernen Industriekapitalismus blieb es nicht aus, dass sich innerhalb der Monokultur-Wirtschaft auch der industrielle Sektor entwickelte. Natürlich lockten das Niedriglohn-Land und die vorteilhaften anderen Bedingungen die privaten Kapitalinvestitionen an. Es entstanden z.B. die damals weltgrößte Coca-Cola-Fabrik außerhalb der USA und die größte Druckerei spanischer Sprache: »Readers Digest«. Im Jahre 1927 wurde die erste reguläre Fluglinie der »Pan American« im Ausland, Miami–Havanna, eingeweiht.

Unter solchen objektiven Bedingungen war es nur folgerichtig, dass sich auf der Insel eine für lateinamerikanische Verhältnisse starke bürgerliche Unternehmerschicht, ein politisch organisiertes Proletariat und eine geistige *Intelligenz mit nationalpatriotischen Tendenzen* entwickelte. Aus ihren Reihen formierte sich ein Kern sehr aktiver progressiver Intellektueller, offen für alle Ideen der nationalen Befreiung und der weltweiten geistigen Strömungen, mit starkem Einfluss der Befreiungsideen von José Martí, Karl Marx und anderen. Exponierte Vertreter waren Pablo de la Torriente Brau, Gründer der ersten marxistischen Partei, Juan Marinello, Julio Antonio Mella, Rubén Martínez Villena und Raúl Roa, der erste Außenminister Kubas nach dem Sieg der Revolution. Auch auf andere geistige Strömungen hatten die progressiven Ideen beträchtlichen Einfluss, wie zum Beispiel auf den kubanisch geprägten Surrealismus der weltbekannten Schriftsteller Alejo Carpentier, Nicolás Guillén, Lydia Cabrera und besonders die geistigen Schöpfer der Zeitschrift »Orígenes« im Jahre 1939, José Lezama Lima und Virgilio Pinera.

Aus der 1947 gegründeten »Partido del Pueblo Cubano« entstand die »Orthodoxe Partei«, deren Mitglied Fidel Castro bis zum Jahre 1956, also bis zu seiner Ausweisung nach Mexiko, war. Der Führer dieser Partei, Eduardo Chibás, ein glühender Patriot und von Castro verehrt, erschoss sich während einer flammenden Ansprache mit dem Ruf auf den Lippen: »Kubanisches Volk erwache!«[15)]

Die Formierung der politischen Kräfte für den Massenkampf

Die Formierung der nationalen, patriotischen, antidiktatorischen Kräfte geschah hauptsächlich in den 50er Jahren, einer Zeit anwachsender *heftiger politischer und sozialer Massenkämpfe.*

Die sich stark entwickelnde Arbeiterbewegung begann sich unter den Bedingungen des anfangs spontanen sozialen Aufbegehrens zu organisieren. Nach dem II. Weltkrieg hatten die damals noch vorwiegend progressiven USA-Gewerkschaften einen positiven Einfluss auf die kubanischen Gewerkschaften, zu denen es enge Verbindungen gab. Sie stellten sich immer erfolgreicher an die Spitze der sozialen und politischen Bewegungen der Lohnabhängigen. Bereits im Frühjahr 1952 demonstrierten in Havanna Arbeiter und Studenten mit Forderungen zur Lohnerhöhung, aber auch für die Befreiung ihrer Anführer aus den Kerkern. Diese Aktion wurde von der Diktatur mit Waffengewalt und unter Opfern erstickt. Am 10. März putschte sich Batista ein weiteres Mal an die Macht. Anfang des

Jahres 1953 fanden in den östlichen Provinzen umfangreiche Streikbewegungen statt, nachdem es bereits ab September 1952 in den Provinzen Matanzas und Las Villas zu anhaltenden Arbeitsniederlegungen gekommen war. Die Auseinandersetzungen nahmen oft einen spontanen, gewalttätigen Verlauf, wobei die bewaffneten Kräfte der Regierung zunehmend brutaler in Erscheinung traten. Exponierter Ausdruck dieser Kämpfe war der Versuch einer Gruppe Studenten und junger Arbeiter unter Führung von Frank País und Fidel Castro am 26. Juli 1953, durch einen Überfall auf die »Moncada«-Kaserne – einem Symbol der bereits maroden Militärdiktatur – einen Funken für einen gesamtnationalen Aufstand zu zünden. Obwohl das Unternehmen – durch vielerlei Ursachen bedingt – schließlich scheiterte und in Blut erstickt wurde, war es doch ein herausragendes Signal für einen weiteren und nachdrücklichen Widerstand gegen das Regime im ganzen Lande.

General Batista regierte zu dieser Zeit faktisch bereits mit Hilfe des Ausnahmezustandes. Die Nationalversammlung war aufgelöst und durch einen so genannten »Konstitutionellen Rat«, bestehend aus 56 treuen Gefolgsleuten, ersetzt worden. Durch Dekret vom 10. November 1953 wurden alle politischen Parteien und demokratischen Organisationen verboten. Die früher relativ progressive und einheitliche Gewerkschaftsorganisation wurde gespalten, und schließlich wurden alle Demonstrationen, Meetings und Streiks strikt verboten. Die USA setzten erfahrene und erprobte Spezialisten zur Schulung der Batista-Polizei und zur Führung der zahlreichen in Kuba tätigen nordamerikanischen Agenten ein. Die USA-Botschaft, schon längst das entscheidende Regierungsorgan auf Kuba, organisierte eine so genannte »Assoziation zur Verteidigung der Demokratie«, die überall im Lande ihre Agenturen zur Propaganda und Manipulierung der Bevölkerung unterhielt. Auf Grund des ständig anwachsenden Drucks aller Schichten der Bevölkerung auf die Regierung und offenbar auch auf Verlangen der USA sah sich die Diktatur gezwungen, zu manövrieren und eine Präsidenten-Wahl anzuordnen, die schließlich am 1. November 1954 durchgeführt wurde. Obwohl die Wahlbeteiligung trotz Mobilisierung des gesamten Unterdrückungsapparates und der für solche Zwecke erprobten Propagandamaschine nur wenig über 30 % betrug und der einzigen Gegenkandidat, dem bürgerlichen Politiker Grau San Martín, zwangsläufig chancenlos sein musste, wurde Fulgencio Batista zum Sieger erklärt. Er bedankte sich bei seinen Getreuen mit dem Einsatz eines Regierungsrates, bestehend aus fünf seiner engsten Gefolgsleute, und mit der Auslösung einer erneuten Terrorwelle.

Als am 2. Dezember 1956 die mutigen 82 jungen Patrioten unter Führung Fidel Castros nach einer gezielten militärischen Vorbereitung aus Mexiko im Osten Kubas landeten und den Partisanenkampf gegen die Einrichtungen des Regimes begannen, setzte eine qualitativ neue Phase auch des Massenkampfes für Demokratie und nationale Befreiung ein. Die über zweijährigen Auseinandersetzungen polarisierten alle gesellschaftlichen Kräfte, wobei die Rebellenarmee zunehmend von der Masse der Bevölkerung unterstützt wurde. Flankierend fanden in einigen Städten wie Havanna und Cienfuegos weitere bewaffnete Erhebungen statt. Eine Signalwirkung hatten die Aktionen vom 13. März 1957: Unter Leitung des Studentenführers

José Echevarria stürmt eine Gruppe junger Leute die Radiostation von Havanna. Gleichzeitig greifen Studenten den Präsidentenpalast in Havanna an, wo ihnen Batista knapp entrinnen kann. 35 Studenten, auch Echevarria, und fünf Palastwachen wurden getötet.

Der Sieg der Rebellen schuf neue Bedingungen für die Errichtung von Demokratie und für nationale Unabhängigkeit

In der zehntägigen Schlacht von Jigüe vom 11. bis 21. Juli 1958 zeichnet sich erstmals eine Wende zugunsten der Rebellenarmee ab. Am 18. September wird die Armee Batistas bei Yara geschlagen. Nach einigen Scheinmanövern des Diktators verlässt Batista am 1. Januar 1959 gegen zwei Uhr morgens mit dem Flugzeug Kuba.

Mit dem Sieg der Rebellenarmee über die Batista-Truppen erfolgte ein Bruch mit den Erniedrigungen der Vergangenheit. Es war die Erinnerung an das Vermächtnis von José Martí, die nach und nach alle gegen die Diktatur und ausländische Herrschaft gerichteten Kräfte der Opposition um die Person Fidel Castros zusammenschloss. Bereits in dessen berühmter Verteidigungsrede im nach dem Scheitern des Aufstandes vom 26. Juli 1953 inszenierten Prozess, »Die Geschichte wird mich freisprechen«[16)], waren die Grundgedanken des späteren Programms enthalten: Landreform, Verringerung der Ungleichheit, Abschaffung der den ausländischen Unternehmen gewährten Privilegien.

Teile der herrschenden Oberschicht waren geneigt anzunehmen, dass sich die Rebellenführer in der Macht einrichten würden, wie gewöhnlich in Lateinamerika nach »Putschen«. Fidel Castro selbst entstammte einer wohlhabenden Landbesitzer-Familie, die durch den Dienst für die United Fruit Company zu Wohlstand gekommen war. Als 22jähriger Student heiratete er 1948 die Tochter des Bürgermeisters von Banes, einer Stadt unweit des Landsitzes der Familie Castro.

Doch obwohl der durch den Sieg der Rebellenarmee herbeigeführte politische Umsturz an der Oberfläche noch keine ausgeprägte Entwicklungsrichtung für die Zukunft offenbarte, konnte angesichts der objektiven Zustände im Lande erahnt werden, dass sich allein mit einer Realisierung der Eckpunkte der Verteidigungsrede Castros eine Radikalisierung der gesellschaftlichen Prozesse vollziehen würde.

Fidel Castro berichtete in seiner Rede am 26. Juli 1988 über die Einschätzung der Revolution durch die Rebellen: »...bereits vor dem 10. März (1952 zweiter Putsch Batistas, a.d.A.) hatten einige von uns an eine wahrhaftige Revolution gedacht, an eine Revolution mit dem Volk, an eine radikale Revolution, an eine Revolution, die früher oder später in eine sozialistische Revolution einmünden müsste. Wir konnten uns keine andere Revolution vorstellen in unserem neokolonialen, vom Imperialismus beherrschen Land, in dem fast alle Zuckerfabriken, die Eisenbahnen, die Bergwerke, die besten Böden, das Elektrizitätsnetz, ... in ausländischem Besitz war. Wir waren eine Kolonie. Ja, es war noch schlimmer als eine Kolonie zu sein.«

Der erbitterte Kampf der USA gegen die Revolution

Mit dem Sieg der kubanischen Revolution begann ein nicht erklärter Krieg der USA gegen Kuba in bis dahin unbekannten Dimensionen. Hatte die nordamerikanische Oligarchie zunächst noch darauf spekuliert, dass die Führung der Revolution gegenüber den USA loyal sein würde und die bekannten Zustände im Lande duldend akzeptiere, so änderte sich die Einschätzung im Verlauf der Etablierung der Revolution grundlegend. Dies führte dazu, dass der historische Konflikt zwischen beiden Ländern in eine neue, verschärfte Phase eintrat.

Die Auseinandersetzung ist seitdem von Seiten der USA durch die Anwendung einer brutalen Politik von Feindseligkeiten, Aggressionen und Terror aller Art, die gegen alle Normen des Völkerrechts verstößt, gekennzeichnet, die das Ziel hat, die kubanische Revolution zu zerstören, das Land zurückzuerobern und die neokoloniale Herrschaft wiederzuerrichten. Der von den USA entfesselte Krieg wurde zur Staatspolitik, was stets im Verlauf der Geschichte offenbar war und anhand der zahlreichen – sogar in den USA veröffentlichten – Informationen bestätigt wurde. Die antikubanischen Maßnahmen geben Aufschluss über eine Vielzahl von politischen, militärischen, ökonomischen, biologischen, diplomatischen, psychologischen und propagandistischen Aktionen, Spionageunternehmungen, Terroranschlägen und Sabotageakten; die Vorbereitung, Ausrüstung und logistische Unterstützung für bewaffnete Banden sowie geheime Söldnergruppen, Ermutigung zum Desertieren und zur Emigration sowie zahlreiche kriminelle Versuche, die führenden

Persönlichkeiten der kubanischen Revolution zu töten. Solche Praktiken, die von den Medien der USA sonst der Weltöffentlichkeit als Staatsterrorismus präsentiert werden, wurden von den USA selbst öffentlich angewandt.

Bekannt sind z.B. das so genannte »Programm der verdeckten Aktionen gegen das Castro-Regime«, das am 17. März 1960 vom damaligen Präsidenten Dwight D. Eisenhower gebilligt wurde[17] oder das »Projekt Kuba«, das am 18. Oktober 1962 den höchsten Vertretern der US-Regierung und der erweiterten Spezialgruppe des Nationalen Sicherheitsrates vorgelegt wurde und 32 Aufgaben für einen verdeckten Krieg enthält.[18] In solchen Dokumenten, die vom State Department und der CIA ausgearbeitet und von Eisenhower bestätigt wurden, sind komplexe Aktionen wie Luft- und Seeangriffe in Piratenart sowie die Förderung konterrevolutionärer Gruppen in Kuba und deren Unterstützung im Detail dargelegt. Deutlichster Beweis für die wahren Ziele zum Sturz des Sozialismus auf Kuba waren die bewaffneten Aktionen im März/April 1961 in der Schweinebucht und die bis Ende 1965 stattgefundenen Bandenkämpfe im Escambray-Gebirge.

Gleichzeitig wurden offizielle Maßnahmen der US-Regierung verkündet, die allen Normen des Völkerrechts und natürlich auch den Menschenrechten widersprechen. Schon 1961 wurden die diplomatischen Beziehungen unterbrochen. Seither sind die USA mit einer »Interessenvertretung« in der Schweizer Botschaft in Havanna zugegen. Am 3. Februar 1962, faktisch als Revanche für die schmachvolle Niederlage in der Schweinebucht, verkündete John F. Kennedy offiziell eine totale Wirtschaftsblockade gegen Kuba.

Eine Gruppe kompetenter kubanischer Anwälte hat im Namen aller gesellschaftlichen Organisationen Kubas am 31. Mai 1999 eine »Klage des kubanischen Volkes gegen die Regierung der Vereinigten Staaten wegen Personenschäden« eingereicht, in der auf 42 Seiten und entsprechenden Anlagen alle Fakten der kriminellen antikubanischen Aktionen durch das offizielle Nordamerika und die dort ausgehaltenen ultrarevanchistischen und terroristischen exilkubanischen Gruppierungen in detaillierter und eindeutiger Weise dargelegt sind. Darin wird u. a. Schadensersatz für die 3478 durch terroristische Aktionen ums Leben gekommenen und 2099 körperlich geschädigten kubanischen Bürger eingeklagt – wobei die kolossalen materiellen Verluste Kubas noch nicht berücksichtigt wurden.[19)]

Die enttäuschten Hoffnungen der USA nach dem Untergang des Sozialismus in Europa

Nach dem dramatischen Zerfall des sozialistischen Lagers, in dieser für das kubanische Volk leidvollen Situation, hofften die kalten Krieger in den USA, Kuba nun endlich den Todesstoß versetzen zu können. So, wie leider auch einige sich als »links« verstehenden Politologen, dachten die US-Strategen, dass die sozialistische Idee nun historisch überwunden wäre. In ihrer oberflächlichen Betrachtungsweise war ihnen entgangen, dass die Entwicklung auf Kuba tatsächlich keine Kopie der Entwicklung in Europa war.

Fidel Castro hatte bereits in seiner Rede zum 26. Juli 1988, also noch weit vor dem dramatischen Zusammenbruch des Sozialismus in Europa, den schöpferischen Charakter der Revolution ausdrücklich betont und darauf verwiesen, dass jede Partei ihre Taktik und ihre Politik nach den konkreten Erfordernissen des eigenen Landes ausrichten müsse. Er verwies in diesem Zusammenhang auf die Diskussionen zum III. Parteitag 1986:

»Mit dem III. Parteitag unserer Partei, auf dem unsere Schwierigkeiten, unsere Fehler und unsere negativen Tendenzen mit großem Realismus, großer Deutlichkeit und großem Mut analysiert worden sind, begann unser Korrekturprozess; ... Einige glauben, das, was man gegenwärtig anderenorts macht, müssten wir hier ebenfalls sofort durchführen; es gibt Köpfe, Leute ohne Vertrauen in sich selbst, ohne Vertrauen in ihr Vaterland, ohne Vertrauen in ihr Volk, ohne Vertrauen in die Revolution, die sofort sagen, dass man kopieren muss. Das ist eine falsche Haltung, eine irrige Haltung, denn es gibt keine zwei revolutionäre Prozesse, es gibt keine zwei Länder, keine zwei geschichtlichen Entwicklungen, keine zwei Mentalitäten, die sich gleichen; ...«[20] (Nicht erst in seiner Rede vom November 2005, die mancher als Sinnes- oder gar Epochenwandel interpretiert sehen möchte, hatte Castro also die Schwierigkeiten der Revolution, mögliche Fehlentwicklungen und deren Korrektur fest im Blick.)

Den Sinn dieser Worte und ihre grundlegende Bedeutung für die Weiterführung des revolutionären Prozesses haben die »Geistesgrößen« in den USA und anderen Orts augenscheinlich nicht begriffen. Sie gingen davon aus, dass die Revolution in Kuba von der Sowjetunion gemacht worden sei und von ihr erhalten werde. Darum bemühten sie sich zunächst darum, ihre allzeit größte Beunruhigung, die sowjetische militärische Präsenz auf Kuba, aus dem Wege zu räumen.

Am 6. September 1991 erklärte der vorher 200prozentig ultralinke russische Parteifunktionär und dann voll USA-hörige Jelzin im Fernsehen, dass das »sowjetische Militärpersonal nach und nach abgezogen« werde. Bereits einen Tag später wurde dies von Gorbatschow in der »Iswestija« bestätigt, und am 11. September verkündete er nach der ersten Unterredung, die er in Moskau nach dem Scheitern des gegen ihn gerichteten Putsches mit dem US-Außenminister, James Baker, gehabt hatte, dass er mit Havanna Verhandlungen über den Abzug der Ausbildungsbrigade beginnen werde.[21)] Diese offiziellen Verlautbarungen erfolgten allerdings ohne vorherige Absprachen mit den kubanischen Partnern – ähnlich wie der Abzug der sowjetischen Raketen im Oktober 1962 –, aber dafür in Gegenwart des US-amerikanischen Außenministers.

Kuba setzte jedoch seinen eingeschlagenen Weg fort und kosolidierte schließlich schrittweise seine Wirtschaft und damit die Revolution. Bereits auf dem V. Parteitag im Oktober 1997 konnte festgestellt werden, dass die schwere Krise aus den Ergeignisen zum Beginn der 90er Jahre überwunden und eine Konsolidierung sowie ein stetes Wachstum endgültig gesichert seien.[22)] Dazu trugen neben den großen Anstrengungen der gesamten Nation viele innenpolitische Faktoren, aber auch die vorsichtige Öffnung der Wirtschaft gegenüber der Weltwirtschaft bei. Es gelang den USA auch diesmal nicht, Kuba als »reife Frucht« zu ernten und international zu isolieren.

Die weltweit wachsende Autorität Kubas und Solidarität mit der kubanischen Revolution sind Zeugnis dafür, wie wenig Kuba »international isoliert« ist und auch die jährlichen Abstimmungen in der UNO gegen die US-Blockade sprechen eine deutliche Sprache: Seit 1992 legt Kuba der Vollversammlung seine Resolution gegen die USA-Wirtschaftssanktionen zur Abstimmung vor. Damals, nach dem Untergang der europäischen sozialistischen Staaten, schienen die Überlebenschancen der kubanischen Revolution gegen Null zu tendieren. Daher enthielten sich 71 Staaten der Stimme, 46 verließen zur Abstimmung den Saal, aber immerhin schlugen sich 59 auf die Seite Kubas und es gab damals schon nur drei Gegenstimmen. In der Abstimmung zur Vollversammlung am 4. November 2004 bekannten sich 179 Staaten zur Front der Blockadegegner. Nur die USA selbst, Israel und die Marshall-Inseln stimmten gegen die Resolution. Das gleiche Ergebnis hatte die Abstimmung auch im Jahre 2006. Das zeigt nicht nur, dass die Front der mit Kuba solidarischen Staaten gewachsen ist, es ist auch offenbar ein Ausdruck dafür, dass die Welt nicht mehr gewillt ist, der aggressiven, völkerrechtswidrigen Rhetorik der USA zu folgen. Der US-Vertreter bei der UNO hatte mit einer in die gegenwärtig zugespitzte antikubanische Politik der Bush-Administration eingepassten Lügentirade sicherlich das eindeutige Votum mit gefördert.

Trotz der kubafeindlichen Politik der US-Regierung gab und gibt es auch in den USA selbst Vorstöße von US-amerikanischen Unternehmen, sich am Wettbewerb mit anderen ausländischen Firmen in der kubanischen Wirtschaft zu beteiligen. So gab es bereits 1992 in Havanna ein Treffen von ungefähr 200 Unternehmern aus den USA, Kanada und Lateinamerika mit Vertretern Kubas. Schon im Jahr

1990 erreichte der Handel Kubas mit US-amerikanischen Unternehmensfilialen mit Sitz im Ausland (häufig in der Schweiz nach Angaben des US-Finanzministeriums) stattliche 705 Mio. US-Dollar.[23)]

Das US-Kapital zeigt Interesse an steigenden USA-Exporten nach Kuba

Einer von vielen Hinweisen auf das wachsende Interesse nordamerikanischer Wirtschaftskreise, mit Kuba in geschäftliche Verbindungen zu kommen, ist die Höhe der Agrarexporte aus den USA. Im Jahre 2001 ist es der Agrarlobby in den USA gelungen, die Genehmigung zum Verkauf von landwirtschaftlichen Produkten an Kuba zu erhalten. Die Bedingung dafür waren Verkäufe gegen Sofortbezahlung ohne Kredite, eine Bedingung, die Kuba trotz der extrem angespannten Devisenlage aus vielfältigen Interessen erfüllte. Mit den ersten Warenlieferungen an Kuba wurde im Dezember 2001 begonnen und bereits im Jahr 2002 betrug der Wert der gelieferten Waren über 138 Mio. US$. Im Jahre 2003 wurden die Käufe verdoppelt. Für das Jahr 2004 schloss Kuba Verträge für den Kauf von Lebensmitteln im Wert von insgesamt 1.200 Mio. US$ ab, eine Steigerung um 200 Mio. US$ gegenüber dem Vorjahr.[24)] Von dieser Summe werden kamen Lebensmittel im Werte von etwa 400 Mio. US$, also etwa ein Drittel, aus den USA. Obwohl höher projektiert, stagnierte der Lebensmittelimport aus den USA in den Jahren 2005 und 2006 auf etwa diesem Niveau, da Importpositionen zu günstigeren Konditionen - auch besseren Zahlungsmodalitäten - durch Einfuhren aus Venezuela und China, aber

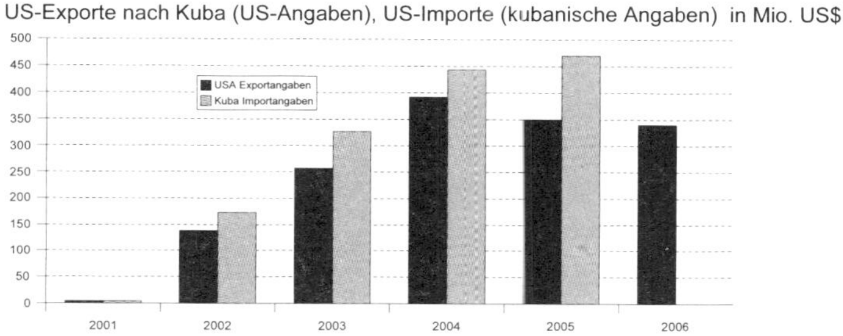

Die Angaben über die US-Exporte nach Kuba stammen vom Statistikamt der USA, die Angaben über kubanische Importe aus den USA aus dem Statistischen Jahrbuch der Republik Kuba.

auch Brasilien, Argentinien, Vietnam, Mexiko, Kanada und Frankreich, ersetzt werden konnten. Darüber brach bei Teilen der US-Agrarindustrie ein großes Lamento aus – doch Kuba weist zu Recht darauf hin, dass die mächtige US-Agrarlobby statt dessen Anstrengungen unternehmen solle, faire Handelsbeziehungen zwischen US-Unternehmen und Kuba zu ermöglichen.[25]

Nach US-Angaben betrug der Wert der Lebensmittellieferungen aufgrund der »Spezialerlaubnis« von Dezember 2001 bis Ende 2006 über 1,5 Milliarden US$.[26] Dabei ist zu beachten, dass die Angaben des US-Statistikamtes die Ausgaben Kubas für den Import von Lebensmitteln aus den USA *systematisch zu niedrig ansetzen*: Nur der reine Warenwert wird erfasst, die wegen der Bedingungen der Spezialerlaubnis nicht unerheblichen Transport- und Transaktionskosten Kubas tauchen in der USA-Statistik nicht auf. Zudem ist zu bedenken, dass es sich bei den US-Zahlen um die von den Unternehmen offiziell an die Behörden gemeldeten Daten handelt, die auch in der Steuererklärung der Agrarkapitalisten auftauchen. Die

Zahlungen Kubas für den Import an US-Lebensmittel liegen deutlich über dem angegebenen Exportwert der Waren. So stiegen im Jahre 2005 die Importkosten (damit der Importwert der Waren), obgleich der von den US-Statistikern berechnete »Exportwert« zurückging. (Hier allerdings ist der Unterschied so beachtlich, dass über die Ursachen spekuliert werden kann...)

Nicht zuletzt verdienen die US-Frachtunternehmen kräftig mit: Die von der US-Regierung erteilte Sondergenehmigung für den Export von Lebensmitteln und Medikamenten nach Kuba besagt ausdrücklich, dass der Transport nicht mit kubanischen Schiffen erfolgen darf. Alleine bis zum März 2004 hatte Kuba bereits für 612 Mio. Dollar Lebensmittel von nordamerikanischen Gesellschaften gekauft, der Umfang betrug über 2,4 Mio. Tonnen. 70 % davon wurden von nordamerikanischen Schiffen, die von den Exporteuren angedient wurden, transportiert. Der größte Teil wurde im Hafen von Houston verschifft und kam aus 35 US-Staaten.

Im Jahr 2006 wurden mit den Bundesstaaten Maine und Virginia Lebensmittelimporte im Werte von 50 Mio. Dollar vereinbart. Der Gouverneur von Virginia, John Elias Baldacci besuchte Kuba und hatte auch ein Treffen mit Fidel Castro.

Diese nordamerikanischen Unternehmerkreise sehen sich in ihren Bestrebungen beträchtlich wachsenden Schwierigkeiten mit ihrer Regierung konfrontiert, was sie jedoch offenbar nicht in ihren wirtschaftlichen Bestrebungen hindert. Zwei Tage nach der Bekanntgabe des neuen, verschärften Bush-Planes für die »Umwandlung Kubas zur Demokratie« unterzeichneten Abgeordnete und Geschäftsleute des Bundesstaates Texas in Havanna ein Memorandum, in dem festgehalten ist, dass sie auch weiterhin Lebensmittel an Kuba verkaufen und diese über den texanischen Hafen Corpus Christi verschiffen werden. Sei dem Jahr 2000 hätte Kuba Agrarprodukte im Wert von 1,8 Milliarden Dollar aus den USA eingeführt.[27)] Bereits zu Beginn des Jahres 2006 unterzeichneten der Generaldirektor von ALIMPORT, Pedro Alvarez, und David Andersen, Vorsitzender der US-Getreidevereinigung, eine Absichtserklärung über den Kauf von 700 000 Tonnen Mais. Die Lieferung hat einen Wert von über 100 Millionen US$.

Das skandalöse Helms-Burton-Gesetz

Die US-Regierung verstärkte trotzdem, oder vielleicht gerade deshalb, weiterhin den Druck nicht nur auf nordamerikanische, sondern auch selbst auf ausländische Unternehmen, die Produkte an Kuba verkaufen, in denen Teile von in den USA hergestellter Technologie enthalten sind, und verbietet Schiffen, die Waren in Kuba gelöscht haben, für ein halbes Jahr das Anlaufen von USA-Häfen. Sie stützt sich dabei auf ein vom Senator der Demokratischen Partei Robert Toricelli 1992 eingebrachtes Gesetzesprojekt.[28)]

Als das bisher in der internationalen Politik ungewöhnlichste und langzeitig wirksamste Machwerk einer anmaßenden und sich außerhalb aller Rechtsnormen stellenden Außenpolitik (und natürlich auch der antikubanischen Politik) muss jedoch ein 1996 erlassenes Gesetz gelten, das auf Initiativen des Abgeordneten Dan Burton und des Senators Jesse Helms basiert.[29)] Dieses Gesetz ist ein in der Geschichte der internationalen Beziehungen und des Völkerrechts der Neuzeit einmaliges Beispiel der Arroganz, der Einmischung in die Belange anderer souveräner Staaten und internationaler Organisationen und der Versuch einer gesetzlichen Sicherung weltweiter US-amerikanischer Interessen außerhalb der eigenen, nationalen Kompetenz.

Weil in diesem Gesetz auch alle Normen enthalten sind, die Grundlage für eine weitere Verschärfung der antikubanischen Politik sind, ja sogar den Weg und die Methoden zum Sturz der Regierung enthalten, soll hier etwas ausführlicher auf dieses Machwerk eingegangen werden. In der Art demagogischer Propaganda haben die Gesetzesmacher der USA selbst folgende Ziele dieses Machwerkes formuliert und veröffentlicht:

»...

- das kubanische Volk zu unterstützen, seine Freiheit und seinen Wohlstand wiederzuerlangen, es mit der Gemeinschaft demokratischer Staaten zu verbinden, die in der westlichen Hemisphäre florieren;
- die internationalen Sanktionen gegen das Castro-Regime zu verschärfen;
- für den Fortbestand der nationalen Sicherheit in den Vereinigten Staaten zu sorgen angesichts der anhaltenden Terrordrohungen durch die Castro-Regierung, angesichts der Enteignung von US-Bürgern durch die Castro-Regierung und der politischen Manipulation des Fluchtwunsches von Kubanern durch die kubanische Regierung, die zu einer Massenimmigration in die Vereinigten Staaten führt;

- Unterstützung fairer und demokratischer Wahlen in Kuba, durchgeführt unter der Aufsicht international anerkannter Beobachter;
- Vorbereitung eines politischen Rahmenprogramms zu Unterstützung des kubanischen Volkes bei der Formierung einer Übergangsregierung oder einer demokratisch gewählten Regierung in Kuba durch die USA;
- Schutz der Bürger der Vereinigten Staaten vor Beschlagnahmung und Schwarzhandel mit Eigentum, das vom Castro –Regime konfisziert wurde...«[30)]

Das Gesetz enthält also einen Kodex von Maßnahmen zur »Unterstützung« einer Veränderung des gesellschaftspolitischen Systems in Kuba – wobei ausdrücklich formuliert ist, dass keiner der Castro-Brüder einer zu schaffenden so genannten Übergangsregierung angehören darf – und Richtlinien für die Unterstützung »demokratischer und Menschenrechtsgruppen und internationaler Beobachter« bei der Bildung einer den USA genehmen Regierung Kubas, etc. Es sind Maßnahmen formuliert zur »Verschärfung der internationalen Sanktionen gegen die Castro-Regierung«, zur Verschärfung des Handelsembargos, zum »Verbot der indirekten Finanzierung von Kuba«, zur Verhinderung einer kubanischen Mitgliedschaft in internationalen Finanzinstitutionen, zur Verhinderung einer Aufnahme Kubas in die Organisation Amerikanischer Staaten, ja sogar Verhaltensregeln bei einer Unterstützung der kubanischen Regierung durch unabhängige Staaten der früheren Sowjetunion. Explizit wird mit diesem Gesetz versucht, Kuba an der Nutzung der Atomenergie zu hindern.

Die hauptsächliche Zielrichtung dieses Gesetzes besteht jedoch offenbar in den Festlegungen zur Sicherung des Alteigentums früherer Besitzungen: »Eine Übergangsregierung in Kuba ist eine Regierung, ... die angemessene Schritte unternimmt, Bürgern der Vereinigten Staaten ... Eigentum, das ihnen von der kubanischen Regierung nach dem 1. Januar 1959 genommen wurde, zurückzugeben oder sie angemessen zu entschädigen« (§ 205, Abs. 7). Seit Jahrzehnten existiert eine Art »Bundesamt für offene Vermögensfragen« beim Justizministerium der USA (Foreign Claims Settlement Commission). Diese Kommission habe die Aufgabe, US-Ansprüche auf Eigentum, das einst von »Feindmächten beschlagnahmt wurde, zu verwalten und bei Gelegenheit einzuklagen,« so der Leiter der Behörde, Mauricio Tamargo. Entschädungungsforderungen von US-»Alteigentümern« wurden und werden dort registriert und sollen zu geeignetem Zeitpunkt eingetrieben werden – nicht nur Kuba betreffend, sondern auch Länder wie Jugoslawien, Polen, China, Vietnam, die Sowjetunion – auch die DDR. (Die Bundesrepublik zahlte nach der Einverleibung der DDR über 102 Mio. US$ an US-»Alteigentümer«). Bei einer ersten Suche nach Entschädigungsforderungen gegen Kuba befand die Behörde bis zum Juli 1972 genau 5911 Forderungen als »entschädungswürdig«, im Gesamtwert von fast 1,9 Milliarden US$.[31] Mit dem Helms-Burton-Gesetz wurde eine zweite Runde der Forderungssuche gestartet: Von August 2005 bis zum Februar 2006 sollten »Alteigentümer« neue Entschädigungsforderungen nachreichen. Immerhin ganze zwei zusätzliche Forderungen wurden von der Behörde anerkannt, eine neue des Hotelkonzerns Starwood (Sheraton) in Höhe von 51 Mio US$

und 16000 Dollar einer Privatperson. Selbstverständlich müssen, wie im Kapitalismus üblich, die »verwalteten Forderungen« Zins abwerfen. Und so belaufen sich die Forderungen der »Alteigentümer« gegen Kuba heute, inklusive einer jährlichen Verzinsung von sechs Prozent, auf über 8 Milliarden US$. Dies sind die »beglaubigten Ansprüche« von US-Bürgern (bzw. Konzernen) – nach dem Helms-Burton-Gesetz dürfen nun zusätzlich auch Exilkubaner ihr früheres Eigentum zurückfordern.

Der Spiegel-Reporter Marc Pitzke schildert aus einem Gespräch mit dem Leiter jener »obskuren Kommission im US-Justizministerium«, dass die USA mit Blick auf Kuba von den Erfahrungen der BRD mit »Rückgabe vor Entschädigung« lernen wollen.[32)] Das Modell der vom BRD-Kapital durchgesetzten Rückwärts-Enteignung scheint offenbar lukrativ – womit deutlich wird, wo eine der Wiegen der Rückroll-Bewegung zu finden ist.

Der USA-Präsident soll dem Gesetz entsprechend nach einem dafür enthaltenen Katalog bestimmen, wann eine so genannte Übergangsregierung auf Kuba hinreichend »demokratisch gewählt« wäre. Erweist sich also eine solche Regierung als hinreichend kapitalistisch, so wird sie schon korrekt gewählt worden und folglich demokratisch sein. Des Pudels Kern liegt nun in umfassender Weise in einer erneuten unverschämt anmaßenden Anstiftung zum Sturz der demokratisch legitimierten und frei gewählten Regierung Kubas. Vordergründig werden solche in der Außenpolitik der USA zur Bemäntelung völkerrechtswidriger Einmischungen und Aggressionen benutzten Begriffe wie »Demokratie«, »Menschenrechte« und »Freiheit« zur Manipulierung der öffentlichen Meinung propagiert. Diese scheinheilige Propaganda bildet auch den Vorwand für die ständig wiederkehrenden Angriffe gegen Kuba und andere Staaten. Deren wahre Absichten sind allerdings nicht nur in den USA selbst, sondern auch in einschlägigen internationalen Gremien als Synonym für die Bekämpfung nichtgenehmer Nationen geläufig. Es ist festzustellen, dass bei geheimen Abstimmungen in Genf, wie beispielsweise für die Zusammensetzung des neuen Menschenrechtsrates, sich immer öfter zeigt, wie unerträglich die US-Bevormundung der Weltöffentlichkeit empfunden wird.

Wenn sich die USA nun schon einmal höchst offiziell in die inneren Belange Kubas zum wiederholten Male einmischen, so gehört zur Logik, dass ihren potenziellen Konkurrenten, kapitalistischen Gesellschaften aus Drittländern, gleich ein weiterer Hieb mit verabreicht wird. So können aufgrund des Helms-Burton-Gesetzes US-amerikanische Gerichte Ausländer verklagen, die Geschäfte machen, die längst enteignetes früheres US-Vermögen in Kuba betreffen.

Es liegt auf der Hand, dass diese anmaßende Politik zu wachsendem Widerstand von Unternehmen der USA, aber auch anderer kapitalistischer Länder und internationaler Organisationen, sowie zu internationalen Komplikationen führt. Das Helms-Burton-Gesetz birgt auch für die internationale Staatengemeinschaft weitere Gefahren. Es diente z. B. als Modell für ähnliche Sanktionsgesetze gegen Irak, Iran und Libyen, die Anfang August 1996 unterzeichnet wurden. Es reiht sich ein in die vielfältigen Aktionen gegen andere »unbotmäßige« souveräne Staaten, es ist Teil der von Bush betriebenen »Anti-Terror«-Strategie und zeigt erneut, dass das geltende Völkerrecht für die USA nur relevant ist, wenn es der Durchsetzung ihrer eigenen imperialen Interessen dient.

Bushs Bemühungen um die Konterrevolution

Eingebettet in die anwachsende internationale Aggressivität der USA-Regierung wird fieberhaft daran gearbeitet, neben den bereits dargelegten Aktionen zur innenpolitischen Destabilisierung Kubas, eine oppositionelle, konterrevolutionäre Kraft auf Kuba aufzubauen. Diese soll letztendlich als Vorwand für ein entscheidendes militärisches Eingreifen dienen, um die Veränderung der gesellschaftlichen Verhältnisse durch die USA selbst zu ermöglichen und auch konkret vorzubereiten. In einem Interview mit einem brasilianischen Journalisten beantwortete der Präsident der Nationalversammlung Kubas, Ricardo Alarcón Quesada, die Frage, warum sich die Opposition in Kuba nicht organisieren könne: »Die Opposition gegen die kubanische Revolution ist seit langer Zeit organisiert und verfügt über mehr finanzielle Ressourcen und über mehr Propagandamittel als irgendeine Opposition in der Welt und in der Geschichte. Seit 1959 unterhalten die Vereinigten Staaten ein Programm, das sich ›Programm Kuba‹ nennt und das vom Jahre 1996 bis 2000 über 8 Mio. US$ für die Opposition in Kuba ausgegeben hat. In diesem Jahr sind es 5 Mio. US$. Es gibt Anführer von politischen Gruppen der kubanischen Opposition, die 130000 US$ jährlich erhalten. Die USA gaben gegen Kuba mehr aus als für alle Hilfe für Lateinamerika. Wir sprechen vom einzigen Land auf der Welt, in dem die einzige Großmacht während 42 Jahren eine Opposition organisiert. Diese Opposition hat jedoch keine soziale Basis und kann sich auch nicht verwirklichen.«[33)]

In dem zitierten Interview für die größte Tageszeitung Brasiliens findet sich auch die folgende Frage: »Es wird gesagt, dass der Sozialismus auf Kuba mit der Beendigung der amerikanischen Blockade verschwindet«, die der Präsident der kubanischen Nationalversammlung wie folgt beantwortete: »Wenn es so wäre, entspräche es der Logik, die Blockade zu beenden. Aber gerade das geschieht nicht, und zwar bedeutet das Ende der Blockade nicht, dass die Vereinigten Staaten Kuba kaufen könnten. Mit aller Blockade, inmitten einer tiefen Krise, hat Kuba keine Privatisierungen vorgenommen und keinem ausländischen Investor seinen nationalen Reichtum überlassen... Niemandem verkaufen wir eine Parzelle unseres Landes. Stellen wir uns vor, dass die Vereinigten Staaten die Blockade beenden würden. Ohne Blockade wäre der Handel viel leichter, die wirtschaftliche Lage Kubas würde sich festigen. Die amerikanischen Unternehmen würden sehr gut in Kuba empfangen werden, wie dies bereits mit Unternehmen anderer Länder geschieht. Aber sie hätten keine Macht.«

Die Entwicklung der jüngsten Zeit mit den politischen Veränderungen im USA-Machtsystem ließ eine weitere Zuspitzung der nordamerikanischen Haltung gegenüber Kuba erwarten, während sich trotz aller Störmaßnahmen die wirtschaftliche Lage auf Kuba weiter stabilisiert und damit auch die sozialen und innenpolitischen Verhältnisse.

Den Zielen der kalten Krieger der USA gegen Kuba scheint trotz des enormen Schadens, den sie dem kubanische Volk zufügen, kein Endsieg beschieden zu sein. Fidel Castro führte bereits in einer Rede am 27. Januar 2001 u.a. aus: »In den Vereinigten Staaten ist gerade eine neue Regierung auf ziemlich irreguläre Weise ins Amt gekommen. Alles was man über die Vorgeschichte und das Denken der wichtigsten Mitglieder dieser Regierung weiß sowie die öffentlichen Erklärungen vieler von ihnen vor und nach dem ungewöhnlichen Wahlprozess, bei dem die terroristische kubanisch-amerikanische Mafia eine entscheidende Rolle bei dem fragwürdigen Sieg des jetzigen Präsidenten spielte, haben in der Weltöffentlichkeit ohne Ausnahme eine Atmosphäre des Zweifelns, des Misstrauens und der Furcht geschaffen. Kuba könnte das Ziel der Frustration, des Ressentiments und des Hasses der extremistischsten und reaktionärsten Sektoren sein... Trotzdem blicken unser Land und unser mutiges Volk, die ehrenvoll extremen Risiken begegnet sind und mit Heldenmut 42 Jahre Feindschaft, Aggressionen, Blockade und Wirtschaftskrieg ausgehalten haben, mit größerer Ruhe, Ernsthaftigkeit und größerem Vertrauen als je zuvor in die Zukunft. Nichts raubt uns den Schlaf.«[34)]

Wie nicht anders zu erwarten, wurde auch Kuba in den so genannten »Anti-Terror-Krieg« der Bush-Regierung einbezogen. Sofort wurde die Insel in die Liste der »gefährlichen Schurkenstaaten« aufgenommen, und die sowieso schon schwelende antikubanische Stimmung erneut reaktiviert und angeheizt. Beträchtliche finanzielle Mittel wurden wiederum für den Feldzug freigegeben. Allein über die USAID waren zu dem Zeitpunkt seit 1997 bereits 22 Mio. Dollar für die Realisierung des »Helms-Burton«-Programms zur Verfügung gestellt worden. Das war der erste Beweis dessen, dass dieses Gesetzeswerk nicht nur bei Bedarf genutzt wird, sonders dass es als Grundlage der gesamten Regierungspolitik gegen Kuba geschaffen wurde.

Das offizielle Budget der US-Bundesregierung für 2002 enthielt 8.099.181 Dollar an Zuwendungen für regimefeindliche Gruppen in Kuba. Davon:

1.602.000 Dollar für »Nichtstaatliche Organisationen«,
2.027.000 Dollar für »unabhängige Journalisten«,
2.132.000 Dollar zur »Planung des gesellschaftlichen Übergangs in Kuba«,
335.000 Dollar für die Einschätzung über die Durchführung des Programms in Verbindung mit den Helms-Burton-Gesetzen.

Am 26. März 2003 forderte der damalige Außenminister Colin Powell vom US-Senat die Bewilligung von weiteren 27 Mio. Dollar für den Ausbau des antikubanischen Hetzsenders »José Martí«. Die Dissidentenzentren, wie

»Gruppe unabhängiger Journalisten«,
»Reporter ohne Grenzen«,
»La Voz del CID«,
»La Voz de la Fundación ›Radio Martí‹«

erhielten großzügige materielle Unterstützung in Geld, 7000 Radios und Propagandamaterialien wurden allein in Kuba, überwiegend von der Interessenvertretung der Vereinigten Staaten, ausgegeben.

In entsprechenden USA-Regierungsgremien sind über 20 Vertreter der extrem terroristischen, antikubanischen

Exilorganisationen in führenden Positionen eingesetzt, und der damalige Sonderbevollmächtigte der USA-Regierung für die Koordinierung der antikubanischen Aktionen war der Scharfmacher Otto Reich. Der Bruder von Präsident Bush, der Gouverneur des Staates Florida, Jeb Bush, wo die entscheidenden Stimmen für die Präsidentenwahl manipuliert worden sind, tönte bereits, dass es nach dem Sieg in Irak nun an der Zeit sei, mit dem Regime in Kuba Schluss zu machen. Ähnliche Stimmen waren auch vom USA-Botschafter in der Dominikanischen Republik und von anderen offiziellen Persönlichkeiten zu vernehmen.

Im Herbst 2002 wurde der speziell für die Vorbereitung und Koordinierung antikubanischer Aktionen präparierte James Cason als Leiter der Interessenvertretung der USA in Havanna eingesetzt. Unter dessen Leitung und mit Hilfe seiner Einladung fanden in den Räumen seiner Residenz in Havanna eine Anzahl von Treffen mit Vertretern so genannter Dissidentengruppen statt, die offensichtlich für Aktionen gegen den kubanischen Staat vorbereitet wurden. Unter ihnen befanden sich nicht wenige Kubaner, die direkt als Söldner auf der Lohnliste standen. Am 20. Mai 2002 hatte Präsident Bush ein Zusammentreffen mit der terroristischen Mafia der Exilkubaner in Miami, auf dem er von Kuba eine neue Verfassung forderte, in der auf den sozialistischen Charakter der Revolution verzichtet werden sollte. Natürlich folgte auf diese Anmaßung eine entsprechende kubanische Antwort. In gewaltigen Massenkundgebungen auf der ganzen Insel wurde ein Projekt zur Ergänzung der kubanischen Verfassung unterstützt und am Nationalfeiertag, am 26. Juli 2002, schließlich von der Nationalversammlung einstimmig angenommen, wonach festgelegt wurde, dass der sozialistische Charakter und das sozialpolitische Programm der kubanischen Revolution unwiderruflich sind.

In dieser angespannten Situation des ideologischen Krieges kam es zu Beginn des Jahres 2003 zu von den USA herbeigeführten Provokationen. Allein in den ersten 7 Monaten wurden in 7 Fällen kubanische Flugzeuge oder Schiffe entführt. Die Entführer, die zweifelsfrei viele Menschen in Lebensgefahr gebracht hatten, wurden von den USA-Behörden nicht zur Rechenschaft gezogen. Am 19. März wurde eine kubanische Passagiermaschine vom Typ DC3 entführt, am 31. März eine AN24 und am 2. April eine Personenfähre, die nicht einmal hochseetüchtig war und neben kubanischen Bürgern auch ausländische Touristen an Bord hatte.

Angesichts der bereits damals sehr akuten Gefahr einer unmittelbar bevorstehenden Aggression gegen ihr Land entschieden sich die kubanischen Organe zu schnellen Maßnahmen: 75 in konterrevolutionäre Tätigkeiten verwickelte Kubaner wurden in 29 ordentlichen Gerichtsprozessen zu langjährigen Freiheitsstrafen verurteilt und gegen drei der Schiffsentführer wurde die Höchststrafe verhängt und vollstreckt. Diese drei Kriminellen hatten bereits, wie sich in den Prozessen bestätigte, unzählige Vorstrafen wegen krimineller Handlungen gegen Touristen und kubanische Institutionen bis hin zu verübten Morden. In ihren letzten kriminellen Aktionen, die ganz offensichtlich Teil eines groß angelegten konterrevolutionären Programms waren, das in einer direkten Intervention gipfeln sollte, setzten sie unzählige Menschenleben aufs Spiel. Es wurde ersichtlich, dass nach den wohlüberlegten

Aktionen der kubanischen Justiz völlige Ruhe eintrat, und es wurde auch erkennbar, dass die kriminellen Handlungen vorrangig von bezahlten USA-Agenten ausgegangen waren.

2004: »Bush-Plan« I

Offensichtlich eingedenk des erneuten Scheiterns des Umsturzversuches hat die Bush-Administration im Mai 2004 ein umfangreicheres Programm von 458 Seiten aufgelegt, in dem die bereits bekannten Zielstellungen aus den gesetzlichen Grundlagen enthalten und konkrete Ausführungsbestimmungen für ein komplexes Vorgehen zum »Wandel des Regimes auf Kuba« als offizielles, von Präsident Bush bestätigtes, Programm der US-Regierung ausgearbeitet sind. In diesem Programm sind, außer den üblichen Phrasen zur Befriedigung der ultrarechten Gruppierungen, zur Verschärfung der politischen Aggression und Erweiterung der Blockade, zur »Legitimierung« der Politik für die »Änderung der Regimes«, konkrete Ziele festgeschrieben. Vorstellungen über das Funktionieren des Staatsapparates und der Repressivorgane, des politischen Systems, der Organisation der sozialen Institutionen, des Justizapparates, der Wirtschaftsstruktur mit den Maßnahmen zur Privatisierung und dem Kernstück, wie formuliert ist, der Rückgabe des Eigentums, sind definiert.[35] Präsident Bush beauftragte die Kommission in seiner Gründungsrede, »... zusätzliche Maßnahmen anzuwenden, um das kubanische Regime schnell zu beenden und nicht einfach zu warten, bis die Regierung fällt, sondern dass sie schon arbeiten solle«.[36] Natürlich wurden die entsprechenden Mittel für die dafür geschaffenen Fonds zur Verfügung gestellt. Da solche Mittel nur zum Teil aus öffentlichen Quellen, sondern auch aus exilkubanischen oder geheimdienstlichen Töpfen kommen, gibt es über die tatsächliche Höhe sehr ungenaue, oder zumindest unzuverlässige Angaben. Von US-amerikanischen Steuergeldern allein sollen von 1996 bis 2005 etwa 73,6 Millionen Dollar bereit gestellt worden sein.[37)] Konkrete Kontrollmechanismen wussten die Profis der Anti-Castro-Bewegung zu verhindern. Viele von ihnen sind jedenfalls nachweislich unermesslich reich geworden. Zu jeder der inhaltlichen Linien wurden konkrete Maßnahmepläne ausgearbeitet.

So wurde bereits im 1. Kapitel »Beschleunigung der Wandlung in Kuba« festgelegt, dass die US-Regierung einen Koordinator für den Übergang einsetzt, der alle Maßnahmen koordinieren und Strategien für die »Nachfolge des Regimes von Fidel und Raul Castro ausarbeiten« soll. Die Unterstützung der Widerstandsgruppen auf Kuba soll verstärkt und die Zusammenarbeit mit Drittländern zur Koordinierung der Maßnahmen intensiviert werden. Aufgaben für die Propaganda und für die diplomatischen Vertretungen der USA sind ebenfalls festgehalten. Anmaßende Sofortaufgaben wurden initiiert, wie zum Beispiel die Kontrolle der Devisenbewegung von und nach Kuba, auch die Einschränkung von Geldtransfer an Verwandte auf Kuba, oder die radikale Einschränkung des Reiseverkehrs. So dürfen in USA lebende Kubaner nur jeweils drei Jahre nach ihrem letzten Familienbesuch auf Kuba eine Spezialgenehmigung für einen erneuten Besuch beantragen. Der Grad der Verwandtschaft für kubanische

Familienangehörige, die eine solche Spezialgenehmigung ermöglichen, wird durch den Präsidenten der USA auf Onkel, Enkel, Geschwister, Eheleute und Kinder reduziert. Diese Kuba-Besucher durften vorher 164 US$ pro Tag für Speise und Übernachtung mit sich führen. Dieser Betrag wurde auf 50 US$ reduziert. Ein Besuch in Kuba darf die Frist von 14 Tagen nicht überschreiten. Geldüberweisungen wurden gänzlich verboten.

Solche Festlegungen, die viele Familien auf Kuba und auch außerhalb direkt berühren und daher auf besonderen Widerstand im Volk und auch in verschiedenen kubanischen Emigrantengruppen stoßen, sind nicht nur direkte Einmischungen in die Menschenrechte von Bürgern eines souveränen Staates, sondern berühren auch beträchtlich die wirtschaftliche Stabilität Kubas, denn die über private Kanäle nach Kuba gekommenen finanziellen Mittel betrugen fast die Höhe der Einnahmen aus dem Tourismus. Solche Maßnahmen verstoßen nicht nur gegen alle Normen des Menschenrechts, sie sind auch eigenmächtige Eingriffe in die besonders in Lateinamerika heilig gewahrten Familienbande und haben auch die Stimmungen gegen die Bush-Administration in der Bevölkerung angeheizt.

Wir hier in Europa haben berechtigte Vermutungen, dass die nordamerikanischen Autoren Kernpunkte ihres Programms von irgendwelchen Stäben für europäische Veränderungen übernommen haben könnten – so große Ähnlichkeiten können kaum zufällig sein.

2006: »Bush-Plan« II

Zwei Jahre später, 2006, wurde jenes absurde beispiellose Programm mit einer erneuten öffentlichen Show-Nummer ergänzt. Just wiederum am 20. Mai, dem Jahrestag der Proklamierung der »unabhängigen« Republik Kuba von US-Gnaden, hat die nordamerikanische »Kommission für den Übergang zu einem freien Kuba« ihr neustes Konzept von nur noch 93 Seiten vorgelegt. Nach mehreren Verzögerungen wurde es dann am 10. Juli 2006, einen reichlichen Monat vor dem 80. Geburtstag Fidel Castros, mit einem Vorwort des Präsidenten Bush, von ihren Co-Präsidenten, der Außenministerin Condoleezza Rice und dem Handelsminister Carlos Gutierrez, sowie dem Koordinator des Programms, Caleb McCarry, der Presse vorgestellt. Bereits am 20. Mai hatte Bush erneut vor einem erlauchten Publikum der Castro-Gegner eine weitere scharfmacherische Rede gehalten und Maßnahmen einer noch rigoroseren Verschärfung der kubafeindlichen Politik angekündigt.

Der Kommission gehören über 100 Staatsdiener aus 17 Ministerien und anderen Regierungsbehörden an.[38) In diesem Bericht ist die perverse Zielstellung klar formuliert: »Mit diesem Bericht führt die Kommission einen bereits laufenden Planungs- und Koordinierungsprozess weiter, um die Demokratie in Kuba voranzubringen ... Des weiteren institutionalisiert sie laufende Planungen der USA-Regierung zur Unterstützung einer kubanischen Übergangsregierung ...«.[39)40)] Präsident Bush persönlich ließ es sich selbstverständlich nicht nehmen zu erklären: »Wir werden nicht auf den Tag der kubanischen Freiheit warten, sondern für den Tag der Freiheit in Kuba arbeiten«. Betont wird immer wieder, das Wichtigste wäre, in Kuba allen Besitz den früheren Eigentümern zurückzugeben. Das schließt zum Beispiel ein, den hunderttausenden Bauern, die heute in Kuba Eigentümer ihrer Privatgrundstücke oder in Kooperativen zusammengeschlossen sind, das Land wegzunehmen, um darauf den Großgrundbesitz wieder zu errichten. Es würde auch bedeuten, Millionen kubanische Wohnungsinhaber aus ihren Wohnungen zu vertreiben. Dieser Prozess soll sich unter der totalen Kontrolle durch die US-Regierung vollziehen, die dafür einen so genannten »Ausschuss zur Wiederherstellung der Eigentumsrechte« gründen würde.

Es soll auch eine Verwaltung geschaffen werden, ein »Ständiges Komitee für den Wirtschaftlichen Wiederaufbau Kubas«, das den Prozess leiten soll, in dem Kuba ein hartes Programm der neoliberalen Anpassung auferlegt würde, die grausame Privatisierung des Bildungswesens und des Gesundheitswesens, sowie die Beseitigung der Sozialversicherung und der Sozialhilfe eingeschlossen.

Mit einem gewissen Sinn für die Realität stehen die Autoren des Machwerkes ein, dass es nicht einfach sein werde, die Pläne in Kuba durchzusetzen. Sie nehmen sich daher vor, unverzüglich einen juristischen und polizeilichen Machtapparat zu schaffen, der dann auf Kuba entsprechende Maßnahmen durchsetzen soll. Prioritätenlisten wurden sowohl für Institutionen und auch für Personen in Kuba erarbeitet. Wie das dann aussehen könnte sehen wir im Irak oder in anderen Ländern, die von den USA besetzt sind. Es ist sogar ein Adoptionsdienst für die Kinder vorgesehen, deren Eltern im Kampf umgekommen sind, oder Opfer des Unterdrückungsfeldzuges wurden. Wie demagogisch aufgebläht und absolut lächerlich wie auch absurd die neue Kampagne gegen Kuba ist, macht auch ein Beispiel deutlich. So soll nach der »Befreiung Kubas« durch die USA eine »Immunisierung aller Kinder unter fünf Jahren, die noch nicht gegen Kinderkrankheiten geimpft wurden,« vorgenommen werden. Nun weiß jeder, auch in den einschlägigen internationalen Organisationen, dass der Index für die Kindersterblichkeit in Kuba zu den niedrigsten der Welt gehört, und dass er niedriger ist als in den USA (selbst im »World Factbook« der CIA könnten interessierte Politiker dies nachlesen). Auch die vorgesehenen Impfungen werden in Kuba verlässlicher durchgeführt als in den USA, wie sich in einschlägigen UNICEF-Reporten nachlesen ließe.[41)]

Ein Teil der Maßnahmen des Planes aus dem Jahre 2004 wurde bereits unter Leitung des Koordinators, der ein enger Freund der konterrevolutionären Terroristengruppen ist, durchgeführt. US-Bürger, die nach Kuba gereist sind, wurden strafrechtlich verfolgt. 800 von ihnen wurden seither mit Geldstrafen belegt. 85 Firmen wurden wegen angeblicher Verstöße gegen Blockadebestimmungen mit Sanktionen belegt. International renommierte Banken haben sich bereits dem widerlichen Druck der so genannten »US-Gruppe zur Ermittlung der Kubanischen Vermögen« gebeugt usw.

Die Besonderheit des neuen Planes besteht darin, dass er erstmals einen geheimen Anhang mit Aktionen gegen Kuba enthält. Natürlich gibt es dazu keine Veröffentlichungen, außer der Begründung, dass dieser Anhang Maßnahmen enthalte zur »wirksamen Durchführung des

Gesamtprogramms« und »aus Gründen der Nationalen Sicherheit« hinzugefügt sei. Aus bitteren Erfahrungen in der Vergangenheit kann man sich etwa vorstellen, was dieser Anhang zu bedeuten hat.

Der neue Plan präzisiert alle vorher konzipierten Aggressionspläne: Medienkampagnen, diplomatische Aktionen, wirtschaftliche und finanztechnische Instrumente, Finanzierung von Regimegegnern innerhalb und außerhalb Kubas. Zur Umsetzung all dieser völkerrechtsfeindlichen Aktionen wurde ein Fonds in Höhe von 80 Millionen US-Dollar geschaffen mit der Empfehlung, diese riesige Summe wie folgt einzusetzen

31 Millionen zur Unterstützung der »Zivilgesellschaft« auf der Insel,

10 Millionen zur Finanzierung eines akademischen Austausches und Studienplätze für kubanische Jugendliche zum Auslandsstudium,

24 Millionen zur »Beendigung der Informationsblockade der Castro-Regierung«, Finanzierung der Verbreitung antikubanischer Satellitenprogramme und Installierung entsprechender Geräte auf der Insel zum Empfang »internationaler Programme«,

15 Millionen zur Finanzierung „internationaler Aktionen«.

Ausdrücklich wird betont, dass das »Ende der Castro-Diktatur« beschleunigt werden soll, und dass es einen Wandel und keine Fortsetzung der Regierung geben müsse. Angesichts der Tatsache, dass sich besonders in Lateinamerika die freundschaftlichen Beziehungen mit Kuba entwickeln, wurde eine Reihe Maßnahmen aufgenommen, die eine solche Entwicklung verhindern sollen. Venezuela wird neunmal erwähnt, so zum Beispiel wird Kuba angeklagt, »die wirtschaftliche Hilfe Venezuelas zu nutzen, um die Subversion der demokratischen Regierungen der Hemisphäre zu betreiben.«[42] Offenbar sind die in jüngster Vergangenheit auffallend häufigen Wahlsiege linker Kräfte in Lateinamerika ein Faktor, der den Gelüsten der USA nach Kuba sehr hinderlich ist. Daher wurden auch in den Plan solche internationalen Faktoren einbezogen. Besonders in der Organisation der Amerikanischen Staaten, der Interamerikanischen Kommission für Menschenrechte und der Internationalen Arbeitsorganisation soll verstärkt für die Pläne gegen Kuba geworben werden.[43]

Es wird unterschieden zwischen Staaten, die eine Fortsetzung der kubanischen Revolution unterstützen und den Verbündeten der USA, die eine Rückkehr zum Kapitalismus in Kuba aktiv fördern. Dafür sind die US-Vertreter weltweit sehr emsig tätig.

Besonders hervorstechend im Bush-Plan ist die Aktivierung der Festlegungen zur exterritorialen Anwendung des Wirtschaftskrieges gegen Kuba. So werden neue Mechanismen festgelegt, um die Maschinerie zur effektiveren Durchsetzung der Blockade zu vervollkommnen. Es werden neue Sanktionen angewendet, so zum Beispiel die Aburteilung von Blockadebrechern in Gerichtsverfahren der USA. Es wird die Genehmigung gegeben, vor USA-Gerichten gegen ausländische Investoren in Kuba Klage zu erheben, besonders gegen jene, die die Kontinuität der kubanischen Revolution unterstützen. Damit sind offenbar in erster Linie venezolanische und chinesische Unternehmen gemeint, die besonderen Anteil am wirtschaftlichen Aufschwung Kubas der vergangenen Jahre haben.

Auch der Abschnitt IV des Helms-Burton-Gesetzes, der Einreisevisa in die USA für Investoren und ihre Familien verweigert, wurde aktiviert bzw. präzisiert - besonders für diejenigen, die in die Erdölforschung und -förderung, in den Tourismus, die Nickelproduktion, den Rum oder in die Tabakindustrie investieren. Es wurde sogar eine US-amerikanische Arbeitsgruppe zur Kontrolle kubanischer Nickelverkäufe gegründet. Hier geht man nun gezielt gegen solche Exportzweige vor, die die größten Devisenbringer sind.

Auch gegen die humanitäre Hilfe und Solidarität Kubas gegen andere Länder wurden einschneidende Aktivitäten formuliert. So zum Beispiel sollen alle Exporte von medizinischen Geräten an Kuba verhindert werden, die Kuba für die internationalistische Hilfe benötigt.

Es gibt in diesem unglaublichen Dokument weitere Pläne, die nicht nur für Kuba, sondern auch für die gesamte Menschheit entwürdigend und Gefahr bringend sind und den wahren Charakter der US-Administration offenbaren. Bedenkt man, dass der »Koordinator für den Übergang Kubas« - der Republikaner Caleb McCarry, der auch schon bei der Absetzung des früheren Präsidenten Haitis, Aristide »geholfen« hat - seine erste Auslandsreise nach Verkündung des Programms nach Europa unternahm, so kann man sich gewisse Zusammenhänge vorstellen.

Es ist angesichts einer solchen fanatischen antisozialistischen Politik, die offizielle Regierungspolitik des mächtigsten Landes der Welt ist, nicht verwunderlich, dass die Bush-Administration in arroganter Art von Geschmacklosigkeit natürlich die Krankheit von Präsident Castro nutzte, um offiziell und wiederum unter Verstoß gegen alle Regeln des Völkerrechts, zynisch zum Sturz der Regierung und des sozialistischen Systems Kubas aufzurufen.[44)] Er wurde selbstverständlich auch dabei von den verbrecherischen Terrororganisationen kubanischer Emigranten in den USA in offizieller Kumpanei vorangetrieben, die selbst die grundlegendsten Regeln menschlicher Pietät schamlos vermissen ließen. In einer vom Weißen Haus verbreiteten Stellungnahme ließ Bush verbreiten: »Ich fordere das kubanische Volk auf, für den demokratischen Wandel auf der Insel zu arbeiten. ...« und: »wir werden euch in euren Bemühungen unterstützen, eine Übergangsregierung zu schaffen, die der Demokratie verpflichtet ist.«[45)] Auch das US-Außenministerium ließ durch seinen Sprecher McCormick erklären, dass dem kubanischen Volk eine frei gewählte Regierung verweigert würde und fügte hinzu: »Wir sind bereit, Kuba beim demokratischen Wandel zu helfen, und sind vorbereitet, dafür substanziell humanitäre Hilfe zu leisten«.[46)] Und der nordamerikanische Stadthalter in Havanna, der Leiter der US-Interessenvertretung, Michael Parmly, erklärte jubelnd, unter Umgehung aller diplomatischen Gepflogenheiten und der Regeln des Anstandes, als er den Bush-Plan den akkreditierten Diplomaten, Korrespondenten, Vertretern der katholischen Kirche und so genannten Dissidenten erläuterte: »Der Wechsel rückt näher«.

Es kann keinerlei Zweifel daran geben, dass die nunmehr offen erklärte politische Strategie, eine Fortsetzung der seit dem Sieg der kubanischen Revolution bereits in der praktischen Politik betriebene groben Einmischung in die inneren Angelegenheiten eines souveränen Staates ist. Es ist ein Rückfall in von der Geschichte längst überlebte Kolonialpraktiken. Schlimmer noch, ein offenbar übermächtiges Monster, nur etwa 90 Meilen nördlich der kleinen Insel entfernt, ist permanent aktiv bemüht, in Kuba eine Situation zu schaffen, die eine kriegerische Aggression ermöglicht. Es scheut sich nicht, mit Hilfe von Söldnerbanden, das Volk gegen seine eigene Regierung aufzuwiegeln, um seine eigenen Interessen durchsetzen zu können. Unter dem Motto »nie wieder Antikapitalismus, nie wieder Sozialismus« will die US-Regierung eine weltweite Allianz zusammenzimmern.

Die EU als Wasserträger der USA

Die Europäische Union, die in ihrer Haltung zu Kuba allgemein bereits seit Jahren der Stimme des früheren angemaßten Sprechers der ehemaligen Kolonialherren in Lateinamerika in Gestalt des körperlich kleinwüchsigen, aber mit Scheitel und Bart ausgestatteten damaligen spanischen Ministerpräsidenten José María Aznar gefolgt war, beschloss erwartungsgemäß, just nach der Siegeserklärung von Bush im Irak-Krieg, sich den verschärften Strafmaßnahmen der USA gegen Kuba anzuschließen: Offensichtlich in Abstimmung mit den entsprechenden US-Plänen hat man die Verurteilung der 75 »Regimegegner«, die bekanntermaßen von den USA ausgehalten wurden, zum Anlass genommen und am 5. Juli 2004 eine Reihe von Maßnahmen beschlossen, die einen durch nichts zu begründenden völkerrechtswidrigen Druck der EU-Mitgliedsländer auf Kuba auslösen sollten. So wurde u.A. empfohlen: Bilaterale Treffen auf hoher Ebene zu begrenzen, größere Zurückhaltung bei der Teilnahme von Mitgliedsstaaten an kulturellen Veranstaltungen zu üben, den Kulturaustausch und Fördergelder für soziale Projekte auszusetzen. Die diplomatischen Vertretungen von EU-Ländern in Havanna wurden angewiesen, kubanische Dissidenten zu Veranstaltungen einzuladen usw.

Der bekannteste antikubanische Terrorist Huber Matos erhielt auf der Frankfurter Buchmesse ein Forum für seine Hetztiraden mit Aufrufen zur militärischen Aggression gegen Kuba. Den kubanischen Verlagen wurde die Teilnahme an der Frankfurter Buchmesse verwehrt.

Die Exponentin der Grünen, Claudia Roth, hatte die Absicht, in Havanna zum »Tag der deutschen Einheit« an einer provokativen Veranstaltung der deutschen Botschaft in Havanna teilzunehmen. Angesichts der von der EU ausgelösten Verschärfung des antikubanischen Kurses war die von den deutschen Medien inszenierte »Empörung« über die kubanische Einreiseverweigerung für Frau Roth nicht so richtig zu verstehen.

In Anlehnung an die im Jahre 1996 von der EU beschossenen »gemeinsamen Position«, worin eine »politische Öffnung« von Kuba gefordert wurde, hat die EU den Druck noch weiter erhöht. Man bedient sich der altbekannten Phrasen von den Menschenrechten, Demokratie, Pressefreiheit usw. Auch entsprechende Aktionen wurden unter diesem Motto organisiert. Man bedient sich dabei der Dienste demokratisch erscheinender so genannter »nichtstaatlicher Organisationen«. Eine von ihnen hat den wohlklingenden Namen »Internationale Gesellschaft für Menschenrechte IGFM«. Diese Gesellschaft, oder

»Die Reporter ohne Grenzen«, haben fast nicht enden wollende finanzielle Ressourcen. Die Führer der IGFM mit Sitz in Frankfurt/Main sind hinlänglich bekannt. Sie wurden von der CIA, ähnlich wie der berüchtigte Gehlen, schon vorsorglich ausgewählt und präpariert. So zum Beispiel der heutige Ehrenvorsitzende Iwan Iwanowitsch Argusow, Gründer der IGFM und lange Zeit deren geschäftsführender Vorsitzender. Er war laut Informationen der Linkspartei.PDS Funktionär der weißrussischen Emigrantenorganisation NTS, er war an vielen Gräueltaten der Hitlerpolizei im Raum Pskow beteiligt. Er erhielt von 1961 bis 1968 in den USA eine Spezialausbildung.[47)] Solche Leute setzen sich unter Anderem für die Propaganda rund um die so genannten politischen Gefangenen und Regimegegner ein. Dafür haben sie einen »Kuba-Arbeitskreis« gegründet, der neben entsprechenden Veranstaltungen, oft gemeinsam mit der »Adenauer-Stiftung« regelmäßig Schriften herausgibt. Im »cuba-report« Nr. 2/2005 z.B. haben sie interessante Aussagen des EU »Sacharow-Preisträgers« Oswaldo Payá wiedergegeben: »Ein Großteil der Dissidenten trifft sich regelmäßig mit einem US-amerikanischen Diplomaten« und nehme Geld und Kommunikationsgeräte entgegen. Die IGFM war auch maßgeblich daran beteiligt, dass einige Verwandte – Frauen oder Schwestern – von einigen der 2003 inhaftierten »Regimegegner« zu den so genannten »Damen in Weiß« hochstilisiert worden sind, und von der EU eingeladen wurden, um ebenfalls mit einen solchen »Sacharow-Preis« ausgezeichnet zu werden. Da aber in Kuba solche »Damen in Weiß« nicht bekannt sind und die kubanische Regierung nicht von dieser hohen Ehrung für ihre Staatsbürger informiert worden ist, fand die Reise nicht statt. Solche und ähnliche peinlichen Konstruktionen werden zusammengebastelt, um auch in Europa das Eisen für die USA am Glühen zu halten.

Nachdem sich Aznar durch seine extrem reaktionäre Politik selbst um sein Amt gebracht hatte, schien wieder eine Normalisierung der Beziehungen der EU zu Kuba möglich. Diese Möglichkeit wird jedoch nicht genutzt, denn viele europäische Regierungen folgen offenbar dem USA-Kurs bezüglich Kuba und man ist versucht, zu vermuten, dass sie diese Haltung als Alibi nutzen wollen, um sich aus anderen Abenteuern der USA herauszuhalten.

Gegen-Reaktionen Kubas und anderer Länder

Bereits zu Beginn des Jahres 2004 auf dem lateinamerikanischen Gipfeltreffen im mexikanischen Monterrey probte Bush für weitere Angriffe gegen Kuba, die zur Isolierung des Karibikstaates führen sollten. Auf Betreiben der USA erhielt Kuba keine Einladung, und für die Mehrheit der Staaten war klar, dass eine Intervention Fidel Castros gegen die USA-Globalisierungspolitik in Lateinamerika zu jenem Zeitpunkt auf sehr offene Ohren gestoßen wäre. Das Hauptziel der USA auch auf diesem Treffen war es nämlich, durch eine lateinamerikanische Freihandelszone den Volkswirtschaften der lateinamerikanischen Länder die ohnehin schon geringen Chancen auf Marktanteile zu nehmen und den US-Unternehmen den weiteren »freien Zutritt« zum lateinamerikanischen Markt zu ebnen. Daher entfalteten Bush und seine Propagandamaschine erneut eine massive Offensive gegen

Kuba, das sich gemeinsam mit Venezuela anschickte, eine den USA-Bestrebungen entgegen wirkende Integration Lateinamerikas zu initiieren, in deren Kern die verlogene Behauptung gestellt wurde, dass Kuba die Gesellschaften der lateinamerikanischen Länder destabilisiere und daher eine große Gefahr für den Kontinent sei. Daher, so ist es im »Berliner Kurier« vom 14. Januar 2004 zu lesen, wolle Bush auch in Kuba »einen schnellen und friedlichen Übergang... Die Diktatur hat keinen Platz in Amerika. Auch in den dunkelsten Winkeln der Kerker Castros« müsse »der Geist der Freiheit erblühen«. Allein in solcher vordergründigen und platten Agitation zeigt sich die Ohnmacht der USA, die nach den weltweit sehr kritisch eingeschätzten kriegerischen Abenteuern und der dadurch zerrütteten Wirtschaft herrscht.

Wie die Mehrheit der Völker der Welt hatten die Kubaner bereits damals einer Wiederwahl von Bush mit bangen Gefühlen entgegengesehen. Es bestand kein Zweifel, dass die im Rahmen des »Antiterrorkampfes« begonnene feindliche Eskalation gegen Kuba weitergeführt wird. Gleich zu Beginn seiner zweiten Amtszeit beeilte sich Bush zu betonen, dass Kuba ihm weiterhin »Sorgen bereite«. Diesen Worten folgten weitere Maßnahmen zur Verschärfung der Beziehungen, die schon dargelegt wurden.

Ernsthafte Probleme sind gegenwärtig offensichtlich die verstärkten Radio- und Fernseh-Propagandasendungen nach Kuba. Bekanntlich haben solche Sendungen in Europa gegen den »Osten« nachhaltige Wirkungen erzielt und die Menschen für die »Demokratie« präpariert. Für die Sendungen der USA nach Kuba sind daher für 2006 fast

38 Mio. Dollar und für 2007 fast 30 Mio. Dollar im Haushalt der USA vorgesehen.

Präsident Fidel Castro verurteilte in seiner Festrede zum Nationalfeiertag Kubas, am 26. Juli 2005, die damalige von den USA provozierte Zuspitzung der Situation und hob hervor, dass in dieser explosiven und angespannten Lage, die außerdem noch von den lokalen Sendern in Miami so angeheizt worden war, als stünde ein Kollaps in Kuba unmittelbar bevor, die diplomatische Interessenvertretung der USA in Havanna sehr intensiv an der Vorbereitung einer Versammlung »zur Verteidigung der Zivilgesellschaft« gearbeitet hatte.[48)] Eine solche Versammlung fand dann auch im Beisein des Leiters der Interessenvertretung und ausländischer Medien statt. Eingeladenen ausländischen Vertretern, wie z.B. einem Bundestagsabgeordneten der CDU, wurde von den kubanischen Behörden rechtzeitig die Einreise verweigert. Die kubanische Öffentlichkeit hat jenen Ansatz zur Organisation der Konterrevolution zwar aufmerksam verfolgt, aber mit Gleichmut reagiert. Die Scharfmacher in den USA gedachten nun, offensichtlich ermuntert durch die tolerante Haltung der kubanischen Regierung, weitere Eskalationen zu versuchen, die jedoch am 22. Juli 2005 vereitelt wurden.

Präsident George W. Bush versuchte natürlich auch mit dem stärksten kapitalistischen Fetisch, dem Dollar, Kuba nun endgültig den Garaus zu bereiten. In der Phase der weiteren Zuspitzung hielt er es für angebracht, ein solches Mittel ins Spiel zu bringen. Mit einer konstruierten Unterstellung, Kuba finanziere mit seinen US-Dollars den internationalen Terrorismus, wurden per Gerichtsbeschluss (natürlich eines USA-Gerichts) völlig normale internationale kubanische Devisenbewegungen untersucht und ein Vorwand mit Hilfe der bereits hinlänglich bekannten Lügenfabrik erfunden, dass die Union der Schweizer Banken von der US Federal Reserve Bank mit 100 Mio. Dollar Strafe belegt werden konnte, da sie angeblich finanzielle Transaktionen Kubas ermöglicht habe. Es handelte sich in Wirklichkeit um ein Devisenkonto Kubas zur Realisierung normaler kommerzieller Operationen kubanischer Handelsfirmen in Europa. Dies ist ein weiterer völkerrechtlich empörender Vorgang in der aggressiven Politik der USA gegen Kuba. Wie auch in vorherigen Versuchen zeigte sich jedoch, dass die CIA nicht in der Lage ist, gesellschaftliche Probleme im komplexen Zusammenhang einzuschätzen.

Die kubanische Führung war sich bereits seit längerer Zeit darüber im Klaren, dass die Zirkulation des US-Dollars in Kuba sowohl politisch-ideologische als auch wirtschaftliche Probleme hervorbringt. Oft genug wurde in westlichen Propagandamedien hämisch bemerkt, dass der »kommunistische Diktator Castro« der Währung seines Hauptfeindes den absoluten Vorrang gebe. Kuba nahm daher die dreiste Anmaßung der USA zum willkommenen Anlass, den US-Dollar vollkommen aus dem Inlandsverkehr zu ziehen und auch als Währung bei internationalen Transaktionen zu beschränken. Diese Politik musste schnell begonnen werden, zumal der US-Staatssekretär für Angelegenheiten der Westlichen Hemisphäre, Daniel W. Fisk, bekannt gab, dass sich nun die »Gruppe zur Verfolgung von kubanischem Aktivvermögen« gebildet habe, die einzig und allein den Zweck verfolge, die Bewegung von Devisen nach Kuba hin und von Kuba weg ausfindig zu machen, um sie dann zu unterbinden. Das ungewöhnliche Treiben der USA auf den internationalen Finanzmärkten zeigte bereits erste Folgen. Die Schweizer Banken UBS und Credit Suisse stellten ihre völlig legalen Bankgeschäfte mit Kuba ein.

Der Staatsrat Kubas verkündete als logische Konsequenz aus der erneuten Erpressung Ende Oktober in einer Fernsehveranstaltung im Beisein des Präsidenten der Zentralbank die Verordnung, dass ab 8. November 2004 der US-Dollar im Lande nicht mehr in der Zirkulation befindlich sein wird. Die US-Währung wird durch den »Peso Convertible« (Peso CUC) ersetzt. Man kann den US-Dollar weiterhin legal besitzen, aber in Kuba nichts dafür kaufen. Ab 14. November wird der Umtausch Dollar zum CUC mit 10 % besteuert, der Umtausch von EURO, Pfund Sterling, Kanadischem Dollar und Schweizer Franken in CUC hingegen bleibt steuerfrei. So verschwand in kurzer Zeit das ach so mächtige US-Zahlungsmittel, das stets die weltweite USA-Hegemonie und -Einflussnahme symbolisierte, aus dem Verkehr in Kuba. Der Präsident der Zentralbank Kubas kommentierte wenige Tage nach dieser Maßnahme im kubanischen Fernsehen: »Dies ist für unser Land ein glücklicher Tag, denn es hat seine monetäre Souveränität wiedererlangt. 1670108 Kubaner haben patriotisch, diszipliniert und verständnisvoll ihre Dollars gegen den Konvertierbaren oder den Nationalen Peso eingetauscht.«[49] Es wurde das Gesetz Nr. 92/2004 beschlossen zur Bildung eines »Einheitlichen Kontos der Deviseneinnahmen des Staates« und einer Kontrollkommission unter Leitung der Zentralbank, an der alle Ministerien beteiligt sind.[50] So hat Kuba die Hoheit über die Finanzen, insbesondere die

Devisen, gefestigt und ausgebaut und die Gefahr der Aufweichung der Wirtschaft durch die unkontrollierte Devisenbewegung eingedämmt.

In seiner Rede zum 1. Mai 2006 konnte Fidel Castro feststellen, dass die Realisierung der Beschlüsse auf währungspolitischem Gebiet bereits wesentlich dazu beigetragen haben, die Nationalwährung zu stärken und das Vertrauen der Bürger in ihre Währung zu festigen. Die Ersparnisse in Peso hatten sich im März 2006 um 42 % im Vergleich zum gleichen Zeitpunkt des Vorjahres erhöht und der Anteil des CUC an den Devisenkonten erhöhte sich von 20 auf 65 %.

Die von den USA im Sommer 2006 forcierten Angriffe gegen das souveräne Kuba (»Bush-Plan II«) provozierten durchaus zwiespältige Wirkungen. Angesichts der ausweglosen Situation im Irak und dem offensichtlichen Scheitern der bereits öffentlich verkündeten Strategie des anmaßenden Antiterrorkrieges, werden auch die Absichten gegenüber Kuba nicht nur außerhalb der USA zunehmend mit Skepsis gesehen. Die für die Republikaner verlorenen Wahlen zum Repräsentantenhaus und Senat tragen sicherlich zu einer gewissen Korrektur bei. Nach langer Zeit besuchte eine Gruppe von US-Parlamentariern Kuba. Selbst einige Regimekritiker, die so liebevoll als Dissidenten bezeichnet werden, drückten ihr Unverständnis darüber aus, dass man öffentlich solch große Summen für die Unterstützung der Konterrevolution verkündete. Bisher, so sagt man, sei immer kategorisch bestritten worden, dass es sich bei den Dissidenten um bezahlte Söldner im Dienste der Vereinigten Staaten handle. Der

Generalsekretär der Organisation Amerikanischer Staaten (OAS), der Chilene Jose Miguel Insulza, tadelte den neuen Bush-Plan und stellte die berechtigte Frage, wieso Bush »ein Büro für einen Koordinator, der beim Wechsel in Kuba Hilfestellung leisten soll, ins Leben gerufen hat, denn dort werde es keinen Wechsel geben und Kuba ist nicht dessen Land«.[51)]

Viele Persönlichkeiten aus Kultur und Wissenschaften der ganzen Welt, Intellektuelle, darunter Nobelpreisträger haben sich mit Unterschriften gegen den Bush-Plan ausgesprochen und ihre Solidarität mit Kuba erklärt.

Natürlich haben die Führung der Kommunistischen Partei Kubas und die von Fidel eingesetzten Persönlichkeiten für die staatlichen Aufgaben, angesichts der Krankheit Fidels und der zugespitzten Gefahrensituation für das Land, sofort reagiert. Sie haben alle vorgesehenen und notwendigen Maßnahmen getroffen, um die Verteidigungsfähigkeit Kubas zu erhöhen. Gleichzeitig hat Raúl Castro in seinem Interview mit der »Granma« nochmals die Bedingungen Kubas für friedliche Beziehungen mit den USA, wie sie auf dem III. Parteitag von Fidel Castro im Februar 1986 formuliert wurden, dem Kriegsplan von Bush entgegengestellt. Darin heißt es: »Kuba ist nicht unwillig, seinen langen Konflikt mit den Vereinigten Staaten zu diskutieren und Frieden und bessere Beziehungen zwischen unseren Völkern zu suchen. Aber dies müsste auf der Grundlage der uneingeschränkten Achtung unseres Charakters als ein Land geschehen, das keine Schatten auf seiner Unabhängigkeit duldet, für dessen Würde und Souveränität ganze Generationen von Kubanern gekämpft und sich geopfert haben. Dies wird nur möglich sein, wenn sich die Vereinigten Staaten entschließen, ernsthaft zu verhandeln, und wenn sie bereit sind, uns im Geist der Gleichheit, Gegenseitigkeit und der gegenseitigen Achtung zu behandeln.«[52)]

Es zeugt von Prinzipienfestigkeit und unendlicher Geduld, dass sich die Führung Kubas nicht provozieren lässt. Es ist verständlich, dass sie jeden Ansatz zur Bildung konterrevolutionärer Banden konsequent entgegentritt. Es zeugt von großer Bösartigkeit, dass Kuba wegen seiner Maßnahmen zum Schutz seines Landes in jener von den USA erzeugten akuten Gefahrensituation obendrein ununterbrochen wegen des Verstoßes gegen die Menschenrechte, die Presse- und Meinungsfreiheit, kurz mit allen propagandistischen Tricks des kalten Krieges, an den Pranger gestellt wird.

In seiner Rede im Jahre 2006 aus Anlass der eindrucksvollen Parade zum 50. Jahrestag der Gründung der Revolutionären Streitkräfte und zu Ehren des 80. Geburtstages seines Bruders hat Raúl Castro erneut im Auftrag der kubanischen Führung den USA friedliche Verhandlungen angeboten. Diese wurden jedoch wiederum abgewiesen – ein Zeugnis vor aller Welt, dass der Konfrontationskurs fortgesetzt werden soll. Zynisch wurde vom Außenministerium der USA erklärt, dass die kubanische Regierung erst den Dialog mit dem kubanischen Volk über die Durchsetzung der »Demokratie« geführt werden solle. Es ist hinlänglich in der Welt bekannt, dass sich die Politiker der kapitalistischen Welt darauf geeinigt haben, ungerechtfertigt über Jahre den Begriff »Demokratie« als Synonym für die bürgerliche Gesellschaft zu propagieren und natürlich Kapitalismus meinen.

Nachdem die aggressive, staatsterroristische Konzeption der US-Regierung gegen Kuba in der Öffentlichkeit dargelegt wurde und der kubanischen Regierung empfohlen wird, dass sie sich mit dem Volk über die Einführung der Demokratie auseinandersetzen solle, stellt sich die Frage, was die US-Regierung unter Demokratie versteht. Offensichtlich hat sich die Welt allgemein daran gewöhnt, dass unter einem demokratischen Staat nur ein »purer« bürgerlicher, sprich kapitalistischer Staat zu verstehen sei. Hier trifft offenbar das altbekannte Sprichwort zu, dass sich eine Lüge, je öfter sie wiederholt wird, allmählich in das Bewusstsein der Menschen als gegebene Tatsache einprägt. Nun kann jedoch kein halbwegs intelligenter Mensch ernsthaft glauben, dass die Vereinigten Staaten die Demokratie im Sinne des Wortes verkörpern würden, oder dass gar Bush eine Demokratie in der ganzen Welt verbreite. Das wäre im höchsten Maße lächerlich. Sehen wir uns doch nur einige widerliche Erscheinungen an: Noch heute, nach der schmachvollen Niederlage in Vietnam oder Irak brüstet sich der Präsident der USA mit stolzer Brust als Demokratiebringer. Viele Tausend Menschen wurden im Namen der Demokratie gemordet, auch Bürger der »demokratischen« Staaten und im Namen der Demokratie. Ist so etwas der Menschheit glaubhaft beizubringen? Es ist nicht Aufgabe dieses Buches, die Verlogenheit der bürgerlichen Demokratie nachzuweisen, die ja streng genommen gar keine Demokratie ist. Das Problem ist, dass der Begriff der »Demokratie« auf das System der Regierung eines Landes reduziert wird, die so genannte repräsentative Demokratie. Das war bereits mit der Entstehung dieses Begriffs eine Farce. Das, was zu seiner Zeit Rousseau sagte, hat noch heute Bedeutung: das Prinzip der Repräsentation kann nicht unter Ungleichen bestehen. Der so genannte Arbeitgeber (Ausbeuter) kann keinen Arbeitnehmer (Ausgebeuteten) repräsentieren und der Reiche nicht den Armen. Im Gegenteil führt dieses Prinzip der »repräsentativen Demokratie«, so wie es noch heute propagiert wird, zu einem System, das mit seiner Gesetzgebung nur die Reichen begünstigt und jene benachteiligt, die nichts haben.[53)] Dieser Widerspruch tritt in der heutigen Zeit der Globalisierung immer deutlicher zutage.

Es ist eine konkrete historische Erfahrung, dass sich die beiden Begriffe, Demokratie und Kapitalismus antagonistisch entgegen stehen. Andererseits wäre die »sozialistische Demokratie« als Verwirklichung des ursprünglichen Demokratiebegriffes zu interpretieren, nämlich dass sich die Menschen, dass sich das Volk selbst regiert. Die bürgerlichen Medien, die Kritiker des gesellschaftlichen Systems in Kuba sind bestrebt, die Existenz nur einer politischen Partei als Mangel einer echten Demokratie, ja als absolut unvereinbar mit den Gepflogenheiten eines demokratischen Staatswesens darzustellen. Die Führung Kubas ist jedoch der Meinung, dass hier die Exponenten der Bourgeoisie, ebenso wie bei der Definition des Begriffes der Demokratie, einen historischen Irrtum begehen, oder die Geschichte selbst bewusst für ihre Zwecke falsch interpretieren.

Einerseits ist es eine unleugbare Tatsache, dass die Entwicklung einer neuen Gesellschaftsform nicht mit den althergebrachten Normen und Charakteristika der bürgerlichen Klassengesellschaft identifiziert werden kann. Andererseits ist die Existenz wahrhaft demokratischer Verhältnisse überhaupt nicht von dem Bestehen mehrerer politischer Parteien abhängig. Das hat sich in der Geschichte gezeigt und auch, dass in der Praxis das bürgerliche Mehrparteiensystem dazu dient, den Demokratiebegriff zu verschleiern.

Politische Parteien sind Institutionen, die mehr oder weniger im 19. Jahrhundert entstanden. Die Demokratie aber als Idee gibt es schon mehr als zweitausend Jahre. Es ist kein historisches Zeugnis dafür bekannt, dass in früheren historischen Epochen über Institutionen wie politische Parteien geschrieben wurde. Auch die sagenhafte »nordamerikanische Demokratie« entstand ohne politische Parteien. George Washington wurde zweimal zum Präsidenten gewählt, ohne einer politischen Partei anzugehören und am Ende hat er in einem Brief an das amerikanische Volk empfohlen, nicht in ein System von politischen Parteien zu versinken, da dies den Anfang einer Korruption der Demokratie bedeute.

Worauf beruht in Kuba die Umsetzung von Demokratie?

Die Kandidatenaufstellung zur Wahl der Organe der Volksmacht wird direkt von den Wählern vorgenommen.[54)] Dazu werden überall in den Wohngebieten tausende öffentliche Versammlungen durchgeführt, in denen die Bürger ihre Kandidaten vorschlagen können. Es können jede beliebigen Bürger (mindestens zwei) vorgeschlagen werden, die ihren Wohnsitz in dem betreffenden

Wahlkreis haben. Diese Kandidaten wählen in jedem Wahlkreis einen Delegierten, der den Wahlkreis im Kreistag vertritt. Die Einteilung der Wahlkreise wird in jedem Territorialkreis vor jeder Wahl vom Wahlausschuss in Abhängigkeit von der Bevölkerungsdichte vorgenommen, wobei die Anzahl der Delegierten nicht weniger als 30 sein darf. Im Durchschnitt vertritt ein Delegierter des Kreistages 500 Bürger. Diese Art von Basisdemokratie vollzieht sich ohne Einflussnahme einer politischen Partei, wie auch die Wahlprozesse auf anderen Ebenen.

Die direkt gewählten Abgeordneten der Kreistage wählen die Kandidaten für die Bezirksversammlungen und für die Direktwahl in die Nationalversammlung aus. Die Anzahl der Delegierten für die Bezirksversammlungen muss mindestens 75 betragen. In den Provinzen gibt es ebenfalls einen Schlüssel, der von der Anzahl der jeweiligen Wähler abhängt. Die Abgeordneten der Nationalversammlung werden für jeweils 20000 Einwohner einer Provinz direkt gewählt. Ihre Funktionen sind nationaler Natur, und sie unterliegen in ihrer Tätigkeit ausschließlich den Bestimmungen der Verfassung und der Gesetze.

Entsprechend jeder Ebene werden in Abhängigkeit von der Einwohnerzahl des Gebietes Schlüssel für die zu wählenden Kandidaten als Delegierte oder Abgeordnete von den Wahlausschüssen festgelegt. Mit der gültigen Fassung des erneuerten Wahlgesetzes vom 29. Oktober 1992 wurden den gesellschaftlichen Massenorganisationen Rechte zur Nominierung von Kandidaten eingeräumt. Im Kapitel IV des Wahlgesetzes ist festgelegt: »Die Kandidatenausschüsse werden auf nationaler sowie auf Bezirks- und Kreisebene gebildet. Ihre Aufgabe ist die

Ausarbeitung und Vorlage von Kandidatenvorschlägen für die Delegierten der Bezirksversammlungen und die Abgeordneten der Nationalversammlung ... Die Kandidatenausschüsse setzen sich aus Vertretern des kubanischen Gewerkschaftsbundes (CTC), der Komitees zur Verteidigung der Revolution (CDR), des Frauenverbandes (FMC), der Kleinbauernvereinigung (ANAP) sowie der Studentenverbände (FEU und FEM) zusammen, die von den jeweiligen Leitungen benannt werden ... den Vorsitz der Kandidatenausschüsse hat jeweils der Gewerkschaftsvertreter inne«.

Die gewählten Volksvertretungen konstituieren sich nach einem durch das Wahlgesetz festgelegten Modus. Im Kreistag werden in geheimer Abstimmung der Vorsitzende und ein Stellvertreter gewählt. Die Wahlen in den Bezirken verlaufen analog. Die Nationalversammlung konstituiert sich unter Leitung des Präsidenten des Nationalen Wahlausschusses innerhalb einer Frist von 345 Tagen nach der Wahl der Abgeordneten. Die Kandidaten für das Präsidium (Präsident, Vizepräsident, Sekretär) werden vom Vorsitzenden des Nationalen Kandidaturausschusses vorgeschlagen und mit absoluter Mehrheit gewählt. Aus den Reihen der Abgeordneten werden dann die Mitglieder des Staatsrates gewählt.

Eine weitere Besonderheit ist die regelmäßige Rechenschaftslegung der Abgeordneten aller Ebenen vor ihren Wählern. Alle gewählten Volksvertreter sind nach einer festgelegten Ordnung verpflichtet, regelmäßig Zusammenkünfte mit ihren Wählern durchzuführen, in denen sie über ihre Arbeit berichten, Vorschläge, Kritiken und

Meinungen entgegennehmen. Diese Regel schließt auch das Prinzip der Abwahl von der entsprechenden Wahlfunktion zu beliebigem Zeitpunkt durch die Wähler ein. Der Präsident der Nationalversammlung zum Beispiel, kann von den Wählern seines Wahlkreises abgewählt werden. Das hat keinerlei Beziehung zur Parteizugehörigkeit.

Das kubanische Wahlsystem ist aus der Geschichte des Landes entstanden, aus den Erfahrungen des antikolonialen Kampfes, als die Patrioten noch keine politischen Parteien hatten, Gesetzes- und Regierungsorgane jedoch zur Führung des politischen Kampfes erforderlich waren. Der Präsident der Nationalversammlung Kubas bemerkte in einem Interview, dass sich das kubanische Wahlsystem aus den Erfordernissen der demokratischen Gepflogenheiten entwickelte, und keinem Lehrbuch des Marxismus-Leninismus entstamme. Die Gesetzgebung zu den Wahlen ist, wie alles in der kubanischen Gesellschaft, kein Dogma, das für alle Zeiten Gültigkeit hat. Sie wird ständig den Erfordernissen der Praxis angepasst, wobei ein Höchstmaß an demokratischer Mitbestimmung des Volkes angestrebt

wird. Ziel ist es in erster Linie, die staatliche Verwaltung demokratisch zu bilden, damit sie optimal den Interessen des Volkes dienen kann.

Es wäre allerdings sinnlos, in einem revolutionären Prozess, in dem jeder Schritt völliges Neuland ist, die Basisdemokratie so weit zu treiben, dass jeder einzelne Bürger persönlich über jedes Detail des gesellschaftlichen Handelns entscheiden sollte. Einige Wissenschaftler, die sich zur linken Szene zugehörig fühlen, treiben zuweilen in ihren theoretischen Abstraktionen die Entwicklung der Demokratie im Sozialismus soweit, dass jeder Bürger die reale Möglichkeit haben soll, seine Eigentümerrechte an den gesellschaftlichen Produktionsverhältnissen unmittelbar wahrzunehmen. Eine solche Ansicht kann jedoch in der gesellschaftlichen Praxis nicht realisiert werden. Wichtig scheint es allerdings zu sein, dass alle Möglichkeiten ausgeschöpft werden, damit sich die Arbeiter als Eigentümer fühlen und auch entsprechenden demokratischen Einfluss nehmen können. Hier kommt es besonders darauf an, wie der subjektive Faktor die objektiven Möglichkeiten zur Wirkung bringt. Gerade der subjektive Faktor hat in den einst sozialistischen Ländern Osteuropas wesentlich das Scheitern der objektiven Gesetzmäßigkeiten verursacht. Es ist eine der wichtigsten Lehren aus dem Scheitern, dass die objektiven Möglichkeiten der sozialistischen Demokratie nicht genutzt worden sind. Das bedeutet jedoch keineswegs, dass die objektiven Gesetzmäßigkeiten einer sozialistischen Entwicklung, so wie sie von den Repräsentanten des wissenschaftlichen Sozialismus entwickelt worden sind, zu unüberwindbaren Widersprüchen, oder gar objektiv zum Scheitern führen würden.

Obwohl die stets schweren und problematischen inneren und besonders äußeren Bedingungen des sozialistischen Aufbaus immer eine Analyse, Voraussicht und dementsprechende Handlungsweisen bedingt hatten, musste die kubanische Führung 1990 feststellen, dass der *Auseinanderfall des sozialistischen Lagers* sich trotzdem so schnell vollzogen hatte, dass seine Auswirkungen auf Kuba nicht abzuwenden waren.

Die Fortführung der Revolution nach dem Wegfall des sozialistischen Lagers war nur durch die feste Einheit der Nation möglich

Über Nacht fiel das Land in eine scheinbar ausweglose Krise. Bis 1989 gingen etwa 81 % der kubanischen Exporte in die sozialistischen Länder und 85 % der Importe kamen aus diesem Bereich. Kuba verlor in kürzester Zeit durch den Abbruch der Handelsbeziehungen und der damit vorteilhaften Bedingungen über drei Viertel seiner Außenmärkte,[55] nur einige Transaktionen liefen noch weiter.

Die *Importe* fielen 1989 zu 1992 von 8,139 Mrd. Dollar auf 2,136 Mrd. Dollar. Über 700 Importpositionen (besonders Lebensmittel, Roh- und Brennstoffe, Ersatzteile) gingen verloren. Kuba musste 1992 mit 73 % weniger Importen leben.[56] Insgesamt betrug der Handel mit diesem Bereich Europas nur noch etwa 830 Mio Dollar. Er reduzierte sich auf etwa 7 % des früheren Umfanges

Damit trat auch ein Verlust der bisherigen Präferenzbedingungen (Preise, Kredite, Service- und Lieferverpflichtungen) ein, die langfristige und relativ zuverlässige Planungsgrößen waren.

Fidel Castro beschrieb die Situation in seinem Schlusswort auf dem im Jahre 1997 wie folgt: »1992 war alles verloren, Lieferquellen, Märkte. Hunderttausende Männer und Frauen hatten in den unter Rohstoffmangel leidenden Betrieben keine Arbeit mehr, die im Umlauf befindliche Geldmenge wuchs auf unvorstellbare Größen an, der Wert des Geldes sank außerordentlich, die Subventionszahlungen multiplizierten sich, die Haushaltszahlungen stiegen, das Haushaltsdefizit lag bei bis zu 30 % des Bruttoproduktes.«[57)]

Die Beziehungen mit den sozialistischen Ländern waren auch Beziehungen einer bereits recht fortgeschrittenen arbeitsteiligen wirtschaftlichen Integration im Rahmen des RGW. Kuba musste also nicht nur neue Märkte erschließen, um die Ausfälle zu ersetzen, sondern strategisch die Wirtschaftsstruktur und -entwicklung in völlig neue Richtungen umorientieren. Es gab faktisch keinen Wirtschaftszweig ohne Technologie der sozialistischen Länder. Zugleich wurden der technische Service, der Bezug von Rohstoffen und Ersatzteilen unterbrochen.

Die gesamte Energie- und Brennstoffbasis zerbrach. Kuba bezog jährlich über 13 Mio. t Erdöl aus der Sowjetunion und erhielt auch die Erlaubnis zum Re-Export gewisser Mengen auf den Weltmarkt gegen Devisen. Die Luftflotte, das Transportwesen u. a. waren sowjetisch.

Es hatte sich bis 1989 ein durchaus positives Wirtschaftsgefüge hin zum Agrar-Industriestaat entwickelt; eine fast vollständige Mechanisierung der Zuckerwirtschaft (nach Abschaffung der Sklaverei eine der wichtigsten historischen Errungenschaften für die Menschen), eine solide industrielle Basis mit Betrieben der Leicht- und Lebensmittelindustrie, des Maschinenbaus, der chemischen Industrie, der Elektroindustrie, der Verarbeitungsindustrie waren entstanden. Das Verkehrswesen und eine entsprechende Infrastruktur sowie die Dienstleistungen besonders in den Städten waren, gemessen an den allgemeinen Standards eines Entwicklungslandes, bereits im erforderlichen Grade vorhanden. Die Wirtschaftsentwicklung, zusammen mit den beträchtlichen sozialen Errungenschaften, besonders in Volksbildung, Gesundheitswesen, Kultur und Sport war Vorbild in der Dritten Welt. In 30 Jahren nach dem Sieg der Revolution wurde die Kindersterblichkeit von 60 pro 1000 Lebendgeborene auf 11,1 im Jahre 1989 gesenkt. Die Lebenserwartung erhöhte sich von 58 auf 74,5 Jahre, die Anzahl der Einwohner pro Arzt sank von 1.076 im Jahre 1959 auf 303. 60% der Bewohner waren vor dem Sieg der Revolution Analphabeten und nach der Zählung von 1981 waren 91,9% des Lesens und Schreibens mächtig.[58)]

Die bereits vor 1989 entstandenen Widersprüche drängten zu einer Lösung

Trotz der enormen Fortschritte, die in diesen Jahren auch angesichts der außerordentlich komplizierten Ausgangssituation und der widrigen internationalen Bedingungen erreicht wurden, gab es stets langfristig wirkende Entwicklungsprobleme, die weniger allgemein der sozialistischen Produktionsweise zuzuschreiben sind, wie es heute einige (auch linke) Sozialismusforscher gern behaupten, sondern der konkreten halbkolonialen Struktur des Entwicklungslandes Kuba. Die kontinuierliche Entwicklung litt unter folgenden Hauptproblemen:

- Die Produktionsweise war vorrangig extensiv und daher spätestens ab Beginn der achtziger Jahre von einem wachsenden Produktivitätsverlust begleitet. Ein immer größerer Teil der Wirtschaftseinnahmen musste aufgewendet werden, um die gleichen Produktionsergebnisse zu erzielen. Das führte zu sinkender Effizienz, geringer Arbeitsproduktivität und fehlender betrieblicher Auslastung.
- Die sehr einseitige Konzentration der Außenmärkte auf die Kooperation mit den sozialistischen Ländern, die natürlich auch durch äußere Faktoren, wie z. B. die Wirtschaftsblockade, bedingt war, hatte nicht nur Vorteile, sondern auch hemmende Wirkungen, besonders auf eine stabile, allseitige und harmonische wirtschaftlich begründete Entwicklung der Volkswirtschaft, insbesondere der Struktur der Binnenwirtschaft.
- Kuba war im Prinzip immer abhängig von der Monokultur Zucker. Dies nahm Ende der 60er Jahre Züge katastrophaler wirtschaftlicher Fehlentwicklungen an, durch die Zielstellung jährlich 10 Mio. t Zucker zu produzieren. Nahezu die gesamte wirtschaftliche Tätigkeit des Landes wurde auf das Erreichen dieses Zieles konzentriert. Es war unter den damals wirkenden Umständen außerordentlich schwierig, die kolonialen Strukturen zu überwinden. Dies gelang auch nicht durch das quantitative Wachstum der Produktionsstätten.

- Die Wirtschaftspolitik Kubas war auch weitgehend abhängig von den Entscheidungen der Sowjetregierung. Der Zuckerverbrauch war in der Sowjetunion extrem hoch, und Zucker war aus Kuba im Tausch 1 t Erdöl zu 1 t Zucker zu erhalten. Es war strategisch geplant, die durch den Zuckerexport erwirtschafteten Mittel schrittweise für eine diversifiziertere und komplexere agroindustrielle Entwicklung einzusetzen, um andere Exportproduktionen zu entwickeln und Importe abzulösen. Es reichten jedoch offenbar dafür die Ressourcen nicht aus und die kubanischen Produkte mussten überwiegend für den Austausch mit den sozialistischen Ländern bereitgestellt werden. Fast zwei Drittel der Zuckerproduktion gingen in die Sowjetunion. Das war einerseits ein Stabilitätsfaktor, da der Absatz immer sicher war und darüber hinaus sehr günstige Preise stabil vereinbart waren, schränkte jedoch auch den Handlungsspielraum Kubas ein. Die meisten der sowjetischen Invest-Objekte zeichneten sich durch monumentale Größenordnungen aus, die auch wegen ihrer überdurchschnittlich großen Energie- und Rohstoffintensität von Kuba ohne beträchtliche Abhängigkeiten von der UdSSR nicht beherrschbar waren. Hinzu kam, dass die gesamte Energie- und Treibstoffbasis von den sowjetischen Rohöllieferungen abgedeckt werden musste. Auch auf diese Art hatten sich Abhängigkeiten objektiver Art entwickelt. Es ist verständlich, dass im Verlaufe der langjährigen engen Zusammenarbeit auf allen Gebieten viele Schwächen und Gebrechen des extensiven sowjetischen Wirtschaftens und auch anderer sozialistischer Länder übernommen wurden.

Das war einer der Gründe dafür, dass es latent auch auf den Gebieten der wirtschaftlichen Zusammenarbeit beträchtliche Anspannungen in den gegenseitigen Beziehungen gab, die sich in den 80er Jahren verschärften. Zu einer enormen Zuspitzung kam es, nachdem Gorbatschow die Politik der Perestroika in der Sowjetunion betrieb und sich in den Verhandlungen über die Koordinierung der Fünfjahrpläne 1986-90 sehr schroffe Gegensätze zeigten (z.B. Forderung Gorbatschows während dessen Kubabesuchs im April 1989 nach sofortiger Zahlung der kubanischen Verpflichtungen. Diese Forderungen sollten nicht wie bisher in konvertierbaren Rubeln, sondern in US-Dollar beglichen werden. Änderung des zwischen beiden Ländern abgestimmten Preisverhältnisses nach den diskriminierenden Bedingungen des kapitalistischen Weltmarktes usw.). So wurde bereits 1986 der Zuckerpreis vom sowjetischen Partner einseitig um 10,9% reduziert, und durch die ebenfalls erfolgte Verringerung des Nickelpreises hatte Kuba Verluste von 37 Mio. Dollar. Demgegenüber erhöhte die UdSSR ihre Preise für Exporte von Zement und Pkw nach Kuba.

Durch die ständigen, teilweise auch strukturbedingten Probleme kam es bereits zu Beginn der 70er Jahre in der wirtschaftlichen Entwicklung zu krisenähnlichen Situationen. Es wurde deutlich, dass die unter den kubanischen Verhältnissen angewandten Leitungsmethoden, besonders die sehr starke Zentralisierung der Entscheidungsbefugnisse und ein verbreitetes idealisiertes Herangehen, den Erfordernissen der Realität entgegen standen und die sozialistische Entwicklung gefährdeten. Es gab keine Konzeption einer planmäßigen, komplexen

Wirtschaftsentwicklung. Mit dem I. Parteitag der Kommunistischen Partei wurde begonnen, die Leitungsmethoden einer ausgiebigen kritischen Analyse zu unterziehen und in deren Ergebnis das System der Leitung und Planung der Wirtschaft auf der Grundlage der wirtschaftlichen Rechnungsführung auszuarbeiten.

Im Zeitraum von 1976 bis etwa zum II. Parteitag 1980 wurde intensiv daran gearbeitet, diese neue Methode in die Praxis einzuführen. Die Hauptanstrengungen wurden in der Wirtschaft auf die Durchsetzung qualitativer Aspekte gelegt, wie die Erhöhung von Effizienz durch Vergrößerung der Autonomie von Wirtschaftsunternehmen und die wirtschaftliche Rechnungsführung sowie die Einführung objektiv regulierender ökonomischer Kategorien. Einige einflussreiche Wirtschaftskapitäne begannen nun, das Wirken der ökonomischen Gesetze als Allheilmittel für die gesellschaftliche Entwicklung Kubas, so wie es auch in einigen osteuropäischen Ländern zu beobachten war, zu propagieren. Es gab unter den Wirtschaftswissenschaftlern sogar Stimmen, die glaubten nachweisen zu können, dass die im Sozialismus dominierende objektive Gesetzmäßigkeit früher oder später die Türen zur Marktwirtschaft öffnen müsse, oder zum Untergang des Systems führe. Bald kam es in Kuba tatsächlich wiederum zu Fehlentwicklungen, die jedoch aus heutiger Sicht meist subjektiv bedingt waren. Es entwickelte sich z. B. die irrige Vorstellung, dass durch ein spontanes Wirken wirtschaftlicher Mechanismen alle Probleme gelöst werden könnten. Die ökonomischen Indikatoren wurden überbetont und der Einfluss der politischen Arbeit ging zurück. In der Praxis führte dies dazu, dass keine Bedingungen geschaffen wurden, um die Interessen der einzelnen Unternehmen in Einklang zu bringen mit den übergeordneten Interessen der gesamten Gesellschaft.

Die Kommunistische Partei Kubas gab sich nicht mit einer fatalistischen Wirkung vermeintlich nicht zu beeinflussender Gesetzmäßigkeiten zufrieden und leitete eine umfassende Diskussion mit allen Wirtschaftsorganen, in der gesamten Partei sowie in den gesellschaftlichen Massenorganisation zur Korrektur der wirtschaftlichen Fehlentwicklung ein. Sie ging von folgenden Grundvoraussetzungen aus:

- Der Aufbau des Sozialismus ist vorwiegend eine politische und revolutionäre Aufgabe. Diesem ist der Einsatz von ökonomischen Mechanismen untergeordnet.
- Notwendig ist der Einsatz ökonomischer Mechanismen als Instrumente der politischen Arbeit, zur effektiven Lösung von Problemen der gesellschaftlichen Entwicklung.
- Die politische und revolutionäre Arbeit in der Wirtschaft zeigt sich in erster Linie in einem verantwortungsvollen Handeln der Verwaltung und der gesamten Leitung, in der Effizienz der Produktion, in der Entwicklung des Bewusstseins der Arbeiter als kollektive Produzenten und Eigentümer der Produktionsmittel.
- Insgesamt kann die Leitung der Gesellschaft nicht durch administrative Anordnungen erfolgen, sondern es ist eine Aufgabe der Partei, die Menschen zur Realisierung der Aufgeben zu befähigen. Sie müssen vor allem die Wirkungen der ökonomischen

Gesetzmäßigkeiten richtig für die Lösung der gesellschaftlichen Entwicklungsprobleme nutzen.

Bis etwa zum Beginn des III. Parteitag, Anfang 1986, hatte sich die Partei in der ideologischen Arbeit das Ziel gestellt, den Erkenntnisprozess auf der Grundlage der vorgegebenen Schwerpunkte im wesentlichen als bestimmend im Bewusstsein der Masse der Werktätigen und Funktionäre einschätzen zu können. Es fanden unzählige Versammlungen und wissenschaftliche Konferenzen auf allen Ebenen statt. Tausende Kritiken, Vorschläge und Ideen wurden eingebracht.

Bereits auf dem III. Parteitag der Kommunistischen Partei Kubas im Jahre 1986, der besonders wegen der schwerwiegenden Wirtschaftsprobleme in zwei Teilen (Januar und November) durchgeführt werden musste, hat sich die kubanische Führung sehr gründlich mit Mängeln der Wirtschaftspolitik und mit der Analyse der vorangegangenen Diskussionen auseinandergesetzt und ein für damalige Verhältnisse – trotz der überaus starken Präsenz der Sowjetunion besonders in der Wirtschaftsführung – sehr mutiges Programm zur Wirtschaftspolitik mit Namen »zur Korrektur voluntaristischen und uneffektiven Wirtschaftens« beschlossen.[59)] Dieses Programm fand auch seinen Niederschlag im ersten Parteiprogramm, das in der zweiten Hälfte des III. Parteitages nach umfassenden, offenen und überaus demokratischen Aussprachen, im Dezember 1986 angenommen wurde.

Es wurde ausdrücklich betont, dass dieses Programm nicht auf eine radikale Richtungsänderung ausgelegt ist, wodurch die bisherigen positiven Errungenschaften der Revolution mit über Bord geworfen würden. Angestrebt werde ein historischer und qualitativer Sprung in der Entwicklung, ohne in Extremismus oder Idealismus zu verfallen. Es scheint für die künftige Richtung von grundsätzlicher Bedeutung, dass in dem tief greifenden demokratischen Prozess, welcher der Erarbeitung des Programms vorangegangen war, die Partei ihre Funktion als Motor und höchstes Kontrollorgan über die Entwicklung der Gesellschaft gestärkt hat. Die politische Arbeit erlangte größere Bedeutung und damit größeren Einfluss auf die ökonomischen Mechanismen. Das Programm ist keine Kampagne, die nach einer gewissen Zeit beendet werden soll, sondern es soll die Aufmerksamkeit der Partei, der Massenorganisationen und des gesamten Staates ständig auf die Probleme richten, die beim Aufbau des Sozialismus angesichts der ökonomischen Unterentwicklung entstehen. Es komme besonders darauf an, die politische Verantwortung der Werktätigen zu stärken, ihre bewussten Initiativen zur rationellen Nutzung aller Ressourcen zu entwickeln und den Kampf um größere Effektivität der Wirtschaft allseitig zu führen.

Angesichts der erkennbaren, zur Lösung anstehenden Probleme und beträchtlichen Umwälzungen wurden natürlich auch subjektiv geprägte Vorbehalte und Ängste geäußert, insbesondere auf der Ebene der Leitung der Wirtschaftsunternehmen. Auf Grund der sehr großen, grundsätzlichen Bedeutung dieser Korrekturbewegung, die auch im Zusammenhang mit der Kritik an verschiedenen undialektischen Fehlentwicklungen in europäischen sozialistischen Ländern begonnen wurde, wurden Arbeitsgruppen gebildet, die aus Funktionären der höchsten

Ebene der Partei und des Staates zusammengesetzt waren. Ihre Hauptaufgabe war es, Vorschläge und Analysen auszuarbeiten für den einzuschlagenden Weg zur Verbesserung der Leitung der Wirtschaft sowie der politischen und sozialen Entwicklung Kubas. Eine solche mutige und eigenständige Politik der kubanischen Partei, die in problematischen Entwicklungsphasen immer wieder in breiten demokratischen Diskussionen mit der Masse des Volkes und in engem Zusammenhang mit den konkreten Erfordernissen der gesellschaftlichen Praxis nach undogmatischen Lösungen gesucht hat, lässt vermuten, dass sie auch weiterhin all ihre Potenzen nutzen wird, um ihren kubanischen Weg des sozialistischen Überganges zu finden.

Das Programm wurde in unzähligen Volksversammlungen diskutiert und hunderte Änderungen fanden daraufhin Eingang. Fidel Castro hob daher zum Abschluss des III. Parteitages, am 2. Dezember 1986, hervor: »... Niemals gab es einen größeren Ausdruck von Demokratie, größerer Freiheit der Meinungsäußerung, größerer Ehrlichkeit, Überzeugung, Offenheit, Klarheit, vor allem größerer Tiefe der Analyse über das System der Planung und Leitung der Volkswirtschaft...« Er bezeichnete das Programm der Korrektur als langfristige Direktive im Kampf gegen negative Tendenzen, gegen Verschwendung von Ressourcen, gegen Korruption, Unorganisiertheit und Chaos, Selbstbelügen und mangelnde Arbeitsdisziplin. Gleichzeitig wies er auf die Notwendigkeit hin, wie er es wiederholt und letztmalig am 17. November 2005 in seiner programmatischen Rede in der Universität von Havanna getan hat, dass die Anwendung der Theorie des Marxismus ein ständig schöpferisch zu erneuernder dialektischer Prozess sei, indem er im Schlusswort auf dem III. Parteitag sagte: »... Niemand kann sich vorstellen, dass bereits alles gesagt sei, ... , dass sich seit der Veröffentlichung des Kommunistischen Manifests, des Gothaer Programms von Marx, von Engels und später der Schriften Lenins alle Probleme gelöst hätten. Es wäre undialektisch, das zu glauben, es wäre unmarxistisch, das zu glauben«. Auch bereits damals wies er auf die große Bedeutung des subjektiven Faktors bei der Weiterführung der Revolution hin: »... Aber wir können das beste Programm der Welt machen, und trotzdem nicht in der Lage sein, es zu erfüllen".[60)]

Die zur Realisierung des Korrekturprogramms (auch *rectificacion* genannt) notwendigen Maßnahmen waren noch nicht richtig zum Tragen gekommen, als sich der Zusammenbruch des sozialistischen Lagers vollzog.

Der Überlebenskampf

In dieser für die Revolution entscheidenden Situation, in der Kuba völlig auf sich allein gestellt war, bewährte sich erneut die feste Einheit der kubanischen Gesellschaft, was wiederholt in der Geschichte bis hin zur Gegenwart ein typisches Merkmal für die Dynamik der sozialistischen Gesellschaftsordnung und ein Ergebnis der volksverbundenen Politik der kubanischen Führung ist. Es ist ein Charakteristikum für Kuba, für die Flexibilität der kubanischen Partei, auch in Krisensituationen gemeinsam mit dem Volk nach Auswegen zu suchen. Es wurde eine umfassende Diskussion auf allen Ebenen der Bevölkerung, in den Wirtschaftseinheiten und Kommunen, durchgeführt, um sich der vollkommen neuen Situation zu stellen, die Einheit des Volkes zu vertiefen und Verständnis, sowie bewusstes Handeln aller zu entwickeln.

Auch an dieser Stelle muss erwähnt werden, dass die Nähe der Führung der Revolution zum Volk eine der größten Stärken der revolutionären Entwicklung in Kuba und auch überzeugender Ausdruck der Demokratie ist.[61] So wurde schließlich im Ergebnis der umfassenden Volksaussprache im Jahre 1990 von der Nationalversammlung eine »Sonderperiode«, eine Art *Notstandsprogramm* (*período especial*) mit folgenden Zielen beschlossen:

- Sicherung der Grundversorgung der Bevölkerung bei völliger Rationierung aller verfügbaren Güter und Dienstleistungen,
- Sicherung der Hauptlinien der materiellen Produktion, insbesondere für den Export,
- vorrangige Konzentration auf die strategischen Wirtschaftszweige: Energie, Bergbau, Zuckerwirtschaft, wenn nötig auch auf Kosten anderer Wirtschaftsgebiete,
- Umstellung der Außenhandelsbeziehungen bei Lockerung des Außenhandelsmonopols des Staates und Schaffung von Bedingungen, die eine direkte Konfrontation der Außenhandelsbetriebe mit dem Markt ermöglichten,
- Suche nach mittel- und kurzfristigen Kreditquellen außerhalb der von den USA kontrollierten Banken und internationalen Finanzgremien wie IWF und Weltbank.

Das Programm umfasste einen Komplex von weiteren Maßnahmen, die ständig analysiert und weiterentwickelt wurden. Hauptziel war es, zu überleben und vorrangig die eigenen Potenzen zu erkennen und zu nutzen sowie Bedingungen zu schaffen, die eine gewisse Öffnung und den Austausch mit den Weltmärkten ermöglichten, bei gleichzeitiger Sicherung der wichtigsten sozialen Errungenschaften der Revolution und der Schaffung von Bedingungen für eine Beibehaltung der politischen Ziele der Revolution in Richtung des Sozialismus. In diesen schweren Jahren bis etwa Ende 1992 potenzierten sich die Mangelerscheinungen in fast allen Wirtschaftsbereichen.

Aufgrund der Dimension des wirtschaftlichen Einbruchs sagten die westlichen Medien sowie zahlreiche Veröffentlichungen, auch ernsthafter Wissenschaftler, immer wieder das Ende des sozialistischen Systems voraus. Gerade in den ersten Krisenjahren mehrten sich Stimmen, die – in Anlehnung an die Ereignisse in Osteuropa – in Kuba den nächsten Dominostein sahen, der früher oder später fallen würde. Das wurde als eine gegebene, willkommene Gelegenheit genommen, um ein objektiv unvermeidliches Scheitern des Sozialismus »wissenschaftlich« nachweisen zu können. Bereits damals, wie auch später wiederholt, war hier der Wunsch der Vater des Gedankens und man machte sich nicht die Mühe einer gründlichen wissenschaftlichen Analyse aller objektiven, vor allem aber subjektiven Faktoren – denn diese waren es in erster Linie, die das Scheitern des Versuchs in Europa verursacht hatten. Die kubanische Partei jedoch bekannte sich in dieser schier ausweglosen Lage zu ihrer historischen Verantwortung. Ihr höchster Repräsentant, Fidel Castro, erklärte auf dem IV. Parteitag im

Oktober 1991: »Heute sind wir es, denen eine universelle Verantwortung erwachsen ist, wir sind das einzige sozialistische Land im Westen und einem Teil des Ostens – das einzige! Und wie hassen uns einige Leute dafür, dass wir diese Herausforderung annehmen und trotz allem unsere Fahne hochhalten und bereit sind, unsere Ideale zu verteidigen ... die gerechtesten und menschlichsten, die je in der Geschichte der Menschheit existierten«. Ausgehend davon entwickelte er die Aufgabenstellung für das Land: »Es scheint mir daher äußerst wichtig, dass wir das nicht nur theoretisch begreifen, sondern ganz konkret: wir haben Ausnahmezustand – was für Probleme bringt das , und was müssen wir, können wir tun, um zu überstehen!«[62)]

Priorität wurde in jener ausweglos scheinenden Situation der Durchführung eines *Lebensmittelprogramms* gegeben. Es bildete das Kernstück des Notstandsprogramms und hatte folgende Ziele:

- Nutzung aller nationalen Ressourcen,
- strengste Rationierung und Sparsamkeit,
- Aussprache mit der gesamten Bevölkerung,
- Konzentration der wissenschaftlichen Potenzen,
- Delegierung von Arbeitskräften aus Stadt und Verwaltungen auf das Land,
- Entwicklung der Eigenversorgung in den Städten und Industriebetrieben (Gärten usw.),
- Zusammenschluss auch der 13600 privaten Einzelbauern in Genossenschaften,
- Schaffung einer neuen Art von Genossenschaften (UBPC – Unidad Basica de la Produccion Agricola = Basiseinheiten der landwirtschaftlichen Produktion).

Damit wurde eine so genannte Dritte Agrarreform eingeleitet. Die riesigen Flächen und vom Staat verwalteten Wirtschaftseinheiten konnten unter den damaligen Bedingungen nicht mehr bewirtschaftet werden. Es fehlte die entsprechende Technik, es gab keine Treibstoffe und auch keine chemischen Produkte. Für die selbstverwalteten Kooperativen wurde ein System von Kreditbanken in den Kreisen eingerichtet. Mit den bereitgestellten Krediten konnten die Genossenschaften ihre Grundausstattungen vom Staat beschaffen. Verständlicherweise war es ein langer Prozess, bis sich die erwartete Produktivität der Genossenschaften entwickelte. Eine unmittelbare Auswirkung war allerdings, dass sich der Kreis der sich selbst versorgenden Bevölkerung erweiterte und so die Not zumindest in den ländlichen Gebieten abgeschwächt wurde.

Hauptproblem waren die beträchtlichen Importdefizite an Futtermitteln, chemischen Produkten wie Düngemitteln und Insektiziden, Treibstoffen und vor allem Lebensmitteln. Im Vergleich zwischen den Jahren 1989 und 1992:

Importe	**1989**	**1992**
Düngemittel	1,3 Mio. t	300 Tausend t
Getreide und Kraftfutter	1,6 Mio. t	445 Tausend t
Schädlingsbekämpfung und Herbizide	80 Mio. US$	30 Mio. US$

Die erzwungene Reduzierung hatte auch verheerende Folgen für die Viehwirtschaft.

In der Landwirtschaft (ohne Zuckerproduktion) wurden täglich 1500 t Dieseltreibstoff benötigt. Die vorherrschende sowjetische Technik hatte bekanntlich keine niedrigen Normen für den Energieverbrauch. Auch in anderen Bereichen der Volkswirtschaft gab es katastrophale Mangelerscheinungen, die besonders verheerende Auswirkungen auf die Landwirtschaft hatten, wie bei Bereifungen, Ersatzteilen, Batterien und Akkumulatoren, Metallwaren aller Art – bis hin zu einfachen Ackergeräten und Macheten.

Im Oktober 1991 wurde auf dem IV. Parteitag der Kommunistischen Partei die Politik der Sonderperiode konkretisiert.[63)] Es ging offenbar darum, trotz dieser schweren Überlebenssituation möglichst wenig politische Konzessionen zu machen.

Einer Wiederbelebung des Außenhandels wurde augenfällig Vorrang gegeben, um so eine Mindestkaufkraft auf dem Weltmarkt zu sichern. Dafür waren besonders die traditionellen Nickelexporte und die Entwicklung des Tourismus priorisiert. Diesem Ziel wurden gewisse Einschränkungen der Binnenwirtschaft untergeordnet. Der Konsum musste beträchtlich gedrosselt werden, die soziale Gerechtigkeit und die sozialen Systeme, wie Volksbildung und Gesundheitswesen sollten bei allen Problemen beibehalten werden, um die humanen Ziele der Revolution auch in diesen schweren Zeiten nicht zu gefährden. Das einzige erkennbare Ergebnis im Binnenbereich war die Bestätigung und die Weiterentwicklung des erwähnten Förderprogramms für die Lebensmittelproduktion.

Trotz aller sehr ernsten Probleme war seit 1992/93 ein leichter *Aufwärtstrend in der Wirtschaftsentwicklung* zu verzeichnen, der sich selbst in den Jahren der andauernden Rezession der Weltwirtschaft fortsetzte. Vergleicht man die durchschnittlichen Wachstumsraten des Bruttoinlandsprodukts Kubas mit den anderen lateinamerikanischen Ländern, so ergibt sich sogar, trotz der extremen äußeren Veränderungen, ein Verhältnis von 4:1.

An dieser Stelle verweisen kubanische Ökonomen mit besonderem Stolz darauf, dass das sozialistische Modell Kubas eine eindeutige Überlegenheit gegenüber der in den achtziger und neunziger Jahren in lateinamerikanischen Ländern praktizierten »neoliberalen Regulierung« bewiesen hat. Sogar die Wirtschaftskommission für Lateinamerika (CEPAL) musste eingestehen, dass der voll auf die Interessen des transnationalen Kapitals ausgerichtete Neoliberalismus gescheitert ist. Von 23 Jahren jüngster Geschichte in Lateinamerika seien 16 der sozialen Misere zum Opfer gefallen. Nach Angaben der CEPAL leiden gegenwärtig 44 Prozent der Gesamtbevölkerung der Region an Armut. 92 Mio. Menschen aus dieser Gruppe sind extrem arm, sie müssen mit umgerechnet weniger als einem Dollar pro Tag auskommen. Die Oberschicht hingegen, mit einem Anteil von etwa zehn Prozent der Bevölkerung, streicht fast die Hälfte des Einkommens ein.

In Kuba hingegen wurde trotz Blockade und objektiver Begrenztheit der Möglichkeiten daran gearbeitet, langfristig die Basis für die Entwicklung einer *modernen*

Wirtschaftsstruktur zu schaffen. Aus zunächst objektiven Gründen (Rohstoffe, Energie, Ersatzteile usw.) wurden die überwiegend von der Sowjetunion errichteten industriellen Großbetriebe entweder stillgelegt, oder in kleinere Einheiten aufgeteilt und den Bedürfnissen der nationalen Wirtschaft angepasst. Die Zucker-Monokultur wurde rückläufig und andere Landwirtschaftszweige entwickelten sich zwangsläufig mit der Realisierung des Lebensmittelprogramms.

Der *Tourismus* wurde zu einem zentralen Bestandteil der Volkswirtschaft und vor allem der Deviseneinnahmen gemacht und die dafür notwendige Zulieferindustrie sowie die Infrastruktur im Lande entwickelt bzw. gestärkt. So besonders die Leicht- und Lebensmittelindustrie und das Bauwesen.

Beträchtliche Anstrengungen wurden in der Entwicklung von *Wissenschaft und Technik* unternommen, besonders in der *Biotechnologie,* der *Biomedizin,* der Produktion von *Medikamenten und medizinischen Geräten* und in der *Informatik.*

Auf diesen Gebieten wurden die bereits vorhandenen Potenzen genutzt, um strategisch die veraltete, traditionelle Exportstruktur zu erweitern.

Landwirtschaft und Industrie

Eine besondere Konzentration der Anstrengungen fiel auf die Lebensmittelproduktion. Demzufolge gab es besonders auf diesem Gebiet die sichtbarsten Fortschritte – dennoch sind gerade hier noch beträchtliche Reserven vorhanden.

Der Erfolg des ambitionierten Lebensmittelprogramms gründet sich in umsichtigen politischen Entscheidungen:

In Vorbereitung des Programms wurde in Diskussionen mit der Bevölkerung die Überzeugung geweckt, dass nur durch Nutzung aller Reserven die einzige Überlebenschance wahrgenommen werden kann.

Es wurden vielfältig vorhandene wissenschaftlichen Potenzen eingesetzt, um neue Produktionen zu entwickeln und um bestehende intensiver zu nutzen; so wurde z. B. ein *Programm gärtnerischer Arbeit* überall auf dem Lande und besonders in den Städten begonnen, um die im Prozess der Umstellung der Wirtschaft freiwerdenden Arbeitskräfte teilweise weiter zu beschäftigen und gleichzeitig zusätzliche Reserven für die Eigenversorgung der Bevölkerung zu erschließen. Diese Variante der Politik hat einen wirksamen, von der Bevölkerung akzeptierten Effekt von sozialer und wirtschaftlicher Bedeutung. Das zeigte sich auch sehr deutlich bei der erneuten Freisetzung von Arbeitskräften im Zusammenhang mit der radikalen Umstrukturierung der Zuckerwirtschaft. Im ersten Jahr des Programms, 1994, konnten zunächst 4200 t hochwertige Güter bereit gestellt werden, im Jahre 2002 lieferten die Gartenbaubetriebe städtischer Gebiete bereits über 3 Millionen Tonnen zusätzlicher Produkte hoher Qualität, im Jahr 2003 waren es schon über 3,7 Millionen Tonnen. In dem Sektor waren zu der Zeit 326 000 Personen beschäftigt. Das Programm wird ständig ausgebaut. So entstanden in den Kommunen 376 Gartenbaubetriebe und 112 Gewächshäuser; vom Ministerium für Landwirtschaft wurden weitere 660 Betriebe mit entsprechenden Gewächshäusern errichtet.

Zur besseren Nutzung aller Möglichkeiten für das Erreichen der hohen Ziele des Lebensmittelprogramms wurden von den großen Staatsfarmen und anderen staatlichen Unternehmen nicht genutzte oder schlecht bewirtschaftete landwirtschaftlich nutzbare Flächen an Landarbeiter und Genossenschaften zur ständigen Nutzung übergeben. (Es zeigte sich aber, dass gerade in diesen Genossenschaften von ehemaligen Landarbeitern eine relativ lange Zeitspanne vonnöten ist, um das erwartete Produktionsniveau zu erreichen.) In diesen Basiskooperativen herrscht das Prinzip der Eigenerwirtschaftung der Mittel vor, was zu einer höheren Effizienz führen soll. Im Lande wurde ein System von genossenschaftlichen Kreditbanken eingeführt. Die Mitglieder der Genossenschaften werden in Form von Gewinnbeteiligung entsprechend der eingebrachten Güter (Arbeitseinheiten) entlohnt und besitzen Parzellen zur Selbstversorgung, über die sie frei verfügen können.

Gleichzeitig wurden landesweit *Bauernmärkte* organisiert, wo Einzelbauern und Genossenschaften ihre Überplanproduktion sowie Erzeugnisse aus der individuellen Wirtschaft zu Angebots- und Nachfragepreisen verkaufen können. Diese Einrichtung trägt nicht nur zur Verbesserung der Versorgung bei, sondern ist auch Stimulus für eine wirksamere Produktion. Die Märkte haben auch entscheidend dazu beigetragen, den in der Zeit des extremen Mangels entstandenen Schwarzmarkt einzudämmen – obwohl es immer wieder zu Erscheinungen von illegalen Schiebereien, Bereicherungen und der Entwicklung einer Schicht von Zwischenhändlern kommt, denen vom Staat aus ethischen und moralischen Gründen entgegengetreten wird. Die staatlichen Handelsorganisationen wurden aufgerufen, sich an diesen Märkten aktiv zu beteiligen, um zur Senkung der Preise beizutragen. Inzwischen existieren auch reine staatliche Märkte, in denen Produkte zu niedrigeren Preisen angeboten werden. Allerdings ist die Landwirtschaft in besonderem Maße den Witterungseinflüssen ausgesetzt, und so wurden 2002 besonders durch die Zyklone und die Beschränkungen in der Brennstoffbereitstellung 27% weniger Bananen und etwa die Hälfte weniger Zitrusfrüchte geerntet, als im Jahr zuvor – so dass es im Jahre 2002 aufgrund der Gesamtsituation wieder zu Preiserhöhungen kam.

Die Steigerungsraten der landwirtschaftlichen Produktion in den Jahren seit 1990 belegen den Erfolg des Lebensmittelprogramms:
Im Vergleich zu 1990 erhöhte sich 1992 die Ernte von Wurzelfrüchten (Yucca, Malanga, Süßkartoffeln, Kartoffeln) und Gemüse um 16 % und von 1995 zu 1996 um 20 %.

Bei der Planabrechnung 1999 und 2000 vor der Nationalversammlung[64)] wurden in der landwirtschaftlichen Produktion beachtliche Steigerungsraten dargelegt (insgesamt 15,1 %):

Wurzelfrüchte	13,4%
Gemüse	56,3%
Bohnen	29,2%
Früchte	64,7%
Eier	17,9%
Schweinefleisch	10,7%

Im Jahre 2001 betrug die Steigerung in der Landwirtschaft (ohne Zuckerproduktion) wiederum 14,5 %. Trotz solcher Steigerungsraten wurde in der Planabrechnung festgestellt: »Auch wenn die Produktion einiger Kulturen, bes. Knollenfrüchte, Gemüse und Bohnen, erhöht wurde, ist die Landwirtschaft noch weit davon entfernt, den Bedarf der Bevölkerung an Lebensmitteln zu decken und mit einer höheren Produktion und niedrigeren Kosten eine Reduzierung der Preise für landwirtschaftliche Produkte zu ermöglichen.“[65] Im Jahre 2002 gab es, wie erwähnt, durch Witterung und Treibstoffmangel auf einigen Gebieten der landwirtschaftlichen Produktion Stagnation, aber in der Produktion von Grundnahrungsmitteln setzte sich der positive Trend in der Landwirtschaftspolitik fort. Die Produktion von Gemüse und Wurzelfrüchten erhöhte sich um 16,5 %, die von Schweinefleisch um 26,6 % und die Eierproduktion um 15,8 % (die Legehennen geben im Durchschnitt 275 Eier pro Jahr).[65] Nach jenem für die Landwirtschaft ungünstigen Jahr 2002 gab es im darauf folgendem Jahr 2003 bei Zitrusfrüchten (Zuwachs von etwa 72 %), Wurzelfrüchten, Gemüse, Bananen, Bohnen, Eiern und Schweinefleisch beträchtliche Zuwächse. Für 2004 war wiederum eine Steigerung der Agrarproduktion um 3,7 % geplant. Die Investitionen wurden besonders auf die Erweiterung beregneter Flächen konzentriert (2003 waren es 140 937 ha).

Im Ergebnis der konjunkturellen Entwicklung der Gesamtwirtschaft im Jahre 2005 wurden neben der erfolgreichen Realisierung weitreichender Programme für die Industrieentwicklung einige wichtige Ergebnisse in der landwirtschaftlichen Produktion durchgesetzt, die in erster Linie der Bevölkerung zugute kamen. Im 1. Quartal 2006 (verglichen mit dem 1. Quartal 2005) erhöhte sich die Produktion von Eiern um 22,7 %, von Kuhmilch um 15,2 % und von Schweinefleisch um 21,7 %. Es wurde ein Programm zu Erweiterung von Schweinemastanlagen begonnen. Im Jahre 2005 betrug die Schweinefleischproduktion 60 000 Tonnen (Lebendgewicht), Ende April 2006 betrug sie bereits 80 000 Tonnen und soll bis Jahresende auf 100 000 Tonnen erhöht werden. Für 2007 ist eine Produktion von 120 000 Tonnen vorgesehen.[67)]

Große Anstrengungen wurden auf den Anbau eines weiteren Grundnahrungsmittels - *Reis* - gerichtet. Vor der Revolution wurde Reis fast ausschließlich aus den USA importiert, danach aus der UdSSR. Nach 1989 wären Importe aus China und Vietnam möglich gewesen, die Transportkosten hätten jedoch den Kaufpreis überschritten.

Die Reisernte stieg 1996 zu 1995 um 55,2 % auf 25 400 t. Damit wurde bereits ein Drittel des Bedarfs gedeckt. Der Plan für das Jahr 2000 sah hier eine nochmalige gewaltige Steigerung von 58,3 % vor.[68)] Auf Grund schlechter Witterungsverhältnisse konnte das Ziel jedoch nicht erreicht werden.

Die kubanische Führung hat das strategische Ziel gestellt, in den kommenden Jahren eine völlige Eigenversorgung Kubas mit Reis zu erreichen. Der Plan 2006 sah eine Produktion von 60 700 Tonnen vor. Diese Zielstellung wurde offensichtlich beeinflusst durch die gefährliche kriegerische Politik der USA gegen missliebige Staaten (akute Gefahr einer vollkommenen Seeblockade), durch den extrem niedrigen Zuckerpreis auf dem Weltmarkt

(Reduzierung der Anbauflächen zugunsten des Reisanbaus) und natürlich auch aus wirtschaftlich-finanziellen Motiven. In der Konsequenz ist diese Entscheidung langfristig positiv für die Entwicklung der kubanischen Wirtschaft. Durch den Ausbau des Systems der Stauanlagen und der Bewässerung wurden wichtige Bedingungen für den Reisanbau in fast allen Provinzen geschaffen. Allerdings konnten durch die extreme Trockenheit in den letzten Jahren die Probleme in der Wasserwirtschaft trotz aller Anstrengungen noch nicht gelöst werden.

Die Erfolge in der Lebensmittelproduktion trugen und tragen dazu bei, dass Kuba durch Nutzung eigener Reserven die Grundversorgung der Bevölkerung verbessern und auch noch Produkte devisenwirksam an den Tourismus abgeben (69 % dessen Bedarfs aus nationaler Produktion) und so beträchtliche Valutamittel für Lebensmittelimporte einsparen kann. Die Industrie stellt der Bevölkerung mehr Farben, Reifen, Kochherde, Zement, Ventilatoren, Kleidung und Schuhe zur Verfügung. Trotzdem müssen für Lebensmittelimporte und für den Kauf von Konsumartikeln für die Bevölkerung immer noch die größten Devisenanteile aufgebracht werden.

Trotz der Erfolge kann gerade in der Landwirtschaft eine noch größere Effizienz erzielt werden und es ist durchaus ein noch größerer Nutzen für die Versorgung und für die Importablösung möglich. Das wurde auch wieder, besonders angesichts der weiter anwachsenden Lebensmittelpreise auf dem Weltmarkt, von verschiedenen Abgeordneten der Nationalversammlung und von leitenden Wirtschaftsfunktionären bei der Planabrechnung Ende

Dezember 2006 kritisch hervorgehoben. Die Landwirtschaft habe ihre Aufgaben unbefriedigend erfüllt. Es gab niedrigere Produktionsergebnisse als im Plan vorgesehen bei Gemüse, Bohnen, Zitrusfrüchten, Mais und anderen Produkten. Die Gründe sollen mehrheitlich subjektiver Natur gewesen sein: wie Leitungsfragen, niedrige Arbeitsproduktivität und ungenügende Auslastung der Arbeitszeit.[69)]

Große Probleme gibt es noch immer in der Rinderzucht und Milchproduktion (langwierige genetische Umstellung des Milchviehbestandes von der Kraftfutterverwertung zur Weidewirtschaft). Hier gab es in den vergangenen Jahren weiter andauernde Schwierigkeiten beim Kraftfutterimport (Finanzierungsprobleme) und durch klimatische Einwirkungen sowie noch unzureichende Kapazitäten der künstlichen Beregnung. Im Jahre 2003 war erstmals eine leichte Steigerung der Milchproduktion zu verzeichnen. Auch in den Jahren 2005 und 2006 hielt diese Tendenz an. Es ist also zu vermuten, dass auch auf dem Gebiet der Rinderzucht der eingeschlagene Weg unter den konkreten kubanischen Bedingungen bald zu greifen beginnt. An dieser Stelle verdient die hervorragende Arbeit der PDS-Arbeitsgruppe »Cuba sí« Erwähnung, die mit Spendenmitteln der Bevölkerung und mit Hilfe Berliner Agrarwissenschaftler in den Regionen Havanna, Guantanamo und Sancti Spiritus zehn große Stallanlagen für jeweils 100 bis 150 Rinder der neuen Zucht geschaffen hat, mit deren Milch bis zu 100 000 Kinder versorgt werden sollen. In diesen Zentren werden nicht nur neue wissenschaftliche Erkenntnisse realisiert, sondern es werden auch moderne Mittelpunkte des sozialen und kommunalen Lebens, wie Wohnungen, Schulen usw., geschaffen.

Im Januar 2001 hat Carlos Lage vor Funktionären der Landwirtschaft zehn Leitlinien für die Lebensmittelproduktion dargelegt, die noch heute strategische Bedeutung haben:

- Ressourcen dort einsetzen, wo bester Nutzen erzielt werden kann,
- bessere Effizienz beim Einsatz von Devisen,
- weltweit das beste Saatgut und die besten Technologien erfassen und nutzen,
- stabile Kulturen bei Berücksichtigung der Klimaeinflüsse entwickeln,
- Vergütung nach Produktionsergebnissen; Produzenten mehr begünstigen als Händler,
- staatlichen Aufkauf und Verteilung zum Vorteil der Produktion verbessern,
- Preise in den staatlichen Bauernmärkten senken; das Angebot ständig analysieren und anpassen,
- strengere Kontrolle über die Ressourcen-Ökonomie,
- vorrangige Förderung von Bewässerung und Bodenverbesserung in den östlichen Provinzen Kubas,
- mehr Verkauf landwirtschaftlicher Erzeugnisse an den Tourismus. (Im Jahre 2000 erhöhte sich z.B. der Tourismus um 10,7%, der Verkauf von landwirtschaftlichen Produkten an den Tourismus aber nur um 8%.)

Insgesamt wurden die eingeleiteten Maßnahmen in der Landwirtschaft relativ konsequent durchgesetzt. Eine neue Qualität in der Nutzung des Ackerlandes, der Technik und der Agrarwissenschaften hat begonnen. Trotz zweier verheerender, einer Reihe leichterer Hurrikans und einer Jahrhunderttrockenheit war die Bilanz des Jahres 2005 die beste seit 1990.

Allein durch die andauernde Trockenheit, die größte seit 100 Jahren, entstanden Schäden von über 3,6 Milliarden Dollar – am meisten betroffen waren die Provinzen Holguin, Havanna, Santiago und Guantanamo. In den kritischsten Momente waren der Grundwasserspiegel auf 42 % und der Inhalt der Stauseen auf 26,7 % ihrer Kapazität gefallen (der Stand zu Ende 2005 war 98 % bzw. 77 %).

Das von der Führung des Landes im Jahre 2004 beschlossene Sofortprogramm zur Behebung der Dürreschäden und zur langfristigen Wasserversorgung ist komplex und reicht weit in die Zukunft. Allein zur Wasserversorgung der Bevölkerung und für die Landwirtschaft mussten 2005 über 250 Mio. Peso zusätzlich aufgebracht werden, um die größten Schäden zu beheben. Über 20 000 Fahrzeuge für die Wasserversorgung und entsprechender Treibstoff wurden bereitgestellt, über 2,6 Millionen Einwohner mussten mit Wasserwagen versorgt werden. Das Programm sieht auch vor, das System der Wasserverteilung in den Großstädten zu erneuern, wo gegenwärtig noch etwa 50 % der aufbereiteten Wassers verloren gehen. Es ist weiterhin die Ausarbeitung eines Regierungsprogramms vorgesehen, um auf weitere Klimaveränderungen gründlich vorbereitet zu sein.

Die Nationalversammlung Kubas analysierte im Dezember 2005 die Entwicklung der landwirtschaftlichen Produktion und konnte feststellen, dass auch angesichts der Störungen durch die Naturereignisse Fortschritte in der Versorgung der Bevölkerung mit Produkten aus der landwirtschaftlichen Produktion erzielt worden waren: Die

Produktion von Eiern nahm um 23,5 % zu, die von Schweinefleisch um 24,0 %. Ein Wachstum gab es auch bei der Produktion von Sojajoghurt, Konserven und Teigwaren. Verluste gab es erwartungsgemäß besonders bei der Produktion von Wurzel- und Knollenfrüchten (734 Mio. kg), Milch (77 Mio. Liter) und Körnerfrüchten (57 000 t). Trotzdem wurde der Verkauf von Reis und Bohnen über die Lebensmittelkarten an die Bevölkerung erhöht, um lokale Unterschiede in der Belieferung auszugleichen. Diese Entwicklung machte es notwendig, die Lebensmittelimporte erheblich (um 43,2 %) zu erhöhen.

Für 2006 war eine beträchtliche Steigerung der landwirtschaftlichen Produktion um 8,1 % (außer Zucker) geplant, darunter Eier um 18,44 % und Schweinefleisch um 64 %. Diese hohen Ziele wurden aus den bereits erwähnten Gründen in einigen Bereichen nicht erreicht, aber es bestehen durchaus optimistische Aussichten. Die Schäden durch die verheerenden klimatischen Bedingungen der vorangegangenen Jahre sind besonders in der Landwirtschaft nicht so schnell zu kompensieren. 2006 war nach langer Zeit ein Jahr mit nur einem Tropensturm und dieser brachte endlich im Osten und Nordosten ausreichend Regen, so dass sich die Vorräte auf 80 % der Staukapazitäten erhöhten.

Durch die allmähliche Stabilisierung der Wirtschaft und die Umstrukturierungsphase sieht die kubanische Führung jetzt offenbar Möglichkeiten, und auch die Notwendigkeit, die *nationale Industrie* von der bisher überwiegend auf Exporte ausgerichteten Entwicklung mehr auf die Bedürfnisse der Binnenwirtschaft zu orientieren und so eine gewisse Ausgewogenheit zu erreichen. Der Bereich der *Lebensmittelindustrie* führt einige Spezialprogramme durch. So z.B. eine Ausweitung der Verarbeitung von Soja, das relativ günstig aus Bolivien bezogen werden kann, zu Joghurt, oder die beträchtliche Erhöhung der Produktion von Kakaomilch-Getränken für die Kinderernährung, auch die Erweiterung der Kapazitäten der Teigwarenproduktion allein im Jahre 2006 um das Dreifache auf 70000 Tonnen: das Ministerium für Zuckerindustrie wurde beauftragt, 13 Werke für die Lebensmittelproduktion zu schaffen und dafür die stillgelegten und ungenutzten Industriekapazitäten zu reaktivieren. Diesem Ziel dienen auch die massiv erweiterten Silo- und Lagerkapazitäten. Allein im Jahre 2006 wurden 120 Silos zur Aufnahme von 240000 Tonnen Getreide gebaut, in einer zweiten Etappe sind weitere 130 Silos für 246000 Tonnen vorgesehen und in einer dritten Etappe sollen weitere Kapazitäten für 500000 Tonnen Getreide geschaffen werden. Das für die Teigwaren benötigte Getreide in Form von Hartweizen wird von Argentinien importiert - mit diesem lateinamerikanischen Land entwickeln sich ebenfalls sehr günstige Wirtschaftsbeziehungen.

Bauindustrie / Transportwesen

Ein weiterer Schwerpunkt der industriellen Entwicklung ist die *Bauindustrie*. Hier gab es in den vergangenen Jahren trotz aller Schwierigkeiten eine beachtliche Entwicklung, besonders im Zusammenhang mit der Forcierung des Tourismus. Für das Jahr 2006 waren Investitionen im Werte von 41 Millionen US Dollar geplant.[70] Schwerpunkte sind Produktionserhöhungen für Sand (9 %), Steine (26 %), Betonfertigteile (36 %), Fußbodenelemente (44 %), Betonsteine (33,6 %) und die Herstellung von Wellblechen für Dächer soll gar 9-fach anwachsen. Diese Steigerungen sind besonders für die Realisierung des anspruchsvollen *Wohnungsbauprogramms* unbedingt notwendig.

Die sich immer schneller vollziehende progressive Wirtschaftsentwicklung machte die seit langer Zeit notwendige Lösung der *Transportproblematik* zwingend erforderlich und wegen ihres großen finanziellen Aufwandes auch jetzt erst möglich. Auch hier wurden umfangreiche Programme aufgelegt. In seiner Rede zum 1. Mai 2006 fasste Fidel Castro das bis dahin erreichte zusammen: Für den *Personenverkehr* wurden die ersten 1000 Omnibusse aus China gekauft, weitere Käufe sind geplant. Ein langfristiges Investitionsprogramm für den *Güterverkehr* im Umfang von 157,5 Millionen US$ wurde gestartet. Seit 2005 wurden 1824 Güterwaggons repariert und 124 neu erworben. 100 Waggons wurden für den Transport von Zement und etwa 200 für Container angeschafft. Für 130 Millionen US$ wurden 100 Lokomotiven aus China gekauft und mit Russland wurden Verträge zur Reparatur der alten Technik abgeschlossen. Auch für den Transport auf der Strasse versucht man, die dringendsten Bedürfnisse zu befriedigen: Für 72 Millionen Dollar wurden Spezialfahrzeuge angeschafft: 32 für Zement, 127 für Getreide, 40 für Container und für 65 Millionen US$ 1000 Schwertransporter (20 Tonnen). Des weiteren werden die bestehenden Reparaturkapazitäten intensiv genutzt, neue, sparsamere Motoren eingebaut und andere Maßnahmen zur effizienteren Nutzung des Transportwesens eingeführt.[71)]

Folgerichtig kam es auch in anderen Zweigen der industriellen Produktion - besonders im Zusammenhang mit der forcierten Realisierung der erwähnten langfristigen Programme (Bauwesen, Transport und Verkehr, Lebensmittelindustrie) - zu beträchtlichen Wachstumsraten. So z. B.: Strukturstahl, Dachbedeckungen, Papier, Düngemittel, Maschinenbau, Elektrotechnik/Elektronik, Stoffe, Oberbekleidung, Pharmazeutische Industrie, Kabel, Chemieindustrie, elektrische Haushaltsgeräte u. a. In dieser entscheidenden Entwicklung wurden sowohl bestehende Kapazitäten wieder belebt als auch neue Werke geschaffen. Besonderer Wert wird auf die Pharmazeutische Industrie gelegt. Seit 2003 wird hier ein Investitionsprogramm im Wert von 120 Millionen US$ realisiert.

Zuckerwirtschaft

In den Jahren von 1960 bis 1990 wurden durchschnittlich 54 t Zuckerrohr pro Hektar geerntet, was eine jährliche Zuckerproduktion von über 8 Mio. Tonnen garantierte. Über 80% des Wertes wurden für den Austausch mit den osteuropäischen Ländern erwirtschaftet, damit trug die Zuckerproduktion wesentlich zum Wohlstand des Landes bei. Allein die Sowjetunion erhielt durchschnittlich 5 Mio. Tonnen jährlich. Auch die DDR und Polen, wie die Sowjetunion europäische Hauptproduzenten von Rübenzucker, beteiligten sich an dem solidarischen Zuckerhandel mit Kuba.

Die *Zuckerproduktion* wurde auch nach dem V. Parteitag der KP Kubas 1997 trotz ernsthafter und anhaltender Probleme wiederum zum Hauptwirtschaftszweig des Landes erklärt. Doch inzwischen hat sich die Situation auf dem Weltmarkt und auch die Kubas beträchtlich verändert. In den 50er Jahren war Kuba der weltweit größte Zuckerexporteur, Brasilien und Indien produzierten lediglich 2 Mio t. Heute produzieren diese Länder je über 20 Mio. t, allein Brasilien exportiert etwa 15 Mio. t jährlich.

Die folgende Tabelle zeigt, wie sich nach dem Wegfall des sozialistischen Weltmarktes die Zuckerproduktion entwickelte (Angabe in Mio. Tonnen):

Kampagne	Ertrag	Kampagne	Ertrag
1989/90	8,4	1996/97	3,2
1990/91	7,6	1997/98	3,8
1991/92	7,0	1998/99	4,2
1992/93	4,3	1999/2000	4,6
1993/94	3,3	2000/01	3,2
1994/95	4,5	2001/02	3,6
1995/96	4,5	2002/03	2,2

Der Produktionsanstieg 1998/2000 war in erster Linie darauf zurückzuführen, dass der Zuckerpreis auf dem Weltmarkt etwas anstieg und von den erwirtschafteten

Devisen erstmals wieder größere Investitionen in der Zuckerwirtschaft möglich wurden (160 Mio. Dollar). Die Mittel wurden vorrangig eingesetzt für den Erwerb von Düngemitteln, Insektiziden und Pestiziden, für die Verbesserung der technischen Basis in den Fabriken und im Transport. (Eine Zuckerwirtschaft unter tropischen Bedingungen ist ohne Einsatz von Chemie nicht denkbar.) Trotzdem, so schätzte die kubanische Regierung ein, waren die Rentabilitätskennziffern noch immer sehr niedrig. Das traf besonders auf den landwirtschaftlichen Teil (Aussaat und Erträge) zu, wo nicht das erwartete Niveau, gemessen am Aufwand, erreicht wurde.[72)] Obwohl die Produktionskosten infolge der Anstrengung um höhere Effizienz von 6,88 Centavos pro Pfund 1996 auf 5,2 im Jahre 2002 gesenkt wurden, wäre es notwendig gewesen, die Kosten auf 3,5 Centavos zu senken, um rentabel zu sein.

In Kuba konnte nach dem Wegfall des osteuropäischen Marktes besonders das beträchtliche Defizit an Treibstoffen und Devisen selbst durch größte Mobilisierung und Enthusiasmus nicht ausgeglichen werden. Bald wurde auch deutlich, dass unter den Zwängen der Krisenjahre 1989-93 gerade im Zuckerrohranbau in den Provinzen sehr viel experimentiert und im subjektiven Bestreben, einen Beitrag zur Überwindung der wirtschaftlichen Notlage zu leisten, mehr als zulässig geschnitten wurde, so dass in den Folgejahren zu wenig Zuckerrohr vorhanden war. 1997 legte der V. Parteitag nach ausgiebiger und sehr offen geführter Debatte Maßnahmen fest, die eine künftige Erhöhung der Produktion sichern sollten (Veränderung des Leitungssystems, Erntemaschinen, Transport usw.). Doch der Zyklon »Lili« verursachte im Jahre 1998 große Schäden in den Zuckerplantagen, 1999 war ein extrem feuchtes Jahr und es mangelte an Krediten, so dass etwa zwei Drittel der notwendigen Investitionen nicht durchgeführt werden konnten. Deswegen ist es besonders beachtenswert, dass in der Ernte 98/99 eine Tonne Zucker mit 22 % weniger Kosten produziert wurde! Die Problematik der Effizienz stand weiterhin im Mittelpunkt. Die für Kuba weiterhin sehr gefahrvolle Entwicklung des Weltmarktes machte schließlich eine historisch schwerwiegende Entscheidung erforderlich, die für das gesamte Wirtschaftsgefüge Kubas weitreichende Änderungen zur Folge hat.

Am 10. April 2002, über fünf Jahre nach dem V. Parteitag, erhielt das Ministerium für Zuckerindustrie vom Ministerrat die Aufgabe gestellt, den »Anbau von Zuckerrohr und die Herstellung von Zucker nach den Prinzipien der Effektivität, der Wirtschaftlichkeit und der Wettbewerbsfähigkeit komplex umzugestalten«.[73] Das strategische Ziel dieser Entscheidungen besteht darin, die Devisenausgaben für die Zuckerproduktion beträchtlich zu verringern, die Produktion auf die effizient produzierenden Fabriken und Ländereien zu konzentrieren sowie freiwerdende Kapazitäten für die Entwicklung anderer nützlicher Produktlinien, einschließlich der Derivate, zu nutzen.

Für Kuba war dies eine sehr grundlegende Entscheidung, die das ganze Volk berührte. Die Zuckerproduktion prägte während der gesamten Geschichte des Landes den Charakter Kubas als Zuckerinsel. In der Zuckerproduktion war der Hauptteil der arbeitsfähigen Bevölkerung beschäftigt. Darüber hinaus waren die um die Zuckerfabriken gebildeten Wohnzentren Lebensinhalt für fast alle Familien auf dem Lande. Daher musste diese grundlegende Entscheidung von Beginn an von allen Massenorganisationen getragen werden und wurde zuvor mit den betroffenen Arbeitern diskutiert. Von den insgesamt 942452 Teilnehmern an den Gesprächen wurden über 90000 Vorschläge eingebracht, in denen es in erster Linie um die materielle und soziale Sicherstellung der freiwerdenden Werktätigen ging. Seit Mai 2003 wurde ein Komplex von Maßnahmen erarbeitet, der die Beschäftigung freiwerdender Arbeitskräfte in neuen Berufs- u. Wirtschaftszweigen oder auch in Schulen zur Weiterbildung und Umschulung garantiert. Diese Möglichkeiten zur Wiedereingliederung in den Arbeitsmarkt erhalten auch Arbeitslose, die bereits in den betroffenen Territorien wohnen. Allein in den Wohngebieten um die Zuckerfabriken wurden 298 Zweigstellen von Universitäten geschaffen. Etwa 9000 freigesetzte Arbeiter befinden sich in Umschulungsmaßnahmen. Es wurde eine interessante Methode der Beschäftigung entwickelt: Das Studium wird arbeitsrechtlich als eine Form der Fortführung der bisherigen Arbeit gehandhabt. Die örtlichen Kommissionen legen gemeinsam mit den betreffenden Werktätigen fest, in welche Richtung die Qualifizierung erfolgen soll und wo dann der spätere Arbeitseinsatz geplant ist.

Es war vorgesehen, von den 155 Zuckerfabriken 70 endgültig zu schließen. (Man bedenke, dass es noch Fabriken gibt, die aus der Zeit der spanischen Besetzung stammen oder zumindest aus den USA.) Nach der Grundsatzentscheidung wurden 71 Fabriken für die Zuckerherstellung und 14 für die Melassegewinnung genutzt, denen 1203 landwirtschaftliche Betriebe zugeordnet waren. Beträchtliche Teile fruchtbarer Ländereien konnten so für die

Viehwirtschaft, für die Forstwirtschaft, für das Anlegen weiterer Plantagen, den Reisanbau und für andere landwirtschaftliche Kulturen zur Deckung des Lebensmittelbedarfes bereitgestellt werden. Ebenfalls sollten noch mehr Gärtnereien und andere intensiv produzierende Anlagen geschaffen werden.[74)] In den Provinzen sollte das Ministerium für Zuckerindustrie die Kosten für sein Leitungssystem um mindestens 50% reduzieren. Von den 289 Betrieben des Ministeriums wurden 97 geschlossen. Die Kapazitäten von Wissenschaft und Forschung und auch der Maschinenpark dieses Sektors sollten der neuen Struktur angepasst werden. (Es waren z.B. etwa 140000 Maschinen und Ausrüstungsgegenstände vorhanden, deren Erhalt und Betrieb über 173 Mio. Dollar erforderten). Man hatte bereits nach dem Wegfall des sozialistischen Lagers begonnen, besonders den treibstoffaufwändigen sowjetischen Maschinenpark zu reduzieren bzw. auf sparsamere Dieselmaschinen umzurüsten oder Traktionen durch Ochsen zu ersetzen. Von den ausgesonderten Fabriken wurden Ersatzteile für die noch arbeitenden Zuckerzentralen gewonnen. Die fähigsten Führungskader und Spezialisten gingen zu den weiter produzierenden Einheiten über. Wichtigstes Ziel ist es weiterhin, den Zuckerrohranbau effizienter zu machen, damit mindestens 54 Tonnen pro Hektar geerntet werden. Insgesamt soll mit den verbleibenden Kapazitäten eine Zuckerproduktion von ca. 700000 t pro Ernte garantiert werden, die vorrangig für den nationalen Bedarf und für die Erfüllung von wichtigen internationalen Verträgen vorgesehen sind. In den vergangenen Jahren lagen die Weltmarktpreise an den Zuckerbörsen weit unter den Produktionskosten auf Kuba, so dass die Zuckerproduktion langfristig zum Verlustgeschäft wurde. In der Nutzung der freiwerdenden Flächen gibt es noch beträchtliche Rückstände – hier war eine Produktionssteigerung um 25 % im Jahre 2004 vorgesehen.

In 2006 haben sich die Preise erholt, sodass die kubanische Führung in jener Saison darauf orientierte, den Plan durch zusätzliche Anstrengungen zu überbieten. Das ist auch mit über 200 Millionen US$ zusätzlicher Einnahmen zum Plan gelungen. Es wurde darauf orientiert, für die kommende Zuckersaison entsprechende Vorbereitungen für eine höchstmögliche Produktion im Rahmen der jetzt geringeren Produktionskapazitäten zu treffen, denn das Preisniveau soll sich weiterhin günstig entwickeln.[75)]

Nickel und Kobalt

Kuba ist viertgrößer Nickelproduzent der Erde und besitz die zweitgrößten Reserven. In der Nickelproduktion zahlt sich besonders in der Technologie und den entsprechenden Modernisierungsinvestitionen die von Kuba als sehr nützlich bezeichnete Zusammenarbeit mit der kanadischen Sherritt International Corp. und der australischen Westminster Mining Co. aus.

Die Nickelproduktion hat jahrelange Traditionen, so dass viele kubanische Leitungskader und Spezialisten zur Verfügung stehen. Auch die Zusammenarbeit mit den kanadischen Nickelhütten hat zur Qualifizierung beigetragen, einer der Betriebsleiter in Kanada ist ein Kubaner.

Die *Nickel- und Kobaltproduktion* konnte im Jahre 1999 gegenüber 1997 um 15 % auf 70000 t erhöht werden, im Jahre 2000 erreichte sie 72000 t und betrug 2002 75600 t.

Dabei muss man bedenken, dass die Nickelproduktion im Jahr 1989 nur 46591 t betrug.

Die Nickelproduktion war ebenfalls schlagartig von der spontan einsetzenden Energiekrise betroffen, da das herkömmliche Sinter-Verfahren einen äußerst hohen Energieverbrauch hat. Trotz der erneuten Verschärfung der Energiesituation konnten jedoch bereits im Jahre 2002 höhere Einnahmen erzielt werden, da sich die Weltmarktpreise erholten und die Märkte für den kubanischen Absatz relativ stabil blieben.

Im Jahre 2003 sollte eine Produktion von 78900 t erreicht werden, sie ging aber um 4,7 % zurück.[76)] Nickel und Kobalt waren trotzdem noch zweitgrößte Exportposition, denn der Weltmarktpreis stieg im letzten Quartal beträchtlich, so dass der Export hohe Einnahmen brachte.

Durch neue Investitionen besonders zur Verbesserung der Technologie in der gemischten Gesellschaft Sherrit Cuba erreichte Kuba trotz des Rückganges 2003 im Folgejahr 2004 einen Rekord in der Nickelproduktion (etwa 85000 t).

Einen entscheidenden Impuls erhielt gerade die Nickel-Kobalt-Produktion mit dem Besuch des Präsidenten Chinas, Hu Jin-Tao, im Dezember 2004 in Kuba. China ist mit 220 Mio. Tonnen der größte Stahlproduzent der Welt und der Anteil von rostfreiem Stahl, zu dessen Produktion Nickel benötigt wird, beträgt schon über 50 %. China hat aber keine eigene Nickel- oder Kobaltproduktion.

Daher waren die Verträge zur Nickelproduktion für Kuba und für China von immenser Bedeutung. China gewährte einen Kredit von 500 Mio. US$ zum Bau einer

Fabrik zur Legierung von Eisen, ein Mischunternehmen zwischen den chinesischen Minmetals (49 %) und dem kubanischen Niquelifera Yamanigüey (51 %). Dieses Werk soll eine Produktionskapazität von 22500 Tonnen Nickelgehalt erreichen. Weiterhin wurde die Lieferung von 20000 Tonnen Nickelsinter 2005 bis 2009 (4000 Tonnen jährlich) vereinbart. Außerdem wurde mit den Studien für ein neues Großprojekt in der Provinz Camagüey begonnen. Dort soll ein Neuaufschluss und ein weiteres gemischtes Unternehmen Kuba-China (51:49) mit einem von chinesischen Banken bereitgestellten Kredit von 1,3 Milliarden Dollar entstehen, mit einer geplanten Jahresproduktion von 50000 Tonnen Nickel. Interessant ist auch ein Projekt zum Bau eines Werkes (China/Venezuela/Kuba) zur Produktion von Nirostastahl in Venezuela.[77)]

Auch ohne diese optimistischen künftigen Projektionen wurde Nickel bereits 2004 zum wichtigsten kubanischen Exportartikel. Das Steigen der Nickelpreise auf dem Weltmarkt in den letzten Monaten des Jahres 2003 und im Jahr 2004 hat wesentlich zur positiven Gesamtbilanz des Jahres beigetragen. Der Nickel-Export konsolidierte sich als erste Deviseneinnahmequelle aus dem Warenexport. Bei Anhalten der Preisentwicklung auf dem Weltmarkt sollte die Produktion im Jahre 2006 um etwa 1,1% steigen.

Energiewirtschaft

Besonders großer Nachdruck wird von der kubanischen Führung aus verständlichen Gründen auf die *rationelle Nutzung der Energieressourcen* gelegt. Doch es dauerte einige Zeit, bis in allen Köpfen der Verlust von über der Hälfte der früheren Rohölmenge (13 Mio. t) mental verarbeitetet war. Der Import hatte sich auf 1996 auf knappe 6 Millionen Tonnen reduziert, für den Betrieb der sechs stromerzeugenden Kraftwerke wurden etwa 3 Mio. t Rohöl (etwa 50% des dem Land zur Verfügung stehenden) benötigt. Dennoch stieg der Verbrauch von Kraftstoff und Schmiermitteln 1996 zu 1995 um 8 % an. Das waren wertmäßig 24 % mehr als 1995 und dreimal mehr als das Wirtschaftswachstum. Der Kampf um die Senkung der Verbrauchsnormen rückte in den Mittelpunkt. 1997 gelang erstmals, nachdem ein Jahr zuvor die Verbrauchsnormen gelockert worden waren, eine Effizienzsteigerung um 2%.

Auf dem Gebiet der Energieversorgung ist es für das Überleben Kubas besonders wichtig, alle nationalen Ressourcen möglichst rationell zu erschließen und zu nutzen. Im Jahre 1999 stieg die Förderung von Rohöl um 25% und von Erdgas um das 2,5fache, was es ermöglichte, 41% der Energieproduktion mit nationalem Öl zu sichern. Im Jahre 2000 erreichte die Erdölförderung 2,7 Mio. Tonnen und damit wurde mit 50% der nationalen Förderung 70% der Energie des Landes produziert. Im Jahre 2002 wurden 3,6 Mio. Tonnen Erdöl und 584 Mrd. Kubikmeter Gas gefördert. Durch die Eigenproduktion kam es zu großen Deviseneinsparungen und die gesamte Wirtschaft wurde weniger störanfällig.

Auch auf dem Gebiet der Erforschung und Gewinnung von Energieträgern gibt es eine enge Zusammenarbeit mit mehreren ausländischen Unternehmen.

Im Jahre 2002 kam es besonders durch die internationale Rohölsituation (Preiserhöhungen im Zusammenhang mit der Irakproblematik und vor allem durch den Ausfall von vereinbarten Lieferungen aus Venezuela) zu erneuten Engpässen. Das erforderte verstärkte Maßnahmen zum sparsamen Verbrauch der vorhandenen Ressourcen und Sparmaßnahmen in den Haushalten und im Transportwesen, was wiederum ernsthafte krisenartige Erscheinungen hervorrief. Der Energiekonsum wurde um 4,3% pro Einheit des BIP reduziert. Umso bedeutsamer ist das Förderwachstum im Jahre 2003 um 26%, in diesem komplizierten Jahr, einzuschätzen. Es wurde mit einem Programm zur Modernisierung und Erweiterung der bestehenden Kraftwerke begonnen. Ein 250-MW-Kraftwerk ist im Bau, und es wurde das erste 100-MW-Werk auf Basis von Erdgas in Cárdenas errichtet und ein zweites ist im Bau. Von großer Bedeutung war ebenfalls die komplette Rekonstruktion des Wärmekraftwerkes Antonio Guiteras und anderer, was Kuba in die Lage versetzte, mehr als 90% der Elektroenergie mit nationalen Rohstoffen zu produzieren. Die äußeren Probleme und die mit der Rekonstruktion zusammenhängenden Einschränkungen bedeuteten allerdings für die Bevölkerung wiederum Abschaltungen von durchschnittlich 118 Tagen pro Jahr.

Während der Rekonstruktion in den vergangenen Jahren wurden über eine Milliarde Pesos investiert und die Regierung konnte zum Ende 2003 optimistisch einschätzen, dass für das Jahr 2004 die Energieprobleme generell

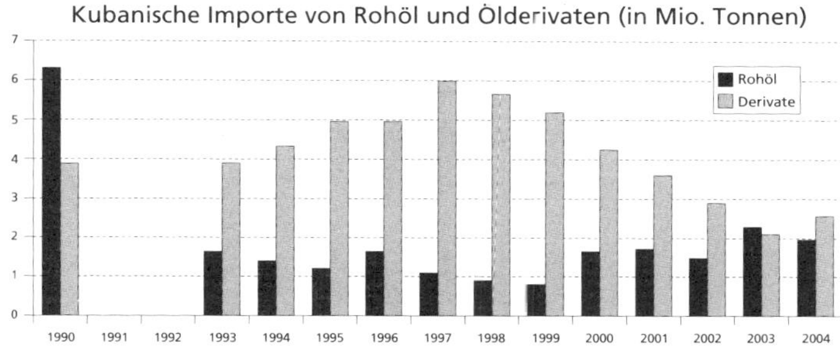

Grafik auf Grundlage der Angaben des »Anuaro Estadistico de Cuba« (statistisches Jahrbuch) der Jahre 2000 und 2005, Herausgeber: Oficina Nacional de estadísticas, Republik Kuba

gelöst werden könnten. Aber auch in jenem Jahr konnte die vorbereitete und erhoffte Stabilität der Versorgung nicht erreicht werden. Im Kraftwerk Matanzas, dem größten Energielieferer, fielen durch unsachgemäße Wartung und Fehler in der Verfahrensweise Turbinen aus und auch im Kraftwerk Mariel kam es zu Ausfällen, die auch z.T. durch die heftigen Stürme im Westen der Insel bedingt waren. Zusätzlich hat die extreme Trockenheit im ganzen Lande und besonders in den östlichen Regionen großen Schaden verursacht, in Santiago de Cuba und in Guantánamo wurde von Mai 2003 bis Sommer 2004 ein Niederschlagsdefizit von 500 Millimetern verzeichnet. Nirgendwo auf der Insel überstiegen die Niederschläge 60 Prozent der zwischen 1931 und 1980 erfassten Durchschnittsmenge. Die zahlreichen angelegten Rückhaltebecken trockneten aus und die Weideländer verdorrten. Diese extreme Dramatik betraf alle Wirtschaftszweige. Tausende Rinder mussten notgeschlachtet werden, Tag und Nacht mussten Mensch und Tier mit Wasserfahrzeugen versorgt werden, zusätzliche Wasseranlagen, Brunnen und Kanäle mussten angelegt werden. All das führte zu einer neuerlichen Energiekrise. Planmäßige Stromabschaltungen und besondere Spitzenzeiten wurden wieder eingeführt.

Eine hoffnungsvolle Meldung kam in diesen schweren Zeiten aus der 112000 Quadratkilometer großen Sonderwirtschaftszone im Golf von Mexiko, die im Jahre 1977 Kuba in einem Abkommen mit Mexiko und den USA zugesprochen wurde. Dort tätigte das spanisch-kubanische Gemeinschaftsunternehmen Repsol-YPF und CUPET Probebohrungen und es scheint, dass es dort, 18 Meilen vor der kubanischen Nordwestküste, beträchtliche Ressourcen verwertbaren Erdöls gibt – Monate später bestätigte eine Untersuchung des »US-Geological Survey«, dass dort Reserven von 4,6 bis 9,3 Milliarden Fass Öl und 9,8 bis 21,8 Billionen Kubikmeter Gas lagern.[78] Die Erschließung dieser gewaltigen Reserven würde nicht nur Kubas Energieprobleme endgültig lösen, sondern auch sehr lukrative Exporte ermöglichen. Eine solche Entwicklung wäre ein beträchtlicher Schlag gegen die US-amerikanische Blockadepolitik und so konnte die extrem antikubanische Lobby bisher erste Initiativen im US-Kongress zur Zusammenarbeit mit Kuba auf diesem Gebiet niederschlagen. Da Kuba nicht über die erforderlichen Tiefseebohrtechniken verfügt, hat es ausländischen Unternehmen (bisher aus Spanien, Kanada und Norwegen) Beteiligungen angeboten. Mehrere Länder, wie China, Kanada, Großbritannien und Brasilien, sind bereits an der Ausbeutung anderer Felder beteiligt.[79]

Nationale Förderung von Erdöl (in Mio. t) und Erdgas (in Hundert Mio. m3)

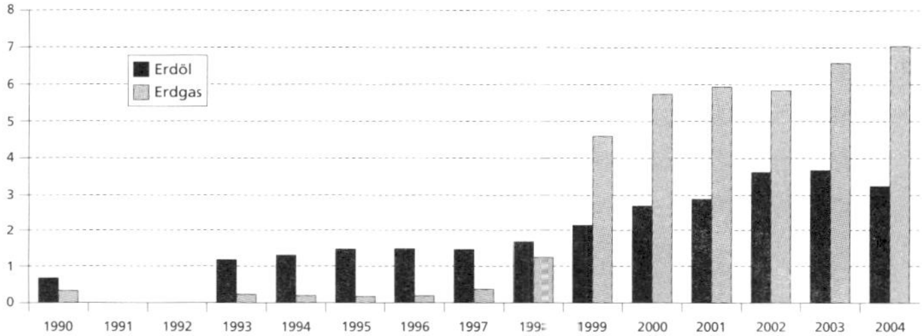

Grafik auf Grundlage der Angaben des »Anuaro Estadístico de Cuba« (statistisches Jahrbuch) der Jahre 2000 und 2005, Herausgeber: Oficina Nacional de estadísticas, Republik Kuba

Im Jahre 2003 erfolgten die Lieferungen aus Venezuela wieder in vereinarter Höhe, was besonders zu verschärften Aktionen seitens der USA gegen die Regierung Venezuelas geführt hat. Die Lügenkampagne hat zum Inhalt, dass Kuba das importierte Öl mit der Entsendung von medizinischem Personal und Lehrern bezahle. Tatsache ist jedoch, dass es im Rahmen der Organisation Amerikanischer Staaten ein multilaterales Abkommen gibt, das die Lieferung von Energieträgern untereinander zu Vorzugspreisen erlaubt. Diese Preise sind korrekt zwischen Kuba und Venezuela vereinbart und wirksam. Als Zeichen der Solidarität und Dankbarkeit unterstützt Kuba Venezuela beim Aufbau des Bildungswesens und des Gesundheitssystems besonders in den ländlichen Gebieten. Gegenwärtig arbeiten in Venezuela über 2000 Ärzte, Lehrer, Trainer, anderes medizinisches Personal, und Tausende venezolanische Jugendliche studieren auf Kuba. Diese solidarischen Verbindungen werden wesentlich von Kuba finanziert.

Im Jahr 2004 sollte die Produktion von Öl und Gas um insgesamt 6,3% wachsen und 4,6 Mio. t erreichen. Die Produktion von Elektroenergie sollte um 1,6% gesteigert werden, womit erstmals eine 100%ige Elektrizitätsproduktion mit nationalen Energieträgern möglich gewesen wäre. Diese Ziele wurden mit nur 81,7% jedoch nicht erreicht. Die Erdölförderung betrug nur 3,3 Mio. Tonnen, was erneute Abschaltungen und teure Importe auf dem Weltmarkt erforderlich machte.

Die notwendige chemische Forschung zur Verarbeitung des schweren, schwefelhaltigen kubanischen Erdöls wird weiterentwickelt, und es gibt erste Resultate zur Mischung mit leichteren Ölen, was eine weitere Importablösung ermöglicht.[80)] Kuba rechnet weiterhin fest mit einer optimistischen Lösung dieser brennenden Probleme.

Ende 2004 fanden schließlich etwa 2,5 km nördlich der Küste (ca. 30 km nordöstlich von Havanna) Probebohrungen in 4030 Metern unter dem Meeresspiegel statt und es wurden nach 1999 erstmals wieder neue Vorkommen entdeckt. Dabei geht es, wie Fidel Castro vor dem Plenum der Nationalversammlung Kubas am 24. Dezember 2004 darlegte, um ein Ölfeld mit Reserven von etwa 14 Mio. Tonnen. Am 14. Dezember wurden erste Proben gefördert und es soll sich um Rohöl einer guten Qualität handeln (weniger als 5% Schwefel). Im Jahre 2005 erfolgten östlich und westlich dieses Ölfeldes weitere Erkundungen und Probebohrungen. Präsident Castro teilte in seiner Rede zum 1. Mai mit, dass im Jahre 2006 36 neue Ölquellen erschlossen und die Sondierungsbohrungen fortgesetzt werden. Diesen recht optimistischen Aussichten muss man noch die jüngsten Vereinbarungen mit dem

Erdölland Venezuela hinzufügen, die während des Besuches von Präsident Chávez im Dezember 2004 getroffen wurden. Es wurde ein Programm abgestimmt, das die sichere Versorgung Kubas mit Energieträgern gewährleisten soll. Die Bereitstellung der für das Drei-Länder-Projekt zur Produktion von Nirostastahl benötigten Steinkohle durch Venezuela (etwa 590000 Tonnen jährlich) wurde verbindlich geregelt. In der Bucht von Matanzas in der Nähe der Ölraffinerie soll eine Hafenanlage für Supertanker geschaffen werden, und auch die Raffinerie in Cienfuegos wird infolge der kommenden Entwicklung wieder in Betrieb genommen.[81)]

Auch an der Entwicklung und Nutzung alternativer Energien wird weiter gearbeitet. So versorgen sich die produzierenden Zuckerfabriken mit eigenen Generatoren durch Verbrennen des Zuckerrohr-Strohes in eigens dafür konstruierten Anlagen. Versuche mit Biogasen laufen. Kürzlich wurde ein Windatlas von Kuba fertig gestellt, und auf der Insel Turiguanó (im Norden der Provinz Ciego de Ávila) wurde der erste Windpark in Betrieb genommen.[82)]

Durch die sich häufenden Schäden in der Energieversorgung, hervorgerufen durch Dürre, Stürme, aber auch durch Wartungs- und Bedienungsfehler, besonders neuer, technisch anspruchsvoller Aggregate und durch die Qualität des Rohöls, geht man jetzt offenbar daran, die gesamte Problematik komplexer und langfristiger aufzuarbeiten. Deutlicher Ausdruck dessen waren die Reden Fidel Castros in der Sitzung der Nationalversammlung Kubas vom Dezember 2005 und in Pinar del Rio, am 17. Januar 2006.[83)] Die Idee besteht darin, einzelne

Versorgungszonen, Provinzen und Inseln autark, von einander unabhängig, zu machen, und die vielfältigen Energieerzeuger, Verteilersysteme und Ressourcen zu erneuern, zu modernisieren und somit zu rationalisieren. Für die Realisierung dieses langfristigen Programms sollen 25 Milliarden Peso (2 Milliarden Dollar) bereitgestellt werden. Obwohl die Erdölförderung im Jahre 2005 etwas zurückgegangen ist und die Ausbeutung der neuen Vorkommen sicherlich große finanzielle Mittel erfordert, sah der Plan 2006 wiederum eine geringe Steigerung der Förderung vor. Erdgas soll einen stärkeren Anteil an der Stromerzeugung bekommen. Auch in den herkömmlichen Wärmekraftwerken soll der Anteil von Erdgas wachsen. Es sollen effiziente und sichere Dieselaggregate erworben und installiert werden, uneffiziente und veraltete Verteilernetze sollen ersetzt und neue beschafft werden. Im 1. Quartal 2006 wurden bereits 3444 Aggregate importiert, wovon 2755 installiert sind. Das vollzieht sich besonders in Krankenhäusern, Polikliniken, in Altersheimen, Arztpraxen, Bäckereien und anderen Produktionsstätten der Lebensmittelindustrie, Anlagen zur Wasserversorgung, touristischen Einrichtungen u.a. Bis zum Januar 2006 wurden in der vorangegangenen Zeit neue Kapazitäten für 253500 kWh installiert und bis Jahresmitte sollten 3mal mehr (903000 kWh) ans Netz gehen. Ein intensives Programm zur Nutzung der Wind- und Sonnenenergie wird fortgesetzt. Durch eine angemessene geografische Verteilung der Energieerzeuger soll vor allem zum Schutz der Stromversorgung der Bevölkerung sowie der wirtschaftlichen und sozialen Objekte bei Wirbelstürmen und Havarien beigetragen werden. Schließlich soll die ständige

Verfügbarkeit von 90% der installierten Leistungen, verglichen mit den zur Zeit 60%, gesichert werden.

Bereits in den ersten vier Monaten des Jahres 2006 wurde festgestellt, das die Maßnahmen für eine höhere Effizienz erste Ergebnisse zeigten. Der Verbrauch von Energieträgern aus Erdöl und Öl-Derivaten verringerte sich zum 30. April 2006 um 3,7% im Vergleich mit Ende April 2005. Das brachte Einsparungen von 45000 Tonnen Öl für die Elektroenergieerzeugung und 44000 Tonnen an Treibstoffen. In diesem Zeitraum verringerte sich der Energieeinsatz für die Erzeugung des Bruttoinlandsprodukts um etwa 15%, um über 1 Millionen KWh.[81]

Parallel zu dem Modernisierungsprogramm wird ein in Kuba bisher nie gekanntes Sparen des Verbrauchs von Elektroenergie mit Hilfe der gesamten Bevölkerung durchgesetzt.

Durch die starke Subventionierung der Strompreise spielte bislang die Idee des Stromsparens keine Rolle in der Bevölkerung. In den Haushalten herrschten stromfressende Elektrogeräte vor, die im wesentlichen aus den USA oder der Sowjetunion, also aus Ländern ohne Energieprobleme, gekauft wurden und darüber hinaus wegen Veralterung überdurchschnittliche Verbrauchsnormen

hatten. Außerdem war selten ein sowjetischer Tanker ausgefallen, so dass eigentlich keine zwingende Not auf dem Energiesektor entstand. Nun hat die Regierung beschlossen, durch Staffelung der Strompreise nach der Höhe des Verbrauchs, neben der umfassenden Aufklärungsarbeit, auch den Preis als Stimulus für eine höhere Effizienz einzusetzen:

Ein Haushalt mit einem Verbrauch von bis zu 100 Kilowattstunden monatlich bezahlt wie bisher 9 Centavos/kWh. Das betrifft knapp die Hälfte der Bevölkerung.

Für den Verbrauch von 100 bis 150 kWh erhöht sich der Preis auf 30 Centavos, von 200 bis 250 kWh erfolgt eine Erhöhung auf 40 Centavos, von 250 bis 200 kWh auf 1,30 Peso.

Für die Familien, die mehr verbrauchen, wird es auch keine Tragödie geben, denn das sind überwiegend Leute, die Dollarbezüge haben. Der Dollar Preis übersteigt jedoch nicht 5 Dollar-Cents, obwohl der kubanische Staat Kosten von 15 Dollar-Cent pro kWh kalkuliert.

Das neue Prinzip ist ein weiterer Ausdruck der sozialen Nivellierung und Gerechtigkeit und passt sich in andere Maßnahmen der sozialistischen Politik ein. Bei der Durchsetzung dieses Prinzips werden auch hier die Bürger nicht allein gelassen. Es werden Maßnahmen durchgeführt, die den Familien einen sparsamen Umgang mit Elektroenergie ermöglichen helfen:

Alle elektrischen Haushaltsgeräte werden überprüft und wenn notwendig durch moderne, Strom sparende ersetzt oder mit neuen Dichtungen oder Thermostaten repariert (Kühlschränke, Reiskocher, Dampfkochtöpfe, Wasserkocher usw.). Die beliebten Ventilatoren und andere Belüftungsgeräte und Elektroküchen wurden erneuert. Im Dezember 2005 sind etwa 14 Millionen solcher energiesparender Geräte verteilt worden. Dafür wurden insgesamt 300 Millionen Dollar investiert. Alte, aber noch nutzbare Geräte wurden zu sehr billigen Preisen aufgekauft und gratis an Rentner und Sozialhilfeempfänger abgegeben. Aus China wurden 15 Millionen Stromspar-Lampen importiert, sie wurden bis Ende Februar 2006 von den Sozialarbeitern im ganzen Land gegen die herkömmlichen Birnen ausgewechselt.

All diese Maßnahmen sollen fast so viel Energie einsparen, wie das größte Kraftwerk Kubas erzeugt. Offensichtlich zahlt sich auch diese Politik bereits aus. Im 1. Quartal 2006, so wurde festgestellt, verringerte sich der durchschnittliche Verbrauch pro Haushalt von 130 kWh zum 1. Quartal 2005 auf 126,8 KWh monatlich.

Im Plan für 2006 ist eine Energieerzeugung von 4660 Millionen kWh vorgesehen, was eine Steigerung von nur 3 % bedeutet. Die Erneuerung des Verteilernetzes soll eine weitere Einsparung von 11 % erbringen. Bemerkenswert ist der Einsatz von 10 500 jungen Sozialarbeitern und Studenten, zur Aufdeckung von Unregelmäßigkeiten besonders an den Tankstellen (Korruption, Diebstahl, Betrug). Allein dort stiegen die Bareinnahmen um mehr als 2,5mal.

Aus den Darlegungen des höchsten Repräsentanten Kubas in seinen Reden in jüngster Vergangenheit kann man ersehen, dass diese Politik der Intensivierung eine grundlegende Linie für die Gegenwart und Zukunft ist und darüber hinaus große erzieherische und ideologische Bedeutung hat.

Finanzwirtschaft und Haushaltspolitik

Maßnahmen zur Gesundung der Staatsfinanzen

In den ersten Jahren nach dem Sieg der Revolution war der gesamten Problematik des Geldes keinerlei Aufmerksamkeit von Seiten der revolutionären Führer geschenkt worden. Es kann sogar vermutet werden, dass das Geld zunächst sowohl in der Ideologie als auch in den Auswirkungen in der Praxis als ein Überbleibsel des Kapitalismus und als gesellschaftliches Übel betrachtet worden ist. Erst einige Jahre nach dem Sieg der Revolution wurde begonnen, sich überhaupt mit Finanzpolitik zu beschäftigen. Es mussten dringend Voraussetzungen geschaffen werden, um den Austausch mit den Weltmärkten zu ermöglichen und grundlegende Bedingungen für ein Funktionieren ökonomischer Gesetze zu schaffen. Auch in den Jahren des Bestehens des Rates für Gegenseitige Wirtschaftshilfe wurden im Wesentlichen nur die Aspekte des internationalen Zahlungsverkehrs administrativ eingeführt, was aber keinen Vergleich mit einem in sich geschlossenen nationalen Finanzsystem zuließ. Es gab faktisch keinen Staatshaushalt und folglich auch keine Haushaltsplanung. Auch die ersten zaghaften Versuche zur Aufwertung der Rolle des Geldes stießen vorwiegend auf Skepsis. Kubanische Banken gab es nach dem militärischen Sieg der Rebellenarmee faktisch nicht mehr.

Neben den bereits erwähnten gründlichen Korrekturen in der Wirtschaftspolitik nach 1989 wurden auch auf dem Gebiet der Finanzwirtschaft notwendige Veränderungen begonnen. Es wurden u. a. eine *Steuerreform* beschlossen und erste Schritte zur Einführung eines Steuermechanismus getan. Der hohe inflationäre Geldumlauf musste kontrolliert reduziert werden. Daher wurde damit begonnen, Preise für Genussmittel und Dienstleistungen zu erhöhen und eine Reihe kostenloser Dienste abzuschaffen. Das über die stark subventionierten rationierten Zuteilungen hinausgehende Warenangebot mit höherem Preisniveau wurde sichtbar vergrößert. Mit diesen und anderen Maßnahmen begann ein langfristiger Prozess, um die zirkulierende Geldmenge zu reduzieren und den kubanischen Peso zu einer ökonomisch kalkulierbaren Währung zu entwickeln. Die Vergrößerung der künstlich wachsenden Geldmenge der nationalen Währung wurde gestoppt und der Geldumlauf in der Bevölkerung im Jahre 1996 zu 1994 um über 25% reduziert.[85)] Die Geldmenge stabilisierte sich auf etwa 3,9 Mrd. Peso. Das Defizit im Staatshaushalt verringerte sich und betrug nur noch 2,4% des Bruttoinlandsprodukts gegenüber 3,6 % im Jahre 1994.[86)]

Die Maßnahmen ermöglichten es, in den Folgejahren ein gezieltes, nichtinflationäres Wachstum im Verhältnis zur Steigerung des Bruttoinlandsprodukts zu garantieren: 1999 nahm die Geldmenge um 100 Mio. Peso zu (2,4% des BIP), im Jahre 2000 um 745 Mio. Peso (2,8% des BIP) und 2001 um 779 Mio. Peso bei einem geplanten Wachstum des BIP um etwa 5%. Ende 1999 waren 4,4 Mrd. Peso im Umlauf und 5,3 Mrd. Peso betrugen die Sparguthaben der Bevölkerung.[87)] Im Jahre 2001 nahm die Geldmenge in der Bevölkerung wieder zu, was in den Folgejahren besonders durch ein größeres und verbessertes Warenangebot (in 2003 nahm der Einzelhandel um 12% zu) gestoppt werden konnte. Der Geldumlauf war 2003 um 2,3% geringer als 2002.

Diese Maßnahmen führten dazu, dass die reale Kaufkraft des Peso erhöht wurde. Sein Wechselkurs zum US-Dollar betrug noch im Jahre 1994 auf dem schwarzen Markt über 156 Peso zu 1 Dollar. Es war deshalb notwendig und finanzökonomisch auch möglich, im Jahre 1995 den Peso zum Umtausch gegen Devisen freizugeben. Der Bevölkerung wurde offiziell der Besitz von US-Dollars erlaubt, und es wurden staatliche Wechselstuben eingerichtet. Damit wurde auch psychologischer Druck von den Menschen genommen, denn die Mehrheit war im Besitz von US-Dollars. Noch im gleichen Jahr betrug der durchschnittliche Wechselkurs bereits 32,1 Peso, 1996 sank er auf 19,2, und seither hatte er sich für einen längeren Zeitraum auf etwa 20 stabilisiert. Mit der anhaltenden US-Dollar-Krise veränderte sich der Wechselkurs wieder auf 26 Peso pro 1 US$.

Die bereits dargelegten Maßnahmen zur besseren Handhabung und Kontrolle der *Devisen* vom November 2004 fanden generell ein positives Echo im Lande. Fidel Castro führte u.a. dazu vor der Nationalversammlung aus: die Devisenreserven der Zentralbank haben sich beträchtlich erhöht und die Gefahr weiterer Handlungen der USA gegen die Nutzung von Devisen im internationalen und auch nationalen Zahlungsverkehr wurde eliminiert.«[88)] Zweifellos ist mit diesen mutigen Schritten eine größere Sicherheit des Finanzsystems gefördert und eine bessere Kontrolle bei der Nutzung der Ressourcen ermöglicht worden. Während der Umlauf von Bargeld-Devisen vorher zu 80% aus US Dollar bestand, waren es nach einem Jahr nur noch 30%. Es überwiegen der Euro, Pfund Sterling, kanadischer Dollar oder Schweizer Franken.[89)]

Die Maßnahmen auf dem Devisenmarkt hatten eine Aufwertung der Peso und eine Abwertung des US-Dollars zur Folge und zusätzlich neben ihrer positiven Wirkung auf die Finanz- und Wirtschaftspolitik auch eine beträchtliche ideologische Wirkung in der Bevölkerung.

Die größere Solvenz und Liquidität der Finanzinstitute begünstigt die Entwicklung Kubas besonders durch die Möglichkeit einer besseren Zwischenfinanzierung und bei der Vermittlung von Kreditaufnahmen auf dem internationalen Finanzmarkt. Die Verhandlungsposition des sozialistischen Staates ist entscheidend gestärkt worden. So konnte Kuba auch leichter seinen Verpflichtungen nachkommen, die aus neuen Anleihen und aus Umschuldungen entstanden sind. Im Jahre 2006 liefen nur 27 % der Kredite aus dem Ausland kurzfristig aus, die anderen 73% sind mittelfristig oder langfristig. Kuba konnte durch seine erreichte Finanzstabilität bei seinen internationalen Partnern in den Umschuldungsverhandlungen bessere Ergebnisse erzielen und mehr kurzfristige Verpflichtungen in langfristige umwandeln. Es ist nun auch eine bessere Einschätzung des Geldangebotes und Steuerung bei eventuell notwendigen Maßnahmen zur Aufrechterhaltung des monetären Gleichgewichts möglich. Gleichfalls ist durch die Zentralisierung eine bessere Nutzung des Bankensystems bei internen und externen finanziellen Transaktionen realisierbar.

Haushaltspolitik und Schwerpunkte des Staatshaushaltes

Durch die qualifiziertere, auf ökonomischen Prinzipien beruhende Finanzpolitik kam es zu einer allmählichen

Verbesserung der Bilanzlage. Die Haushaltsdisziplin, die Rechnungsführung in den Betrieben und eine bessere Verwaltung ermöglichten es, bereits im *Jahre 1998* die Einnahmen um 150 Mio. Peso über den Plan zu erhöhen. Das Bankensystem wurde vervollkommnet, was eine neue Qualität der Kontrolle ermöglicht. Die Ausgaben betrugen 13062 Mio. Peso, das Haushaltsdefizit 560 Mio. Peso, 2,3 % des BIP.

Der *Haushalt 1999* (14030 Mio. Ausgaben) hatte folgende Hauptziele: Bildungswesen, Gesundheitspolitik, Sozialfürsorge; Stärkung der Kaufkraft des Peso, keine Erhöhung des Geldumlaufs, Erhöhung des Warenangebotes, Sicherung der Deviseneinnahmen, konsequente Durchsetzung der Steuerbestimmungen, besonders hinsichtlich der Besteuerung der individuellen Einnahmen. Der Haushalt hatte ein Defizit von 612 Mio. Peso (2,4 % des BIP). Positiv war eine fünfprozentige Einnahmeerhöhung durch Steuern.

Der Staatshaushalt für das *Jahr 2000* umfasste 15,6 Mrd. Peso. Das war eine Erhöhung um 11 % im Vergleich zum Vorjahr. 64 % der Ausgaben für laufende staatliche Ausgaben von insgesamt 9,2 Mrd. Peso entfielen auf die Schwerpunkte

Volksbildung	2,1 Mrd. Peso (+265 Mio.),
Gesundheitswesen	1,7 Mrd. Peso (+130 Mio.),
Sozialversicherung	1,8 Mrd. Peso,
Werterhaltung	
Wohnungen	143 Mio. Peso,
Umweltschutz	150 Mio. Peso.

Die Subventionen des Staates für Preise und Wirtschaft betrugen 3,1 Mrd. Peso, davon 2,2 Mrd. zur Subvention der Warenpreise.

Im *Haushaltsplan 2001* waren Ausgaben in Höhe von etwa 13,4 Milliarden Peso geplant.[90)] Die Hauptpositionen sollten entfallen auf: 1,75 Mrd. für staatliche Investitionen (+14 %), 6,2 Mrd. für Bildung, Gesundheit und Sozialversicherung, davon u. a. 605 Mio. Sozialversicherung und 1,845 Mrd. für Renten.

Erstmals wurden 1,341 Milliarden für die örtlichen Organe eingeplant, 600 Mio. für Investitionen und 741 Mio. zur Subventionierung von Defiziten.

Im *Jahr 2002* war der Staatshaushalt in besonderem Maße belastet. Das Brutto-Inlandsprodukt erhöhte sich nur um 1,8 % nach offiziellen Angaben. Das geringe, unter dem Plan liegende Wachstum, war im Wesentlichen auf folgende Faktoren zurückzuführen:

- die weltweite Rezession und ihre Auswirkungen auf Kuba,
- die Folgen der Terroranschläge des 11. September 2001 (Verluste durch den Rückgang des Tourismus),
- die sinkenden Preise für die Hauptexportprodukte und auch Importprobleme, wie das Ausbleiben von Rohöllieferungen aus Venezuela,
- und die ungeplanten Verluste durch die außerordentlichen Wettereinflüsse.

Der gewaltige Orkan »Michelle« im November 2001 verursachte enorme Schäden in den mittleren Provinzen der Insel. Durch ihn wurden 179814 Wohnungen beschädigt, davon 18243 vollkommen zerstört. Die Apfelsinenernte wurde zu 80 % vernichtet, Bananen- und andere Plantagen, wie Zuckerrohr, sehr stark beschädigt. Auch die Stromverteilung, das elektrische Verteiler-System, die Telefonverbindungen und auch andere Industrieanlagen wurden in Mitleidenschaft gezogen. Die Behebung dieser Schäden erforderte außerordentliche Maßnahmen, besonders für die Baumaterial-Industrie. Die hauptsächlich betroffenen Provinzen erhielten während einer Zeit von sieben Monaten kostenlose Lebensmittelhilfen.

Das alles führte dazu, dass die Anhebung einiger Preise der Agrarmärkte unvermeidlich wurde, dass sich das öffentliche Transportwesen merklich verschlechterte, dass die Brennstoffe – auch in den privaten Haushalten – knapper wurden und sich der Zustand der Transportwege spürbar verschlechterte.

Angesichts der verringerten Wachstumsraten wurde die Haushaltsplanung auf die Konsolidierung der vorhandenen Wirtschaftsstruktur durch Festigung der qualitativen Parameter der Wirtschaftsführung, auf den Erhalt der Lebensbedingungen der Bevölkerung, auf den verstärkten Ausbau der materiellen Bedingungen für Volksbildung und Gesundheitswesen – die wichtigsten Errungenschaften der Revolution – konzentriert. Die Ausgaben erhöhten sich verglichen mit 2001 um über eine Milliarde Peso mit den Hauptpositionen von 400 Mio. mehr für die Volksbildung, 130 Mio. mehr für das Gesundheitswesen und über 100 Mio. mehr für die Zahlungen von Renten und Pensionen. Für Kultur, Sport, Wissenschaft und Technik wurden 760 Mio. Peso ausgegeben, was eine Steigerung gegenüber dem Vorjahr von über 122 Mio. ausmacht.[91)]

Er wurden angesichts der unplanmäßigen zusätzlichen Aufwendungen für Importe von Rohstoffen und besonders für klimatisch bedingte Mehraufwendungen 200 Mio. Peso mehr als ursprünglich geplant für Subventionen an staatliche Betriebe ausgegeben.

Trotz aller Probleme wurden für Sozialversicherung und andere sozialpolitische Maßnahmen über 11 % des BIP eingesetzt. Insgesamt kamen über 6.000 Mio., über die Hälfte des BIP, direkt der Bevölkerung als persönliche Einnahmen (Sozialausgaben, Löhne und Gehälter, Renten und Pensionen) zugute. Das ist deutlicher Ausdruck dessen, dass diese Gesellschaft auch in schweren Zeiten den Menschen dient.

Für das *Jahr 2003* sah der Plan u. a. folgendes vor:

Weitere Konzentration auf solche Energieprojekte, die sich rasch amortisieren und die Produktion auf der Basis nationaler Quellen ermöglichen. In der Erdöl- und Gasförderung war eine Steigerung um 16,8 % vorgesehen, in der Nickelproduktion um 4,4 %. Die Landwirtschaft (außer Zucker) sollte um 3 % und die Industrie um 4,6 % wachsen. Besonderer Schwerpunkt war die Weiterentwicklung der pharmazeutischen Industrie, besonders zur Produktion von Medikamenten für die unmittelbare Versorgung der Bevölkerung - sie sollte um 20 % steigen.

Das Brutto-Inlandsprodukt sollte um etwa 1,5 % steigen. Das Haushaltsdefizit war mit 3,4 % des BIP geplant. Für die Volksbildung waren 3000 Mio. Peso (+7,5 %) - 23,8 % des gesamten Haushaltes - geplant, für das Gesundheitswesen 2050 Mio. Peso (+5,9 %), für die sozialen Belange (Renten, Pensionen, Seniorenheime, Betreuung von Behinderten etc.) 300 Mio. mehr als 2002, für Kultur 40 Mio. mehr, für Sport 215 Mio. mehr (+10 %). Für das Wohnungswesen standen 195 Mio. Peso und für Leistungen der Kommunen, einschließlich Straßenbau, 700 Mio. Peso zur Verfügung. Für staatliche Unternehmen und landwirtschaftliche Betriebe waren Subventionen in Höhe von 3365 Mio. Peso eingeplant, 60 Mio. mehr als im Jahre 2002 (aus dem Haushaltsplan, der von der Nationalversammlung im Dezember 2002 verabschiedet wurde). José Luis Rodríguez, Minister für Wirtschaft und Planung betonte: »Im Jahre 2003 wird es nicht nur erforderlich sein, die Effizienz der Wirtschaft zu steigern, Kosten zu reduzieren bzw. die Einnahmen zu erhöhen, sondern es ist unumgänglich, die vorhandenen Mittel auf das tatsächlich Wesentliche zu konzentrieren und das andere auf später zu verlegen.«

Die Orientierung für die Wirtschaft im Jahre 2003 war erfolgreich. Die *Ergebnisse der Abrechnung 2003* waren erfreulicher als im Plan vorgesehen. Erreicht wurde eine Steigerung des BIP um 2,6% (Plan 1,5%). Wenn man die Ausgaben für Volksbildung, Gesundheitswesen, Kultur, Wissenschaft und Sport in Betracht zieht, so gab es sogar eine Steigerung von 3,8%. Es gelang eine Stabilisierung der Grundversorgung der Bevölkerung, sowohl im individuellen als auch im gesellschaftlichen Bereich, eine Verbesserung in der Bereitstellung von Brenn- und Treibstoffen, eine spürbare Verbesserung der Produktion der pharmazeutischen Industrie (sie stellt z. Z. etwa 67% der benötigten Grund-Medikamente her) und der Dienstleistungen für die Volksbildung und das Gesundheitswesen. Die größten Zuwächse gab es in der Rohölproduktion, in der Energieerzeugung (2,1%), im Transportwesen (5,12%), im Tourismus und im Export, obwohl einige internationale Faktoren auf dem Weltmarkt dem wiederum entgegenwirkten. Insgesamt wuchs die Industrieproduktion (ohne Zuckerindustrie) um 2,1%, wobei die graphische Industrie mit 23,2%, die Lebensmittelindustrie mit 4,8% und die Tabak- und Getränkeproduktion mit 3,4% überdurchschnittliche Steigerungsraten hatten.

(Wenn man die durchschnittlichen Zuwachsraten der Jahre 1994 bis 2003 zwischen Lateinamerika und Kuba vergleicht, so ergibt das ein Verhältnis von 1:4!)

In der Gesamtabrechnung des *Etats 2003* ergibt sich eine Erhöhung der Ausgaben von 8%. Der größte Zuwachs erfolgte in den Sektoren, die sich unmittelbar auf den Nutzen der Bevölkerung beziehen: Volksbildung +518 Mio. Peso, Gesundheitswesen +105 Mio. Peso und Sozialversicherung +70 Mio. Peso im Vergleich mit den Ausgaben im Jahr 2002. Der große Zuwachs in den Sozialausgaben rührt von den neu aufgelegten Programmen zur Unterstützung der nichtarbeitsfähigen Bevölkerung her.

Die Ausgaben für den produktiven Bereich erhöhten sich um 207 Mio. Peso. Das war verursacht von Mehrausgaben besonders für die Bereiche des Landwirtschafts- und des Zuckerministeriums, die die Schäden der Vergangenheit (Witterung, Finanzierungen aus dem Ausland, Preis Veränderungen) nicht ausgleichen konnten. 205 Mio. Peso wurden zur Unterstützung notwendiger Investitionen im kommunalen Bereich, für Infrastruktur und Wohnungsbau ausgegeben.

Der *Entwurf des Staatshaushaltes 2004* wurde ausgiebig mit allen zentralen und örtlichen Verwaltungen, Parlamenten und Kommissionen diskutiert und abgestimmt. Seine Hauptrichtung war, der weiteren kulturellen und sozialen Entwicklung der kubanischen Bevölkerung zu dienen.

Es sollten 12155 Mio. Peso (59% der Gesamtausgaben) für folgende Bereiche ausgegeben werden: Volksbildung, Gesundheitswesen, Sozialversicherung und Sozialprogramme, Kultur, Wohnungswesen, Wissenschaft und Technik, kommunale Dienste und Sport. Diese Zahl entspricht 37% des gesamten Bruttoinlandsprodukts und ist im Durchschnitt dreimal höher als in den anderen lateinamerikanischen Ländern.

Allein 21% der Gesamtausgaben des Budgets waren für die Volksbildung vorgesehen, vorrangig für

- die weitere Lehrerausbildung für Grund- und Mittelschulen,
- die Durchführung des Programms zu Schaffung von Ganztagsschulen, der Verringerung der Klassenfrequenzen und der Verbesserung der Schulspeisung,
- die Weiterführung des Programms zur Reduzierung der Schüleranzahl pro Lehrer auf maximal 20 in den Grundschulen,
- die Eingliederung von weiteren 30 000 Neulehrern,
- die Weiterführung des Reparaturprogramms für alle Schulen, wie es 2001 in Havanna begonnen wurde.

Für das Gesundheitswesen sollten 12% der Gesamtausgaben bereitgestellt werden. Darunter fielen die weitere Renovierung und Ausstattung der Krankenhäuser (Verpflegung, Medikamente) und Eingliederung von über 20300 Absolventen.

Für Renten und Pensionen werden 69 % der Ausgaben von der Sozialversicherung erbracht. Die offene Differenz zwischen Einnahmen und Ausgaben der Sozialversicherung in Höhe von 659 Mio. Peso wird vom Staatshaushalt übernommen.

Für andere soziale Ausgaben waren 580 Mio. Peso geplant. Das erlaubt die Betreibung von über 300 Senioreneinrichtungen, die Betreuung von Behinderten und Müttern mit behinderten Kindern, die Eingliederung von weiteren 13500 Sozialarbeitern, die 2003 und 2004 ihre Ausbildung beendeten.

Für Kultur und Kunst gab es im Plan eine Erhöhung gegenüber 2003 um 15%. Das bedeutet eine absolute Verdopplung zu 2000.

Den größten Zuwachs sollten die Ausgaben für das Wohnungswesen haben (+25%).

Weiterhin waren vorgesehen: Ausgaben für Wissenschaft und Forschung, für Körperkultur und Sport, für kommunale Aufgaben, wie Verschönerung der Wohngebiete, Hygiene, Verbesserung der Umwelt.

Für Subsidien für unrentable Betriebe waren 832 Mio. Peso vorgesehen, 87% davon für die Ministerien für Landwirtschaft und Zucker, für das Bauwesen und die örtlichen Verwaltungen. Obwohl diese Summe noch hoch erscheint, war sie bereits um 22% geringer als im vorangegangenen Jahr.

Für die Stützung der Preise für den Warenkorb der Grundversorgung und für gesellschaftlichen Konsum zu Billigpreisen waren 802 Mio. Peso vorgesehen.

Insgesamt waren Ausgaben von 20661 Mio. Peso und Einnahmen von 19512 Mio. Peso geplant, eine Steigerung von jeweils 13% zum Vorjahr. Dies bedeutet ein Defizit von 3,5% des BIP. Zur noch besseren Erfüllung der Sozialprogramme und des Staatshaushaltes sind besonders die sozialistischen Betriebe aufgerufen, effizienter und somit gewinnbringender zu produzieren.[92)]

Die tatsächliche *Erfüllung der Haushaltsplanung 2004* hatte jedoch beträchtliche Abweichungen. Die Ausgaben erhöhten sich um mehr als 1,6 Mrd. Peso im Vergleich mit 2003, was besonders durch die Ausgabenerhöhung für Volksbildung und Gesundheitswesen um 392 Mio. und für Sozialversicherung um 119 Mio. Peso beeinflusst wurde.

Die Instandhaltung und Reparatur von durch die Orkane zerstörten Wohnungen besonders in den Provinzen Havanna, Pinar del Rio und Insel der Jugend erforderte zusätzlich 120 Mio. Peso. Die Einnahmen bewegten sich mit 18822 Mio. Peso jedoch im Plan, was eine Erhöhung zu 2003 um 1,3 Mrd. Peso bedeutete. Das Defizit 2004 wird mit etwa 1,42 Mrd. Peso kalkuliert, was 3,5% des BIP ausmachte.

Für das *Jahr 2005* waren die gleichen Schwerpunkte wie im vorangegangenen Jahr vorgesehen. Zur Fortführung der neuen Programme im *Bildungswesen* waren 4117 Mio. Peso geplant, eine Erhöhung um 11,3% zum Vorjahr. Das ermöglichte es, besonders die großen Veränderungen in der Vorschulbildung, in den Grund- und Mittelschulen, die Erhöhung der Studenten- und Lehrerzahl und die Lohnerhöhungen abzudecken. Im *Gesundheitswesen* werden zur Fortführung der laufenden Programme und für neue Projekte 2355 Mio. Peso bereitgestellt, das sind 9,4% mehr als 2004. Auch die *Fonds der Sozialversicherung* wuchsen um über 7% zu 2004, um 147 Mio. Peso. Insgesamt wurde von allen Rednern auf der Nationalversammlung betont, dass Kuba trotz noch immer schwerwiegender Wirtschaftsprobleme an dem Ausbau der wichtigsten Errungenschaften der Revolution festhält.

Trotz aller gravierenden Probleme durch die gewaltigen Wirbelstürme und die andauernde Trockenheit wurde das Jahr 2005 mit einem Wirtschaftswachstum von 11,8 % abgeschlossen und es wurden Grundlagen dafür geschaffen, für 2006 ein weiteres Wachstum von 10 % zu verwirklichen. Die Nationalversammlung schätzte ein, dass 2005 das bisher erfolgreichste Jahr für Kuba seit 1989 gewesen ist. Die Ausgaben des Haushalten sollten laut Plan 2006 um 32% steigen.[93)]

Tourismus

Die deutlichste Entwicklung nach dem Wegfall des sozialistischen Lagers gab es beim Tourismus. Vorher kamen nur in den Wintermonaten Touristen aus Kanada und mit besonderen Vereinbarungen aus einigen anderen Ländern nach Kuba. Während es im Jahre 1985 gerade einmal 193 000 waren, stieg die Zahl ausländischer Besucher Anfang der 90er Jahre auf etwa 300.000. Die Schwelle von jährlich einer Million Besuchern wurde 1996 überschritten und 2004 besuchten das erste Mal über zwei Millionen Touristen die Insel. 2005 zählte man über 2,3 Millionen Besucher auf der Insel – die meisten kamen aus Kanada, Deutschland nahm hinter Großbritannien, Spanien, Venezuela und Italien mit über 124 000 Reisenden den Platz sechs in den Herkunftsländern ein.[94)]

Die Deviseneinnahmen aus dem Tourismus sind beträchtlich und Kuba kann auf diese Einnahmen, die, in Abhängigkeit von den Preisen, nur vom Nickelexport übertroffen werden, nicht verzichten, obwohl die Führung ganz klar die vielen negativen Erscheinungen beachtet.

2005 erhöhten sich die Einnahmen auf mehr als 2,5 Milliarden Dollar. Für 2006 war ein Wachstum des Touristenaufkommens um 10 % und der Einnahmen um 8,1 % vorgesehen.[95] Kuba kann heute 41 % seiner Zahlungsbilanz aus den Einkünften des Tourismus bestreiten – 1990 waren es noch magere 4 %. Bis 2002 erhöhten sich die Einnahmen auf das Achtfache, die Besucherzahl auf das Fünffache, die Kapazitäten auf das Dreifache und die Anzahl der Beschäftigten auf das Doppelte. Im Jahre 2001 war eine weitere Steigerung der Bruttoeinnahmen aus dem Tourismus um 15 % vorgesehen, dieses Vorhaben konnte aber wegen der weltweiten Krise im Tourismus nicht realisiert werden. Insgesamt gab es im Jahr 2002 angesichts der Rezession in der Weltwirtschaft, der Auswirkungen des 11. September in den USA, der Preissteigerungen besonders im Flugverkehr auch für Kuba einen weiteren Rückgang um etwa 5 %. Doch trotz noch anhaltend wirkender internationaler Faktoren erholte sich der Tourismus auf Kuba wieder. Es wurde intensiv an der Verbesserung der ökonomischen Struktur und der Erhöhung der Devisenrentabilität gearbeitet, so dass, aufbauend auf der saisonbedingten Konjunktur im November/Dezember, für das Jahr 2003 gute Voraussetzungen eines erneuten, besonders qualitativen Wachstums geschaffen wurden. 2003 kamen wieder 1,9 Mio. Besucher, was eine Einkommenserhöhung um 16 % erbrachte.

Die kubanische Führung hat rechtzeitig entsprechende Maßnahmen zur komplexen Förderung des Tourismus und der Behandlung aller damit zusammenhängenden Probleme beschlossen. Mit Recht erwartete man schnelle Devisengewinne und dadurch auch insgesamt eine

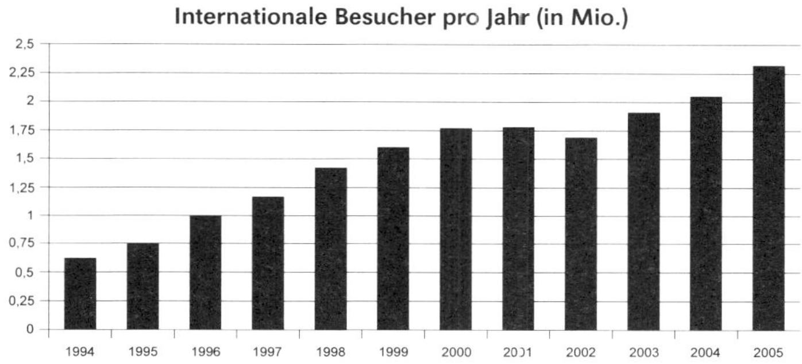

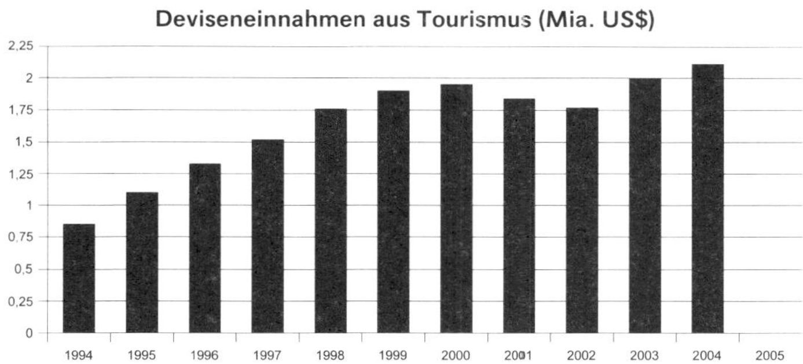

Grafik auf Grundlage der Angaben des »Anuaro Estad stico de Cuba« (statistisches Jahrbuch) der Jahre 2000 und 2005, Herausgeber: Oficina Nacional de estadísticas, Republik Kuba

Förderung anderer Wirtschaftszweige wie Bauwesen, Zulieferindustrien, Versorgungsleistungen, Transportwesen, bis hin zur Produktion der Landwirtschaft für die Devisenwirtschaft. Es wurde damit begonnen, kleinere Investitionen vor allem in der Lebensmittel- und Leichtindustrie mit Mitteln aus dem Tourismus zu realisieren, die sich in relativ kurzer Zeit auf dem Tourismusmarkt amortisierten und wieder reinvestiert werden konnten.[96]

Inzwischen ist eine komplexe Fremdenverkehrsindustrie geschaffen worden.

Mit den steigenden Besucherzahlen wurden Schritt um Schritt die Hotelkapazitäten erweitert: so stieg die Zahl der für den Tourismus in Kuba verfügbaren Hoteltzimmer von 27401 im Jahr 1994 über 40410 im Jahr 2002 auf 44624 im Jahr 2005.[97)] Die Auslastung der installierten Kapazitäten hat sich auf etwa 63% eingependelt.[98)] Beeinflusst durch den Tourismus, entwickelten sich zehn internationale Flughäfen auf der Insel.

Bereits 61% des Bedarfs des Tourismus kamen 2000 aus nationaler kubanischer Produktion[99)], Ende 2002 waren es schon 68% und 2003 dann 69%.[100)] Noch 5 Jahre zuvor wurden 80% der Deviseneinnahmen aus dem Tourismus für Importe für den Tourismus ausgegeben! 69% der in den Devisenläden angebotenen Waren kommen heute aus kubanischer Produktion und etwa 200000 Kubaner sind direkt im Tourismus tätig.

Die offensichtlichen geographisch-klimatischen und besonders auch ökonomischen Vorteile zwangen selbst Fidel Castro dazu, auf dem letzten Parteitag zu erklären, dass Kuba trotz aller für den Sozialismus negativen Begleiterscheinungen mit dem Wirtschaftsfaktor Tourismus leben müsse. Es ist auch in der sozialistischen Gesellschaft nicht auszuschließen, dass bestimmte Untugenden, wie Prostitution, Korruption oder Übervorteilung einen gewissen Einfluss haben. Auch für die Natur ist der Massentourismus nicht gerade förderlich. Obwohl durch positive, entgegenwirkende Entwicklungen in der kubanischen Gesellschaft die negativen Erscheinungen, verglichen mit ähnlichen so genannten Touristenländern, relativ gering sind, werden sie doch von »Abenteuer suchenden Touristen« oder westlichen Journalisten registriert und in »Reiseberichten« besonders hervorgehoben.

Außenwirtschaft

Die neu entstandene Weltlage machte eine gewisse *Öffnung gegenüber den Weltmärkten* erforderlich, denn Kuba kann mit seinen beschränkten Ressourcen nicht autark leben und ist stark vom Außenhandel abhängig. Mit der allmählichen Verwirklichung der begonnenen komplexen wirtschaftlichen Maßnahmen wurde diese beschränkte Öffnung möglich. Daher wurden auch in den ersten Jahren der Sonderperiode die Hauptanstrengungen der Regierungspolitik auf die Belebung der Exportwirtschaft und notgedrungen auf eine gewisse Öffnung zum kapitalistischen Weltmarkt unternommen.

Beteiligung ausländischen Kapitals

Bereits im Jahre 1982, also noch weit vor dem Zusammenbruch des »Rates für Gegenseitige Wirtschaftshilfe«, wurden dazu die ersten Gesetze und Bestimmungen erlassen, die eine Beteiligung ausländischer Kapitalgesellschaften ermöglichen sollten (Gesetzesverordnung Nr. 50). Die Absicht bestand darin, bestimmte Industrien zu entwickeln, Kapital und insbesondere neueste Technik ins Land zu holen und auch damit neue Absatzmöglichkeiten auf den Außenmärkten zu erhalten sowie gewisse Importe zu ermöglichen.

Nach 1989 wurde diese Politik lebensnotwendiger denn je. Die Strategie der kubanischen Führung bestand offenbar darin, einen behutsamen, staatlich streng kontrollierten Übergang zu einer begrenzt marktwirtschaftlich orientierten Wirtschaft zu vollziehen, wobei die staatliche Planung der wirtschaftlichen und besonders finanziellen Hauptlinien in prinzipieller Form beibehalten und dem Wirken staatlich regulierter Marktmechanismen ein gewisser Freiraum eingeräumt wurde. Es ist zu unterstreichen, dass Kuba stets die Wirtschaft den politischen Zielen unterordnet. Dazu sagte Carlos Lage, Mitglied des Politbüros, des Ministerrates und Sekretär des Ministerrates, einmal sinngemäß: *während im Kapitalismus das wirtschaftliche Leben dem Markt untergeordnet ist, dient es in Kuba den sozialistischen Zielen.*

Im September 1995 verabschiedete die Nationalversammlung Kubas das Gesetz über die Auslandsinvestitionen. Damit wurden die bereits seit 1982 gesammelten Erfahrungen verallgemeinert und in einem einheitlichen Gesetzeswerk niedergelegt. Kubanische Unternehmen in Schlüsselzweigen wurden zu Kapitalgesellschaften entwickelt, die formaljuristisch ausländische Beteiligungen ermöglichen.

Auch auf dem Gebiet der gemischten Betriebe verläuft die Entwicklung dynamisch: Im Jahre 1993 gab es immerhin schon 165 Vereinigungen (Joint Ventures), dadurch wurden u. a. über 200 Mio. Dollar in die kubanische Wirtschaft investiert.

1996 gab es bereits 260 gemischte Unternehmen, von ihnen:

45 im Tourismus,
46 in der Erdöl-Erdgas-Wirtschaft,
47 in der Nickelindustrie,

48 im übrigen Bergbau,
49 in der Industrie,
50 im Transport- und im Fernmeldewesen.

41 Verträge gab es mit ausländischen Unternehmen zur Bewirtschaftung von Hotels mit insgesamt 11000 Zimmern – das war ein Drittel der in Kuba bestehenden Hotelzimmer.[101)]

Im Jahre 2001 existierten bereits 404 Gesellschaften mit einem Kapital von 5 Mrd. US$. In diesem Prozess waren Unternehmen aus über 40 Ländern beteiligt, besonders aus Spanien (99), Kanada (74), Italien (57), Frankreich, Mexiko, den Niederlanden und Großbritannien. Aus diesen Ländern kommen über 200 der in Kuba tätigen Unternehmen, davon sind 53 % aus Ländern der Europäischen Union.

Die höchste Konzentration ausländischer Beteiligung gibt es in der Nickelproduktion, in der Erdölwirtschaft, in der Kommerzialisierung der Tabakprodukte, in der Produktion von Farben, Omnibussen, anderen Fahrzeugen und Industriegas.

Ende 1996 verabschiedete die kubanische Nationalversammlung die Gesetzesverordnung Nr. 165 zur Schaffung von Freihandelszonen und Industrieparks in Kuba. Hauptziele waren – wie schon bei der Schaffung gemischter Betriebe – der Erhalt von Devisen-Kapital, die Schaffung von Arbeitsplätzen und die Industrieentwicklung auf möglichst hohem technischen Niveau, die Steigerung der Exporte durch Verarbeitung kubanischer Ressourcen und die Einführung fortschrittlicher Technologien.

Die beteiligten ausländischen Unternehmen sind bis auf die Zahlung von Sozialversicherungsbeiträgen für die kubanischen Mitarbeiter für 12 Jahre frei von Steuern und zahlen in den weiteren 5 Jahren 50 % der üblichen Steuern. Sie können 25 % ihrer Produktion auf dem kubanischen Binnenmarkt realisieren.[102)]

Die Beteiligung ausländischer Investoren an kubanischen Projekten wird nach festgelegtem Schema vom kubanischen Staat gesteuert, kontrolliert und entschieden. Dafür gibt es in jedem Fachministerium eine Abteilung für ausländische Investitionen, ein Ministerium für wirtschaftliche Zusammenarbeit und ausländische Investitionen und eine entsprechende Kommission im Ministerrat als oberste Instanz. Das jeweilige Genehmigungsverfahren muss nach Gesetz innerhalb von sechs Monaten abgeschlossen sein. Der oder die kubanischen Partner erhalten in der Regel über 51 % der Kapitalanteile. Es wurden aber bereits Ausnahmen entschieden, wenn dies in vorrangigem wirtschaftlichen Interesse Kubas liegt. Ausländern ist es aber nicht gestattet, Grund und Boden als Eigentum zu erwerben. In besonderen Fällen wird eine Erbpacht (über maximal 50 Jahre) genehmigt.

Im Jahre 2005 wurde sowohl auf staatlicher Ebene als auch zwischen Unternehmen die Zusammenarbeit Kubas mit China, Venezuela und anderen lateinamerikanischen Ländern stark entwickelt. Besonders stabil scheint die Zusammenarbeit auf den Gebieten der Erdöl- und der Nickelwirtschaft zu werden. Auf diesen Gebieten sind enorme gemeinsame Investitionen vorgesehen.

Außenhandel

Beträchtliche Veränderungen vollzogen und vollziehen sich in den *Außenhandelsbeziehungen*. Vor 1989 gingen 81 % der kubanischen Exporte in den RGW-Bereich und 85 % der Importe kamen aus diesen Ländern. Diese Beziehungen basierten auf fest vereinbarten, langfristig sicheren Preisen und Waren. Dies änderte sich mit dem Wegfall der europäischen sozialistischen Länder grundlegend.

Hauptkriterium ist heute der bestmögliche finanzielle Ertrag (d.h. die günstigsten Preise, Kredite und Transportkosten). So ist der karibische und lateinamerikanische Raum für Kuba zum wichtigsten Markt geworden. Sein Anteil wuchs von früher, bis etwa zum Jahre 1990, unter 5 % rasch an und betrug im Jahre 1993 bereits über 30 %. Jeden Sommer findet in Santiago de Cuba eine Karibik-Messe statt. Im Jahr 2004 gab es weitere positive Entwicklungen im Handel mit lateinamerikanischen Ländern. Neue Abkommen mit Argentinien zur Belieferung Kubas mit Weizen wurden abgeschlossen. Auch mit Peru und Kolumbien gibt es neue Verträge. Brasiliens Präsident unterbreitete ein Hilfsangebot zur Lieferung von Lebensmitteln, um die durch die extreme Trockenheit im Jahr 2004 entstandenen Defizite in der Lebensmittelversorgung auszugleichen.[103)] Hierfür wurde eine großzügige Kreditlinie eröffnet: Jede Schiffsfracht muss erst nach drei Jahren Karenz bezahlt werden und die Zinsen betragen 2,5 %.

Mit dem Freundschaftsbesuch des Präsidenten Venezuelas, Hugo Chávez, im November 2004 bahnte sich eine neue Qualität in den bilateralen Beziehungen an, die gleichzeitig Vorbild für die Schaffung künftiger Wirtschaftsverbindungen zwischen lateinamerikanischen

Ländern und ein Gegengewicht für die von den USA beherrschte neoliberale Freihandelszone ALCA sein könnte. Kuba fördert steuerfrei Investitionen venezolanischer Unternehmen, gewährt Venezuela Zollfreiheit und seinen Schiffen und Flugzeugen dieselben Bedingungen wie seinen eigenen. Das Erdölabkommen wurde erneuert. Venezolanisches Erdöl wird auch z. T. in kubanischen Raffinerien verarbeitet. Venezuela kann kubanische Dienstleistungen mit nationalen Produkten oder mit seiner Währung bezahlen. Kuba gewährt jährlich 2000 Studienplätze für venezolanische Jugendliche und entsendet 15000 kubanische Ärzte und Krankenschwestern. Die Unterstützung beim Aufbau der Volksbildung in Venezuela durch Kuba wird weiterentwickelt. Venezuela wird Finanzhilfe besonders zum Ausbau der Infrastruktur in Kuba leisten, wie Energieversorgung, Asphalt-Produktion, Ausbau der Häfen und Wasserversorgung. Das Land gestattet Kuba die Nutzung seiner Infrastruktur sowie seiner Luft- und Schiffsflotte. Der Tourismus soll ausgebaut und die Zusammenarbeit im Artenschutz sowie in den Wissenschaften weiterentwickelt werden. Die Lieferung von Kohle aus Venezuela, sowohl für das dreiseitige Projekt mit China zum Aufbau eines Werkes zur Produktion von Nirosta-Stahl als auch für den Aufbau eines Kraftwerkes auf Kohlebasis in Mariel, Kuba, wurde vereinbart.[104)105)]

Der Handelsaustausch Kubas mit Venezuela umfasste 2005 ein Volumen von 2,1 Mrd. US$[106)] und erreichte im 1. Quartal 2006 bereits 1,2 Mrd Dollar.

Der Anteil der *Mitgliedsländer der Europäischen Union* am Handelsaustausch Kubas erhöhte sich von 7% im Jahre 1990 auf über 35%. Durch die Verbesserung der

Zusammenarbeit unter den lateinamerikanischen Ländern aber auch durch die stärkere Unterstützung der Europäer für die US-Embargo-Politik verschieben sich in letzter Zeit die Proportionen in den Außenwirtschaftsbeziehungen. Gerade zu Zeiten des damaligen Ministerpräsidenten Spaniens Aznar ging in zwei Jahren der Handelsumsatz mit Spanien von 850 auf 650 Millionen Dollar zurück. In der Statistik fiel das Land hinter Venezuela und China. Kanada liegt nur noch knapp dahinter. Dort empfiehlt ein Gesetz einheimischen Unternehmen, die US-Blockadebestimmungen zu ignorieren und entschädigt diese auch bei eventuellen Verlusten.[107)] Mit der *Volksrepublik China* wurde Ende 2004 mit dem Staatsbesuch des chinesischen Präsidenten Hu Jin-Tao ein sehr wichtiger Schritt in der Festigung und im Ausbau der ohnehin schon sehr guten Beziehungen getan. Neben den großzügigen Investitionen in der Nickelförderung und dem Ausbau der Produktion, die sich in wenigen Jahren verdoppeln und den Kern der künftigen Wirtschaftsverbindungen prägen wird und im beiderseitigen ökonomischen Interesse liegt, wurden weitere wichtige Verträge unterzeichnet:[108)] dazu gehören ein Kooperationsabkommen auf dem Gebiet der Biotechnologie, das die Schaffung von Joint-Venture-Unternehmen und Forschungsprojekte vorsieht. Unter anderem geht es um die in Kuba bereits fortgeschrittene HIV-Forschung und andere epidemiologische Projekte, um ein Abkommen zwischen der Gruppe Electrónica de Cuba und dem chinesischen Unternehmen Haier über den Kauf und die Montage von einer Million Fernsehapparaten in Kuba für den inländischen Markt und für den Export nach Lateinamerika. Außerdem stellt China 6,1 Mio. Dollar für die Anfertigung von Schuluniformen kubanischer Kinder und weitere 6,1 Mio. für medizinisches Verbrauchsmaterial zur Verfügung. Hierfür wurden Kreditlinien von 15 Jahren Laufzeit mit 5 Jahren zinsloser Karenz eingeräumt. In diesem Zusammenhang wurde auch über den Umbau und die Modernisierung von Krankenhäusern in Kuba verhandelt. Für in den Jahren 1990–94 gewährte chinesische Kredite wurde ein 10jähriger Zahlungsaufschub gewährt. Das sind insgesamt etwa 50 Mio. Dollar für Fabriken zur Herstellung von Fahrrädern und Ventilatoren, für Rohstoffe für die Pharmaindustrie und Medikamente.[109)] Mit 3 Mio. Dollar finanzieren chinesische Banken die Herstellung eines Röntgenapparates zur Durchleuchtung von Containern im Hafen und geben weitere Kredite für den Ausbau der Telekommunikation, für die Verbesserung des Eisenbahnwesens und die Lieferung von Maschinen für die Werftindustrie. Weiterhin wurde eine Zusammenarbeit auf den Gebieten Fischzucht und Meteorologie vereinbart.

Eines der Hauptprobleme für die kubanische Wirtschaft liegt zweifelsohne noch immer in den *Außenwirtschaftsbedingungen.*

Die Konfrontation mit dem kapitalistischen Weltmarkt setzte Kuba alternativlos der dort herrschenden Instabilität und besonders ungünstig verlaufenden Preisentwicklung aus. So zahlte Kuba z.B. 1989 für eine Tonne Getreide noch 82 Dollar, 1992 bereits 114. Für eine Tonne Broiler 1000 zu 1200 Dollar, für eine Tonne Milchpulver 1700 zu 1900 Dollar und für Erdöl 122 zu 142 Dollar. Waren früher im Handel mit der Sowjetunion die Austauschverhältnisse eine Tonne Zucker zu einer Tonne Erdöl, so mussten nun etwa 7-8 t Zucker für 1 t Erdöl aufgebracht werden. Die Preise für die kubanischen Hauptexportgüter gingen nach unten. 1990 zu 1992 Zucker von 200 auf 185 Dollar, Nickel von 8000 auf 5800 Dollar. Diese Tendenzen setzten sich in den Folgejahren – bis auf den Nickelpreis, der seit etwa 2004 eine steigende Tendenz hat – fort. So musste Kuba allein für den Kauf von Lebensmitteln im Jahre 1996 über 118 Mio. Dollar mehr ausgeben als im Jahre 1995 und für Kraftstoffe 108 Mio. Dollar. 1999 erhielt Kuba wiederum für die Exporte von Zucker und Nickel 0,2 % weniger Devisen und musste für Importe 0,4 % mehr ausgeben – das Defizit in der Handelsbilanz erreichte 1,6 Mrd. Dollar. Besonders auf den Außenmärkten macht sich die extrem verschärfte USA-Blockade bemerkbar. Kuba hat dadurch weder Zugang zu den internationalen Finanzorganen wie IWF oder Weltbank noch zu den internationalen Finanzierungen der Industrieländer. Das Land ist gezwungen, kurz- oder mittelfristige kommerzielle Kredite nicht nur als Arbeitskapital, sondern sogar für Investitionen und andere Entwicklungsprojekte mit erheblich höheren Zinssätzen aufzunehmen. 1997 musste Kuba z.B. 1,42 Dollar zur Schuldentilgung aufbringen, um 1 Dollar neuen Kredit zu erhalten. In den vergangenen Jahren hat Kuba erst nach langwierigen Umschuldungsverhandlungen mit Japan, Großbritannien, Mexiko und Argentinien 500 Mio. Dollar mittelfristige Kredite erhalten. Auch die Vereinbarungen mit China sind natürlich sehr hilfreich.

Kuba kann nicht wie andere Zucker exportierende Länder die günstigen Preise an der New Yorker Börse nutzen. Die USA üben ins Detail gehenden Druck auf andere Unternehmen und Regierungen aus, um weltweit

Wirtschaftsbeziehungen mit Kuba zu unterbinden. Auch im vergangenem Jahr setzte sich die für Kuba ungünstige Tendenz im Warenaustausch fort. Die kubanische Regierung schätzt den durch die Blockade entstandenen Schaden auf über 72 Mrd. Dollar – etwa das Fünffache der Auslandsverschuldung des Landes.

Durch die Maßnahmen Kubas 2004 in der Devisenpolitik entspannt sich die Lage etwas. Die kubanische Regierung konzentriert sich daher mehr auf die qualitativen Faktoren des Handelsaustausches. Es wurde eine Steigerung der Exporte vor allem durch Veränderung ihrer Struktur erreicht: etwa ein Viertel davon waren neue nichttraditionelle Produkte, wie medizintechnische Ausrüstungen, Produkte aus der Biotechnologie und der pharmazeutischen Industrie. Eine beträchtliche Steigerung wurde durch Exporte von Dienstleistungen erzielt: Die positive Bilanz aus den Exporten von Dienstleistungen hat sich im Jahre 2004 verglichen mit 1993 versechsfacht.[110)] Ca. 500 Patente wurden im Ausland angemeldet.

Im Jahre 2003 fand eine Exportsteigerung um 14,4% statt, 23,6% davon waren nichttraditionelle Güter. Für 2004 war eine Exportsteigerung um 7,5% vorgesehen, bei weiteren Importsubstitutionen. Im Jahre 2004 sind die Preise für die Hauptimporte Kubas, Lebensmittel und Erdöl, wiederum beträchtlich angestiegen. Nur durch die Erholung des Tourismus und der Nickelpreise und die behutsame Entwicklung der Binnenwirtschaft konnte Kuba 2004 die Verluste etwas ausgleichen.

Im Jahre 2005 wuchs der Güterexport Kubas um 27,9% und der Dienstleistungen um 70,0%. Es gab jedoch eine beträchtliche Erhöhung beim Import von Gütern um

36,4 %. Dies ist begründet durch eine 37-prozentige Erhöhung der Rohölpreise und durch überdurchschnittlich hohe Lebensmittelimporte (Erhöhung um 43,2 %) wegen der Ausfälle der eigenen Landwirtschaft durch Dürre und Stürme. Für 2006 war eine Steigerung des Exports von Gütern und Dienstleistungen um 17 % geplant und der Import von Gütern sollte um 1,5 % zurückgehen.[111)]

Weitere Probleme der Wirtschaftspolitik

Zum allseitigen Verständnis der Entwicklung Kubas nach 1989 genügt es nicht, nur die eigenständigen Wurzeln der Revolution und Gesetzmäßigkeiten zu begreifen, sondern es ist auch zu bedenken, dass die kubanische Gesellschaft die historisch objektiv notwendigen Veränderungen in Wirtschaft und Staat anders gestalten muss, als dies früher in Osteuropa geschah. Dabei ist die nationale Eigenständigkeit und Souveränität in den Entscheidungen Grundvoraussetzung. Soweit dies möglich war, wurde diese Verhaltensweise bereits in den Jahren vor 1989 von kubanischer Seite sichtbarer praktiziert als in Osteuropa. Alle wichtigen Entscheidungen werden sehr behutsam und im ständigen Dialog zwischen Führung und Volk vorbereitet, was außerordentlich schwer, kompliziert und langwierig, dafür aber beständiger ist, da sie von der Mehrheit des Volkes mitgetragen werden und optimal den Erfordernissen der gesellschaftlichen Praxis sowie auch den realen Möglichkeiten entsprechen. Dabei ist man sehr darauf bedacht, den eigenständigen Entwicklungsweg nicht durch Chaos und Anarchie oder durch Eingriffe von außen zu gefährden. Die dominierende Rolle des Staates, das staatliche Eigentum an den wichtigsten Produktionsmitteln wird auch weiterhin auf dem Wege einer antikapitalistischen Entwicklung bestehen bleiben. Das ist übrigens die Garantie, auch künftig die materiellen Bedingungen für die Entwicklung einer echten Sozialpolitik zum Nutzen der gesamten Bevölkerung zu schaffen. Es werden jedoch auch schrittweise private und genossenschaftliche Eigentums- und Produktionsformen in differenzierter Form zugelassen. Die kubanische Alternative schließt die Anwendung so genannter Schocktherapien, wie z. B. eine sofortige Freigabe der Preise oder Massenarbeitslosigkeit, aus. Eine Einführung von Elementen der so genannten Marktwirtschaft wird ebenso kategorisch ausgeschlossen. So lag der Schwerpunkt des Planes 2004 wiederum auf der vorrangigen Stärkung des sozialistischen Sektors der Wirtschaft und in der Erhöhung seiner Effizienz. Etwa 0,5 % der arbeitsfähigen Bevölkerung sind in Betrieben mit gemischtem Kapital, 89 % im staatlichen Sektor, davon 86,5 % in der Industrie, und 8,5 % in Genossenschaften beschäftigt. Etwa 13 % sind private Landwirte oder auf eigene Kosten arbeitende kleine Privatunternehmer (Gastronomie, Transport, Kunsthandwerk).

In den jüngsten Diskussionen in der Führung des Landes, wie in der Vollversammlung der Obersten Volksvertretung im Dezember 2005 und besonders in den Reden Fidel Castros, wie anlässlich seines 60. Jubiläums des Studiumbeginns an der Universität Havanna, gibt es interessante Anzeichen, dass bestimmte Aspekte der Entwicklung des Sozialismus in Kuba neu gestellt werden. Oswaldo Martinez, Vorsitzender der Kommission für Wirtschaftsangelegenheiten der Nationalversammlung gab folgende Charakteristik: »Das Jahr 2005 war von profunder Bedeutung, weil sich große Schäden, wie die drei Orkane, die Jahrhunderttrockenheit und die Störungen im Energiesektor mit der Entwicklung neuer revolutionärer Ideen über die sozialökonomische Entwicklung, über die Weiterführung und Reife wichtiger Programme des Kampfes der Ideen und mit dem größten Wachstum und der Schaffung von mehr Gerechtigkeit verbanden, die jemals seit 1959 verzeichnet worden sind«.[112] Kernpunkte werden sein: die komplette Reorganisation der Energieerzeugung, des Verteilersystems, komplexe Maßnahmen der effektiveren Nutzung der Energie, einschließlich von Treibstoffen, entschlossener Kampf gegen Korruption, Diebstahl und andere Übel sowie ihrer Ursachen und die Beibehaltung eines hohen Wirtschaftswachstums (für 2006 waren wiederum etwa 10 % geplant) und Verbesserung der Lebensqualität der Bevölkerung.

Die gestaute Wassermenge verringerte sich 2005 auf 26,7 % der vorhandenen Kapazität. An 2,6 Millionen Einwohner musste Wasser mit Tankwagen in einer aufwändigen Aktion, die 1 350 Millionen Dollar kostete, verteilt werden.

Allein durch den Wirbelsturm Dennis wurden in 10 Provinzen 28082 Wohnungen vernichtet und 175615 beschädigt.

Das bestehende System der *Energieversorgung* ist veraltet und auch angesichts der hohen Ölpreise im hohen Grade uneffektiv. Über die gesamte Länge der Insel sind sechs Kraftwerke verteilt, die bisher ausschließlich mit Erdöl arbeiteten. Auch die Verteilung der Elektrizität über die riesigen Entfernungen ist sehr teuer und anfällig für

Störungen aller Art. Man hat begonnnen, mehr anfallendes Erdgas zu generieren, alternative Energiequellen zu erschließen und neue, moderne Generatoren dezentralisiert einzusetzen. Durch die Kombination aller Maßnahmen sollen nicht nur wirtschaftliche Effekte, sondern auch eine gewisse regionale Autonomie erzielt werden.

Mit nun endlich wirksamen Programmen werden Lösungen von Grundprobleme begonnen, die schon seit Jahren im Zentrum der Kritik standen, deren Lösung aus wirtschaftlichen Gründen jedoch erst in den letzten Jahren angegangen werden konnte. Das sind neben der Energie das *Wohnungs- und das Verkehrsproblem*. Es ist wohl nicht verwunderlich, dass besonders die sich in den letzten Jahren häufenden Verwüstungen der Wohnsubstanz dringende Maßnahmen erforderten. Carlos Lage, Vizepräsident des Staatsrates, begründete am 1. September 2005 vor der Nationalversammlung ein Programm mit einem Etat von etlichen Millionen Peso, darunter auch 1,6 Milliarden US Dollar, zur Instandsetzung und zum Neubau von Wohnungen.[113)] Demnach sollen jährlich über 100000 neue Wohnungen entstehen und über 380000 restauriert werden. Das Ausmaß dieses wichtigen Programms erklärt auch die überdurchschnittlichen Steigerungsraten, die für die Entwicklung der Baumaterialienindustrie im Plan 2006 und später enthalten sind. Es wurde betont, dass es sich bei der nunmehr vorrangigen Durchführung des Wohnungsbauprogramms nicht um ein neues Programm der Revolution handelt, sonders dass vielmehr das Projekt wieder aufgenommen wurde, das bereits für Ende der 80er Jahre vorgesehen war, aber durch den Beginn der Sonderperiode abrupt unterbrochen wurde. Auch zur Verwirklichung dieses sozialen Programms ist die Einbeziehung der Bevölkerung ein wichtiges, nicht nur ökonomisches, auch politisches Anliegen. Diejenigen, die sich aktiv beteiligen, sollen bei der Vergabe von Wohnungen und Baumaterialien unter den Bedürftigen bevorzugt behandelt werden. Offensichtlich wird sich auch die Praxis der Wohnungsvergabe künftig verändern.

Der Ausbau des *Eisenbahntransportes* hat begonnen. Die eigenen Kapazitäten der Reparatur von Lokomotiven und Waggons sollen ausgebaut werden. Das Eisenbahnsystem des Ministeriums für Zuckerindustrie - es war bisher durch 14 verschiedene Spurweiten und Zersplitterung gekennzeichnet - wurde in das nationale Transportsystem integriert. Die ersten neuen Lokomotiven aus China sind bereits eingetroffen. Auch in dem leidlichen *Personentransport* gibt es sichtbare Fortschritte. 1000 Reisebusse wurden in China gekauft und man kann bereits die ersten auf den Landstrassen zwischen den Provinzen sehen. Im Jahre 2005 gab es bereits einen Anstieg des Gütertransports um 13,3 % und des Personenverkehrs um 7,7 %. Für 2006 waren ca. 44 % bzw. 15,6 % vorgesehen. Schwerpunkt war der Personenverkehr zwischen den Provinzen. Er stieg um 49 % im Vergleich zu 2004 und sollte 2006 um das 1,2fache steigen.[114)]

Offensichtlich wurde nun eine Möglichkeit gefunden, das Nadelöhr »Straßenzustand« zu beheben. Allein für den Transport der Baumaterialien sollen 84 Millionen Dollar bereitgestellt werden. Bauminister Figueroa gab bekannt, dass monatlich 100000 Tonnen mehr Asphalt produziert werden sollen.[115)]

Nach langer Zeit werden auch wieder Investitionen in der Hafenwirtschaft und in den Schiffbau sowie in den Ausbau der Lagerwirtschaft getätigt. Am Ausbau der Infrastruktur sind Unternehmen aus Venezuela beteiligt.

Diese neuen qualitativen Veränderungen in der gesellschaftlichen Entwicklung Kubas gehen einher mit der steten Verbesserung der Lebensqualität der Bürger, unter Anderem durch die Erhöhung ihrer Einkommen. Allein im Jahre 2005 fand zur Durchsetzung des sozialistischen Verteilungsprinzips im Mai eine Erhöhung der Mindestlöhne von 100 auf 225 Peso statt, im Juni wurden die Gehälter der Beschäftigten im Gesundheitswesen und in der Volksbildung erhöht, im November fand eine Erhöhung der Durchschnittseinkommen von 354 auf 398 Peso, der Mindestrenten von 55 auf 164 Pesos und des Mindestsatzes der Sozialhilfe von 62 auf 122 Pesos statt. Von diesen Maßnahmen profitierten über 5 Millionen Bürger. Eine solche Entwicklung wurde auch für die Zukunft in Abhängigkeit von den ökonomischen Ergebnissen in Aussicht gestellt.

Festigung und Ausbau der Errungenschaften der Revolution

Ein weiteres Charakteristikum für die Beibehaltung der antikapitalistischen, sozialistischen Entwicklung und für die Vertiefung des revolutionären Prozesses ist die Verteidigung und die Weiterentwicklung der *sozialen Errungenschaften der Revolution*, als deren Grundpfeiler die *Volksbildung und das Gesundheitswesen* bezeichnet werden. Diesen Zielen und der Sicherung der sozialen Interessen des Volkes ist die gesamte Wirtschaftspolitik untergeordnet. Diesbezüglich verweisen kubanische Funktionäre mit Recht auf Spitzenleistungen, die nicht nur in der »Dritten Welt«, sondern auch in so genannten »Industriestaaten« ihresgleichen suchen. Selbst nach den gewaltigen Änderungen nach 1989 wurden keine Schule und kein Krankenhaus geschlossen, die Alphabetisierungsrate ist höher als in den USA.

Volksbildung

Als die Revolution siegte, gab es in Kuba über 1 Million Analphabeten – 1997 besuchten 97 % der Kinder bis zum 12. Lebensjahr die Schule und 92 % bis zum 16. Lebensjahr. Die Bildung aller Schichten des Volkes war ein wesentlicher Ankerpunkt zur Überwindung der Folgen der neokolonialen Herrschaft und bildet die Grundlage der Verteidigung der Revolution. Dabei steht die allseitige, auch kulturelle, Bildung der Menschen im Mittelpunkt und ist entscheidend im »Kampf der Ideen« – wie z. B. Fidel Castro immer wieder betont: »Ohne Kultur gibt es keine Möglichkeit der Freiheit.«[116] Die Einführung der »Schule für Alle«

war daher eine der ersten Maßnahmen nach dem Sieg der Revolution. Im Dezember 1959 wurden an einem einzigen Tag 10000 Schulen eröffnet und es wurde in diesem Jahr erreicht, dass 90% aller Kinder zwischen sechs und zwölf Jahren die Grundschule besuchten. In diesem historischen Kontext hatte die Verwandlung von 69 Kasernen der Batista-Diktatur in Schulen, mit einer Kapazität für 40000 Schüler, nicht nur eine große moralische Bedeutung.[117)]

Es gibt in Kuba über 12000 Vorschuleinrichtungen, über 9000 Grundschulen, etwa 1000 Mittel- und etwa 350 Oberschulen (»Preuniversitario«), darüber hinaus Berufsschulen und Spezialschulen.[118)] (... und natürlich unterscheidet sich das Schulsysem erheblich von dem der BRD!) 1958 gab es drei Universitäten, heute sind es vierzig. Es bestehen 16 pädagogische Hochschuleinrichtungen, je eine pro Provinz und drei in der Stadt Havanna. In allen Provinzen gibt es Oberschulen zur Begabtenförderung, Sportschulen, Berufsschulen, Sprach- und Kunstschulen. Bereits im Jahre 2000 waren 20000 Computer in den Mittelschulen eingesetzt. Heute gibt es in jeder Grundschule Computer, Fernseher und Videoanlagen. Insgesamt werden in der Grund und Mittelschulausbildung 109000 TV-Geräte, 43000 Videoanlagen und 36000 Computer genutzt. In den Jahren 2000 bis 2002 wurde in den Schulen der Hauptstadt ein Programm zu Erneuerung der Schulgebäude durchgeführt. Präsident Castro zog zum Abschluss dieser Maßnahmen folgende Bilanz: Es wurden alle 779 Grund- und Mittelschulen restauriert. Davon 734 vollständig restauriert, 12 rekonstruiert und 33 neu errichtet. 3287 neue Klassenräume (einschließlich Computerkabinette) wurden geschaffen. Die Kosten beliefen sich auf 25851000 US$

und 215827000 Peso. Im Jahre 2005 wurde das Programm weitergeführt und 78 Schulen, 9 Pädagogische Hochschulen, 25 Oberschulen auf dem Lande wurden errichtet. Eine Klassenfrequenz von 20 Schülern (Weltspitze!) wurde erreicht. Gleichzeitig wurden für alle örtlichen Organe Maßnahmen zur Werterhaltung festgelegt.

Für das Jahr 2003 waren 23,8 % der Gesamtausgaben des Staatshaushaltes für die Volksbildung geplant. Das bedeutete eine Steigerung gegenüber dem Vorjahr um 7,5 % und schließt ein: Vorschulerziehung, Grund-, Mittel- und Oberschule sowie das Hochschulwesen und die Ausgaben für die Ausbildung bzw. Umqualifizierung von Werktätigen. Dafür waren insgesamt über 3 Milliarden Peso geplant. Im Hochschulwesen ist der Hauptanteil der vorgesehenen Gelder für die Entwicklung der pädagogischen, der technischen und der medizinischen Wissenschaften reserviert. Für Weiterbildungsmaßnahmen sind 554 Mio. Peso vorgesehen – der Hauptanteil davon entfällt auf die Zahlung von Löhnen.

Mit solchen Programmen zur allseitigen Förderung der Volksbildung werden wichtige Weichen für die Zukunft gestellt. In der Hauptstadt wurde bereits das in der Welt einmalige Ziel erfüllt, eine Klassenfrequenz von nur 20 Schülern zu haben. Das wird für die kommenden Jahre landesweit angestrebt. In den Grundschulen war Ende 2005 bereits eine durchschnittliche Klassenfrequenz von 18,8 Schülern erreicht worden. In der Mittelschule und in der Oberschule ist man dabei, die Klassenfrequenzen von 30 Schülern zu unterschreiten. Dort, wo es erforderlich ist, wird eine zweite Schicht für den Unterricht und auch für die Schulverpflegung garantiert.[119] Im Schuljahr

2006 konnte für alle 437000 Schüler der Mittelschulen die Schulspeisung garantiert werden. In jeder Schule besteht ein Computerkabinett, in jedem Klassenraum gibt es ein Fernsehgerät (es muss beachtet werden, dass das kubanische Fernsehen umfassende Bildungsprogramme ausstrahlt) und pro 100 Schüler ein Videogerät. Zur Zeit gibt es in Kuba 126 Pionierpaläste, 72 Pfadfinderzentralen und 16 ständige Pionierlager.

Im ganzen Land wurde ein Netz von Computerklubs aufgebaut. Zu den bereits bestehenden 300 Klubs wurden weitere 300 neu geschaffen, in denen 110510 Jugendliche an Kursen teilnehmen. Polytechnische Informatikschulen mit insgesamt mehr als 40000 Schülern wurden eingerichtet.

Das Fach Informatik wurde an 11 Universitäten und 14 Pädagogischen Hochschulen eingeführt sowie ein Universitätszentrum für Informatikwissenschaften mit z.Z. ca. 2000 Studenten Erstimmatrikulation geschaffen. Im Jahre 2006, zwei Jahre nach Gründung, studierten bereits 8000 Jugendliche an dieser Hochschule.

Vor einiger Zeit wurde ein Programm eingeführt, wonach in den Kommunen Vorraussetzungen für ein Hochschulstudium außerhalb der traditionellen Hochschuleinrichtungen möglich ist (»Universität für alle«). Das Ziel besteht darin, möglichst vielen Jugendlichen eine Hochschulbildung anzubieten, sie zur bewussten Mitgestaltung der sozialistischen Gesellschaft in sinnvoller Weise heranzuführen und sie auch dafür zu befähigen. Die kubanische Führung schätzt dies als die bisher größte Errungenschaft im Bildungswesen ein. 2005 waren bereits über 500 Tausend in diesem System immatrikuliert, davon studieren 360 Tausend direkt vor Ort in den Kreisen in 2133 Bildungseinrichtungen. 2006 erreichte die Zahl der Hochschulstudenten bereits 600000.

In den Jahren 2002/2003 studierten 33% der kubanischen Jugendlichen und 2005 waren es 50%.[120]

Gesundheitswesen

Im Gesundheitswesen sind ähnlich große Fortschritte zu verzeichnen, denn es ist einer der Hauptbestandteile der revolutionären Ziele. Das Budget für das Gesundheitswesen des Jahres 2002 war 87,3 Mal größer als 1958. Damals, vor dem Sieg der Revolution, gab es eine einzige medizinische Fakultät – heute sind es 22 mit einer Kapazität von 40000 Studenten. Von 1990 bis 1999 gab es 301599 Hochschulabsolventen, davon 60508 auf medizinischem Gebiet. Ende 2001 gab es in Kuba mehr als 67500 Ärzte und 10000 Zahnärzte, bis Mitte des Jahres 2006 erhöhte sich die Zahl der Ärzte auf 70000. Vor dem Sieg der Revolution gab es 6286 Ärzte. 1962 gab es 2326 weniger, da fast 3000 in die USA gegangen waren. In Kuba kommt ein Arzt auf 159 Einwohner, was in der Welt den ersten Platz bedeutet (in Kanada auf 437, in Frankreich auf 330, in Deutschland auf 286, in Großbritannien auf 610, in Mexiko auf 538 und in Chile auf 909 Einwohner), ein Zahnarzt auf 1066 Einwohner. In Kuba existieren heute 470 Polikliniken und 248 Krankenhäuser, davon 40 in ländlichen Gebieten (2005 wurden auf dem Lande 20 Krankenhäuser zu Polikliniken umgewandelt).[121] 35 Krankenhäuser sind chirurgische Kliniken. 1985 wurde das einzigartige System der Familienärzte eingeführt. Die Aufgaben eines

Familienarztes gehen weit über das deutsche Verständnis eines »Hausarztes« hinaus. Er betreut die Menschen in allen Gesundheitsfragen, besucht sie zu Hause, gibt Anregungen, berät, hilft auch bei psychologischen Problemen. Er soll nicht nur Krankheiten diagnostizieren und heilen sondern vor allem präventiv arbeiten. Familienärzte betreuen ihre Patienten zudem als Lotse durch das Gesundheitswesen und sind ihr Berater und ihre Vertrauensperson auch bei notwendigen klinischen Behandlungen. Dabei endet die Betreuung mit der Heilung der Krankheit nicht.[122)] Im Jahr 2000 arbeiteten in den Wohngebieten 30133 Familienärzte, davon 4158 in ländlichen Gebieten und 974 in den Bergen, 2005 waren es bereits insgesamt 33769 Familienärzte.

Im Jahre 2004 wurde ein umfangreiches Programm zur Sanierung und Rekonstruktion der medizinischen Einrichtungen begonnen. In seiner Rede zum Nationalfeiertag, am 26. Juli 2006, legte Fidel Castro voller Stolz dar, das bis dahin 167 Polikliniken und 52 Krankenhäuser fertig gestellt wurden. Von den insgesamt im Gesundheitswesen vorgesehenen 963 Baumaßnahmen waren erst 254 beendet.

Weltweit bekannt ist die internationale Solidarität Kubas auf dem Gebiet des Gesundheitswesens. Sie ist auch ein Beweis für seine Leistungsfähigkeit. Es ist besonders hervorzuheben, dass die kubanischen Ärzte und Spezialisten besonders in Katastrophengebieten, selbst in solch klimatisch ungewohnten und unzugänglichen wie in den Bergregionen Pakistans, eine effektive und aufopferungsvolle Hilfe leisten, auch wenn die finanziellen und materiellen Mittel, die von Hilfsorganisationen gesammelt wurden, ihr Ziel oftmals nicht erreichen.

Seit einigen Jahren besteht bei Havanna eine Lateinamerikanische Schule für Medizin, in der jährlich etwa 2000 Jugendliche aus 24 Ländern immatrikuliert werden (bisher gibt es bereits über 6000 Absolventen). In anderen Einrichtungen außerhalb Havannas wird ebenfalls medizinisches Personal für Haiti, Afrika und die Karibik ausgebildet. Über 17000 ausländische Jugendliche studieren kostenlos in Kuba. Kuba bietet trotz schwieriger wirtschaftlicher und besonders finanzieller Situation diese humanitäre Hilfe allen bedürftigen Völkern kostenlos an.

Ein jüngstes Beispiel ist die seit 2004 begonnene »Operation Milagro«. Das ist ein Programm zur kostenlosen Augenoperation durch kubanische Spezialisten, das gemeinsam mit Venezuela entwickelt wurde, um besonders den an dem unter den armen Bevölkerungsschichten häufig vorkommenden Grauen Star erblindeten Menschen zu helfen. Venezuela begleicht die anfallenden Kosten mit Lieferungen von Erdöl und kommt für Flug und Verpflegung der Patienten auf. In Havanna wurden Spezialkliniken und Unterkünfte geschaffen. Das Tourismusministerium stellte landesweit 34 Hotels als Krankenhäuser auf Zeit zur Verfügung.[123)] Bis zum Ende des Jahres 2005 wurden 172306 Operationen an Augenpatienten aus Ländern außerhalb Kubas, hauptsächlich Venezuela, durchgeführt, einschließlich kubanischer Patienten waren es 208000 Operationen. Dieses Programm wird zunehmend mit anderen Ländern koordiniert. So gab es während des ersten Besuches des Präsidenten Boliviens eine entsprechende Vereinbarung.[124)] Im Jahre 2006 arbeiteten bereits 661 kubanische Mediziner gemeinsam mit 27 jungen Bolivianern, die bereits die Lateinamerikanische Schule für Medizin bei Havanna abgeschlossen haben, vorwiegend in den Wohngebieten der ärmsten Bolivianer.[125)]

Die vorbildliche humanistische Gesundheitspolitik wirkt sich unmittelbar auf die Verbesserung der Lebensqualität der Kubaner aus. Die Säuglingssterblichkeit liegt deutlich niedriger als der Weltdurchschnitt, auf dem Niveau der so genannten »Industrieländer«. Im Jahre 1952 starben in Kuba im ersten Lebensjahr 118 von 1000 Neugeborenen, zum Zeitpunkt des Sieges der Revolution lag die Sterblichkeit in Kuba noch bei 60. Sie erreichte 2001 mit 6,2 je Tausend, etwas über 5 im Jahre 2004, 6,4 in 2005 und gegenwärtig 5,56 ihre niedrigsten Werte. (Der Weltdurchschnitt lag 2005 bei 52 von Tausend Kindern, der Durchschnitt der »Schwellenländer« bei 57, der »Industrieländer bei 5.[126)]) Die mittlere Lebenserwartung beträgt nach UN-Angaben in Kuba 78 Jahre (in Kanada 80, in den USA 78, in Frankreich 80, in Deutschland 79, in Dänemark 78, in Polen 75 Jahre).[127)] Nur 0,1 % ist der Anteil der HIV-Infizierten an der erwachsenen Bevölkerung und liegt damit unter dem Durchschnitt der »Industrieländer« von 0,4 (in den USA 0,6). Die Impfrate der Säuglinge liegt laut UN-Bericht bei 99 % (Deutschland, je nach Typ der Impfung, zwischen 90 und 96 %, USA zwischen 92 und 99 %)[128)]

Im Verlauf der rasanten Entwicklung der letzten Jahre entstanden natürlich auch neue Probleme, subjektive und objektive Schwierigkeiten, fehlerhafte Entscheidungen, Bürokratie. Das Fehlen materieller Mittel und die Verschärfung der Blockade machten sich bemerkbar. Es kam zu Erscheinungen von Überheblichkeit in der Leitungstätigkeit insbesondere gegenüber den Familienärzten. Diese

Entwicklung wurde gründlich analysiert und an den Veränderungen wird gegenwärtig gearbeitet.

Einige Schwerpunktaufgaben wurden bereits festgelegt:

- Einführung neuer Methoden zur Feststellung von Ernährungsproblemen bei Kindern und Wege zu deren Lösung;
- Durchführung von Erhebungen zur Lage von behinderten Menschen und der auf sie einwirkenden Faktoren;
- Verbesserung der Versorgung mit Medikamenten. Dazu werden mehr Investitionen in Laboratorien, Apotheken und Depots durchgeführt, Verträge zum Ankauf von Rohstoffen für die pharmazeutische Industrie abgeschlossen und Transport sowie Verteilung von Medikamenten im Lande verbessert;
- Durchführung eines Programms zur Ausbildung von Pflegepersonal für Notdienste (2002 schlossen die ersten 741 Absolventen ihre Ausbildung ab und zur Zeit befinden sich etwa 3000 Jugendliche in solcher Ausbildung);
- ein Programm zur komplexen Erneuerung von Krankenhäusern und zur Verbesserung der Verpflegungssituation wurde gestartet und wird zügig realisiert;
- mit der Verbesserung der materiellen Situation der Familienarztpraxen und Polikliniken in Havanna sowie der Ausbildung von mittlerem medizinischen Fachpersonal wurde begonnen.

Für das Jahr 2003 waren wiederum 5,9 % mehr Mittel als im Vorjahr für das Gesundheitswesen geplant, das sind 2.050 Mio. Peso. Die höchsten Steigerungsraten waren für die Bereitstellung von Medikamenten (9 %) und die

Verbesserung der Verpflegung in den Krankenhäusern (8%) vorgesehen. 61% aller für das Gesundheitswesen vorgesehenen Mittel sollten für Reparaturen und Werterhaltungsmaßnahmen in den Gesundheitseinrichtungen ausgegeben werden. Diese überaus hohen Ausgaben (560 Mio. Peso) sind sehr notwendig, um den reichen Bestand der Einrichtungen und von über 1600 Praxen der Familienärzte (5,7% mehr als 2002) wertmäßig und funktionsfähig zu erhalten. Noch größer (+8,2%) waren die Maßnahmen für die 267 Krankenhäuser mit 48300 Betten. Für sie waren in jenem Jahr Ausgaben von 885 Mio. Peso vorgesehen.[129)]

Aus den Staatshaushalten 2004 und 2005 ist zu sehen, dass sich diese Hauptaufgaben der Revolution als Schwerpunkte weiter fortsetzen.

2005 wurden 129 Polikliniken in Havanna instandgesetzt und mit allen erforderlichen Geräten ausgerüstet. 2006 sollten insgesamt weitere 176 Kliniken generalrepariert werden. Ein Programm zur Schaffung von 452 Einrichtungen für Physiotherapie steht kurz vor dem Abschluss. In 121 ausgewählten Krankenhäusern der Kreise wurden die Intensivstationen mit allen erforderlichen Ausrüstungen ausgestattet. Die Schnelle Medizinische Hilfe erhielt 400 neue Krankenfahrzeuge. Die Produktion von Medikamenten stieg 2005 um 26% und soll sich 2006 um 18% erhöhen.[130)]

Auch auf dem Gebiet der *Wissenschaften* hat Kuba in den letzten Jahren beachtliche Erfolge erzielt. Gab es zum Zeitpunkt des Sieges der Revolution etwa 100 Wissenschaftler, so sind es jetzt über 30000. Auch in der Sonderperiode wurden weitere wissenschaftliche Institute wie das Institut für Gentechnik oder das Institut für Molekularimmunologie eröffnet. In diesem Wissenschaftszentrum arbeiten kubanische Wissenschaftler zusammen mit Spezialisten aus anderen Ländern, auch aus den USA, mit beachtlichen Erfolgen an der Krebsbekämpfung. Das USA-Unternehmen »CancerVax« hat diesbezüglich einen Vertrag mit dem Institut abgeschlossen.[131)] Kuba strebt in der Bekämpfung bestimmter Krebsarten einen Platz in der Weltspitze an. Im Zentrum steht die Entwicklung dreier Impfstoffe, die das Wachstum von Krebszellen in der Lunge, der Brust und der Prostata hemmen sollen. Sie sollen zur Marktreife geführt und international vertrieben werden.

Bis heute verfügt Kuba über 222 Forschungsinstitute. Im Plan 2001 waren 79 Mio. Peso für wissenschaftliche Entwicklungsprogramme in der Zuckerindustrie, für Biotechnologie, für die Lebensmittelproduktion, für die Herstellung und Weiterentwicklung von Impfstoffen, für die Energiewirtschaft, den Umweltschutz und für die Entwicklung der Bergregionen enthalten. Dank besonderer Anstrengungen wurden in jüngster Vergangenheit in der Biotechnologie bemerkenswerte Fortschritte erzielt, sie sind Grundlage für die Modernisierung des Gesundheitswesens und für die Herstellung vieler lebenswichtiger Erzeugnisse. Die Geschichte dieses Wissenschaftszweiges auf Kuba begann vor etwa 20 Jahren mit der Herstellung von Interferon, das Grundlage zur Behandlung von Viruskrankheiten und bestimmter Krebsarten ist. Dies wiederum war Anstoß für eine technologische Entwicklung auf breiterer Ebene. Ein Vorteil des sozialistischen Systems besteht unter anderem darin, dass eine komplexe

Forschung, Produktion und Kommerzialisierung im engen Zusammenhang durchführbar ist. Dem Zentrum für Gen- und Biotechnologie (CIGB) sind weitere fünf Institute dieser Art angeschlossen. Ein konkretes Ergebnis ist z.B., dass ein Fünffach-Impfstoff gegen Hepatitis B, Diphterie, Tetanus, Keuchhusten und Haemophilus Influenza entwickelt wurde, mit dem alle Säuglinge geimpft werden.

Der wissenschaftliche Komplex umfasst immer mehr Einrichtungen, mit denen eng zusammengearbeitet wird. Gegenwärtig arbeiten über 12000 Personen, darunter 7000 Wissenschaftler an 150 Forschungsprojekten. Diese umfassen pharmazeutische Heilmittel und Impfstoffe und Mittel gegen Krebs, die in mehr als 35 Länder exportiert werden. Im Jahre 2005 wurden bereits über 500 Patente in vielen Ländern der Welt angemeldet. Die Vermarktung der Forschungsergebnisse besonders auch auf medizinischem Gebiet verändert schrittweise die Exportstruktur Kubas. Dreihundert Millionen US-Dollar wurden 2005 über den Export allein von biotechnologischen Produkten eingenommen. Im Jahre 2006 erhöhte sich der Export dieser Produkte um 90%. Sie werden in über 50 Länder verkauft. Zusammen mit dem wachsenden Lizenzhandel und dem Export von Impfstoffen gegen die weltweiten Seuchen, wie Hepatitis, Dengue Fieber, Lepra oder Aids, ist dies eine hoffnungsvolle Entwicklung.

Nach einer Studie des UN-Programms für Entwicklung (UNDP) wird Kuba als ein Land mit fortschrittlichem Wissenschaftsniveau eingestuft. Mit 548 Wissenschaftlern auf 10000 Einwohnern liegt es über dem Durchschnitt der entwickelten Länder.

Nicht zuletzt hat die beispielhafte Gesundheitspolitik der kubanischen Führung dazu beigetragen, dass auch in der demographischen Entwicklung durchaus ein Vergleich mit der so genannten »Ersten Welt« möglich ist, das zeigen Angaben aus der jüngsten Volks- und Wohnraumzählung, deren Ergebnisse vom Nationalen Büro für Statistik im Jahr 2002 veröffentlicht wurden. Die durchschnittliche Lebenserwartung von damals 77 Jahren steigt und das Bevölkerungswachstum tendiert gegen null. Schon jetzt sind 15 % der Kubaner älter als 60 Jahre. Das Durchschnittsalter der 11 241 291 Kubaner ist seit 1970 von 27,5 auf 35,1 Jahre gestiegen. Angesichts dieser Entwicklung wird darauf orientiert, die Säuglingssterblichkeit weiter zu verringern und die Lebensqualität der Personen über 60 zu erhöhen, um zumindest ein minimales Bevölkerungswachstum und die notwendigen Arbeitskräfte zu sichern.[132)]

Die Leitungsgremien Kubas werden auch künftig zweifellos der Gesundheitspolitik absoluten Vorrang einräumen. Das bekräftigte Präsident Castro auch wiederum in seiner Rede zur Bilanz 2005 auf der Tagung der Nationalversammlung und zum 26. Juli 2006. In dieses humanitäre Werk werden auch schrittweise Länder der Dritten Welt und besonders Lateinamerikas einbezogen. So führte Castro u. a. aus, dass die Möglichkeit besteht, in den kommenden zehn Jahren etwa 100 000 Mediziner über die Anzahl der Kubaner hinaus auszubilden.

Kultur, Kunst, Sport

In Kuba gibt es in 326 Kulturhäusern, 382 Bibliotheken, 251 Museen und 129 Kunstgalerien ein reichhaltiges und für jedermann erschwingliches kulturelles Leben.[133] Im Jahre 2001 wurde ein Programm in Angriff genommen, wonach neue Schulen und Ausbildungsstätten für die Bildenden Künste und für die Ausbildung von Kunstinstrukteuren errichtet werden. Präsident Fidel Castro selbst hat am 20. Oktober 2004 die ersten 3092 Absolventen dieser Schulen als neue Instrukteure für Kulturarbeit und am 28.10.2005 bereits das zweite Matrikel verabschiedet, Ende April 2006 waren es bereits 15700 Jugendliche. Sie werden vorwiegend in Bildungseinrichtungen ihre Arbeit aufnehmen.[134]

Die bestehenden Theater werden modernisiert bzw. restauriert. Der Verlag »Editorial Libertad« hat 6789 Schulbibliotheken ausgestattet. Die Durchführung der nationalen Buchmesse wurde auf 19 Orte ausgeweitet und zählte im Jahre 2002 über 2 Mio. Besucher. Im Jahre 2005 fand bereits die XIV. Internationale Buchmesse statt. Nach Havanna wurde sie auf weitere 35 Städte erweitert, sie wurde von 4,7 Millionen Menschen besucht und es wurden über 3,2 Millionen Bücher verkauft. An dieser Messe nahmen Verlage, Schriftsteller und Buchhändler aus mehr als 15 Ländern teil. In dem Jahr wurden 477 Buchtitel in 4,4 Millionen Exemplaren veröffentlicht.[135] Auch auf der XV. Internationalen Buchmesse, vom 2. bis 12. Februar 2006, die unter dem Motto »Lesen heißt sich entwickeln« stattfand, wurde der 2004 begonnene Dialog unter Intellektuellen der ganzen Welt unter dem Thema

»Verteidigung der Menschheit« fortgesetzt. Es nahmen Verlage aus Lateinamerika, der Karibik, Nordamerika, Australien und Europa sowie über 60 kubanische Verlage teil. Venezuela war Ehrengast.[136] Diese Internationalen Buchmessen sind neben den Festivals des »Neuen Lateinamerikanischen Films« die kulturellen Veranstaltungen mit der größten Publikumsbeteiligung.

Das Fernsehen gestaltet bereits 62,7 % der Programme mit Bildungsfernsehen und ist dabei, das Sonderprogramm »Universität für alle« in verbesserter Qualität zu erweitern. Es wird eingeschätzt, dass 87,9 % der Bevölkerung regelmäßig das Bildungsfernsehen nutzen.

Es wurden neun weitere Rundfunksender auf Kreisebene eingerichtet, die sich direkt mit den Belangen der entsprechenden Regionen befassen, 2006 gab es 89 Radio- und 8 TV-Zentren. Im Sommer 2006 begann »Kanal Havanna« seine Tätigkeit. Die traditionsreiche Kunsthochschule Cubanacan wird gegenwärtig großzügig restauriert, ebenfalls die 17 Sportschulen des Landes, in denen 12000 kubanische Schüler studieren. Außerdem existiert eine internationale Sportschule mit Schülern aus 79 Ländern.[137] Wie im Gesundheitswesen gibt Kuba auch auf dem Gebiet des Sportes eine hervorragende solidarische Hilfe.

Die begonnene Intensivierung der Wirtschaftsentwicklung

Insgesamt befindet sich die kubanische Wirtschaft auf dem Wege einer ständigen und sicheren Erholung und einer gleichzeitigen besseren Strukturierung und Überschaubarkeit, wobei 2006 das bisher erfolgreichste Jahr gewesen ist. Die Leitungsarbeit begründet sich mehr als in früheren Zeiten auf ökonomischen Kategorien und das Geld erhält in der betriebswirtschaftlichen Tätigkeit eine größere Bedeutung. Das Bewusstsein, dass nur das selbst Geschaffene tatsächlich dem Lande zur Verfügung steht, ist durch die harten Jahre der Entbehrungen stärker im Volk verwurzelt. Wichtig ist auch die wachsende Erkenntnis, dass nur eine bessere Nutzung der nationalen Ressourcen und eine höhere Effektivität auf allen Gebieten zur Überwindung der Schwierigkeiten beitragen können. Aber die Realisierung dieser Erkenntnis ist noch ein steiniger Weg.

Nachdem das *Bruttoinlandsprodukt* von 1990 bis 1993 um fast 50 % zurückgegangen war, gab es 1994 wieder ein leichtes Wachstum von 0,7 %. Ende 1995 hielt der Aufwärtstrend mit einem Wachstum von 2,9 % an. Mit einem Plus von 7,8 % überstieg es 1996 den geplanten Zuwachs von 5 %. Die Steigerung im Jahre 2002 betrug aus bereits dargelegten Gründen nur 1,8 % und für 2003 waren 1,4 % vorgesehen. Der Plan 2003 wurde jedoch mit 3,8 % Zuwachs übererfüllt, da einige Faktoren sich günstiger entwickelten als vorgesehen. Das wurde erreicht trotz für Kuba weiterhin negativer Entwicklungen auf den Außenmärkten: Erhöhung der Erdölpreise, Rückgang der Zuckerpreise und Kursverluste des Euro. So erreichte nach

Berechnungen der kubanischen Ökonomen das Bruttoinlandsprodukt 2003 annähernd wieder den Stand (in finanziellen Kategorien ausgedrückt) des Jahres 1989. In 10 von 21 Industriezweigen, die nicht zur Zuckerwirtschaft gehören, konnte die Produktion erhöht werden, davon in der Elektroindustrie um 10,8%, in der Forstwirtschaft um 10,8%, in der Holzverarbeitung um 16,6% und in der Chemieindustrie um 7,3%. Weitere Steigerungen gab es im Kommunikationswesen um 10,1%, im Binnenhandel um 3,1% sowie bei den Dienstleistungen um 4,1% und natürlich in der Landwirtschaft.

Das Jahr 2004 war wiederum von gegensätzlich wirkenden Faktoren gekennzeichnet. Es gab durch extreme Naturereignisse unvorhergesehene Schäden. Die größte Trockenheit seit 75 Jahren, besonders in den Ostgebieten, verursachte Schäden bis zu 834 Mio. Peso. Die Stürme »Charley« und »Ivan«, die die Insel im August und September berührten, verursachten gewaltige Verluste bis zu 1223 Mio. Peso und 923 Mio. Dollar. Trotz aller Widrigkeiten wuchs das Bruttoinlandsprodukt dennoch um 5,4%.

In den ersten Jahren nach 1989 waren die Orientierung auf die Außenmärkte, der Tourismus, die Reformen der Finanzen und des Staatshaushaltes die wesentlichen Motoren des Wachstums. Die Struktur der Binnenwirtschaft blieb im wesentlichen, bis auf kleine Veränderungen, unangetastet. Die Produktionszuwächse in einzelnen Zweigen waren im Wesentlichen auf bessere Zulieferungen und eine bessere Nutzung der ohnehin schon bestehenden Kapazitäten zurückzuführen.

Im Jahre 2005 ist offenbar der Durchbruch für eine andauernde positive Wirtschaftsentwicklung geschaffen worden. Die Bilanz, die im Dezember von der Regierung vor dem Plenum der Nationalversammlung gezogen wurde, stimmt optimistisch.[138] Der Zuwachs der nationalen Bruttoproduktion betrug 11,8 %, worin die sozialen Dienstleistungen einbezogen sind. Für das Jahr 2006 ist wiederum ein Wachstum von 10 % vorgesehen. Die Industrieproduktion nahm um 3,2 % zu. Im Zentrum steht offenbar die Schwerindustrie, die die Basis für die künftige Schaffung wichtiger neuer Industriezweige sein soll. Die Eisenmetallurgie erreichte mit 19 % die höchste Steigerungsrate, sie soll auch im Jahre 2006 um weitere 16 % wachsen. Vorrangig sollen solche Industrien entwickelt werden, wie die Herstellung von Stahl, Elektrokabeln, die Zementproduktion, die Herstellung von Farben und Haushaltsgeräten. Weitere beträchtliche Zuwächse gab es 2005 bei der Herstellung alkoholischer Getränke und Tabakwaren (um 6,4 %) und von Treibstoff (6,1 %).

Der Plan 2006 sah ein Wachstum der Industrieproduktion von ca. 4,6 % vor. Neben der Eisenmetallurgie sollen vorrangig die Elektrochemie und Elektronik (13,3 %), die Produktion von Baustoffen (20 %), davon Zement um 45,2 %, die Herstellung von Stahl (37,8 %), von Farben (64,7 %) und die Konfektionsindustrie (20 %) entwickelt werden.

Die qualitativen Entwicklungsmerkmale werden seit einigen Jahren in der Wirtschaftspolitik stärker in den Vordergrund gestellt. Bereits 1996 war eine Steigerung der Arbeitsproduktivität von 8,5 % zu verzeichnen. 1999 wuchs sie um 5,4 %, und 2000 betrug die Steigerung 4,6 % (an Stelle der geplanten 3,5 %.). Diese Entwicklung wirkte sich besonders in der Industrie auf die Effizienz der getätigten

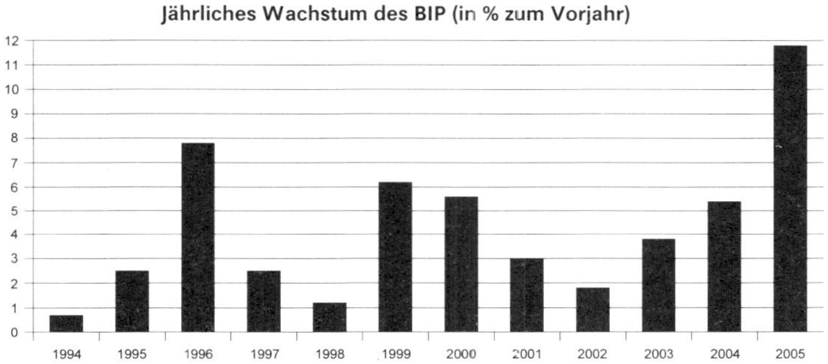

Grafik auf Grundlage der Angaben des »Anuaro Estadistico de Cuba« (statistisches Jahrbuch) der Jahre 2000 und 2005, Herausgeber: Oficina Nacional de estadísticas, Republik Kuba

Investitionen aus. Sie erhöhte sich überwiegend dadurch, dass die Orientierung auf die Durchsetzung der Rentabilität der Wirtschaftseinheiten greift.

Der V. Parteitag der Kommunistischen Partei Kubas (8.–10. Oktober 1997) hat nach ausgiebigen Studien und Diskussionen die Richtungen für die weitere Entwicklung der Volkswirtschaft beschlossen. Dabei wurden insbesondere die Erfahrungen ausgewertet, die in den Wirtschaftsbetrieben des Ministeriums für Nationale Verteidigung in einer längeren Experimentierphase gemacht worden sind. In der Entschließung zur Wirtschaft heißt es : »... sind unsere Anstrengungen darauf gerichtet, den Rückgang unserer Wirtschaft zu stoppen und ihr Wachsen wieder aufzunehmen, indem wir die notwendigen Umgestaltungen durchführen, damit sie unter Bedingungen der Effektivität und der Anpassung an die uns von der internationalen Situation aufgezwungenen Realitäten, weiter besteht und die Kontinuität, die perspektivische Entwicklung der

Revolution mit ihrem sozialistischen Kern gesichert wird. Die bisher durchgeführten Umgestaltungen unserer Wirtschaft waren nicht improvisiert, sondern Ergebnis der vorausschauenden Analyse durch die Führung des Landes ...«[139] Das Herzstück der Wirtschaftresolution sind neben der Feststellung der prinzipiellen Entwicklungslinien die Beschlüsse zur weiteren Vervollkommnung der betriebswirtschaftlichen Kriterien. Diese Beschlüsse waren Grundlage für das Gesetzesdekret Nr. 187 des Staatsrates, in dem Einzelheiten zur Ausführung verbindlich festgelegt sind. Betriebe mit entsprechenden objektiven und subjektiven Voraussetzungen erhielten mehr Eigenverantwortung bei der Planung, der Produktion und beim Einkauf, beim Verkauf ihrer Produkte sowie beim Vertrieb ihrer Produktion und bei der Verwendung ihrer Gewinne. Vom Ministerium für Wirtschaft und Planung werden nur noch einige Kennziffern für die betriebliche Planung vorgegeben. Das Lohnsystem wird nach den Leistungen gestaltet und die Leitungsqualität nach den Betriebsergebnissen. Ebenso können nach den Prinzipien der Wirtschaftlichkeit die Belegschaftsstärken, die Produktionsstruktur, das Lohnsystem von den Betrieben selbst festgelegt werden, was besonders in den Verwaltungen zu Einsparungen bis zu 50 % geführt hat. Die Betriebe, die bereits nach den neuen Richtlinien arbeiten, tragen ebenfalls die volle Verantwortung für die Haushaltsrechnung sowohl in Peso als auch in Devisen. Die Regierung gibt für diese Betriebe generelle Kriterien für die Wirtschaftlichkeit vor. Eine Regierungskommission führt den Prozess der Einführung der Kriterien und deren Weiterentwicklung im Ergebnis der Erfahrungen in der Praxis. In dieser Kommission und auch in den Provinzorganen haben die Gewerkschaften einen festen Platz. In den Provinzen wird durch entsprechende Fachorgane die Wirksamkeit der Einführung der Kriterien analysiert. Einmal monatlich erfolgt eine komplexe gesamtgesellschaftliche Einschätzung im Ministerrat.

Bis Mitte des Jahres 2002 arbeiteten 321 Betriebe mit einer Belegschaft von 185000 Arbeitern nach den neuen Kriterien. In diesen Betrieben wurde die Belegschaftsstärke um 7,7 % und der Verwaltungsaufwand um etwa ein Drittel gekürzt. Im Jahr 2003 wurden vom Ministerrat 256 Betriebe, die bereits 4 Jahre nach den qualitativen, neuen Kriterien arbeiten, analysiert. Das waren 8,5 % aller Betriebe, die 19,6 % der Warenproduktion herstellen und über 23,4 % aller Produktionsmittel verfügen. Diese Betriebe haben ihren Warenumsatz um 7,9 % erhöht und die qualitativen Kennziffern mit guten Ergebnissen eingeführt.[140)] Das ist ein beachtenswertes Ergebnis, wenn man bedenkt, dass parallel ein umfangreicher Schulungsprozess auf allen Gebieten und Ebenen erfolgte.

Die Anzahl der Betriebe, die staatlich subventioniert werden müssen, hat sich extrem verringert. Zur Zeit erhalten nur noch einige Betriebe der Zuckerwirtschaft und der Landwirtschaft staatliche Subventionen. Die Zahl erhöhte sich jedoch zeitweilig im Jahre 1999 um 8,8 %[141)] und im Jahre 2000 um 5,8 %. Für den Staatshaushalt 2004 waren jedoch 22 % weniger Mittel eingeplant als 2003 ausgegeben worden sind. So werden durch staatliche Regulierungen die Betriebe zur effektiveren Eigenerwirtschaftung der Mittel angeregt.

Insgesamt wurde eingeschätzt, dass schon 2003 folgende Zweige im Vergleich zu 1989 gleich oder besser waren:[142] Die Produktion von Erdöl- und Gas, von Nickel, von Hackfrüchten und Gemüse, von Zitrusfrüchten, von Medikamenten und Zigarren, die Stromerzeugung, die Produktion für den Devisenmarkt, die Volksbildung, das Gesundheitswesen sowie Kultur und Sport.

Zur Produktion des gleichen Volumens wie im Jahre 1989 wurden 27,5% weniger Brennstoffe benötigt.[143] Die Wirtschaftsstruktur, die Effektivität, die Diversifizierung der Produktion und fast alle Kennziffern für Stabilität und Qualität sind – verglichen mit 1989 – günstiger. Von unschätzbarem Wert ist auch die Tatsache, dass alle neuen Entwicklungen von Kuba selbst erfunden, in langwierigen Prozessen und unter kompliziertesten Bedingungen eingeführt und erprobt werden. Dabei sind nicht nur die Führung, die Funktionäre aller Ebenen und auch die anderen gesellschaftlichen Kräfte gereift. Alle neuen Entwicklungen werden in enger Einheit mit den Werktätigen diskutiert und eingeführt.

Insgesamt sind gute Voraussetzungen geschaffen worden, um die *Wirtschaftsstruktur* durch qualitative Veränderungen zu einer soliden Grundlage für eine ausgewogene, stabile und harmonische gesellschaftliche Entwicklung des Landes fortzubilden, die nicht mehr von der jahrhundertalten Tradition der Zuckerwirtschaft abhängig ist. Nun gibt es nicht nur die Notwendigkeit, einige der seit langer Zeit erkannten gravierenden Probleme zu lösen, sondern auch die wirtschaftlichen Möglichkeiten. Es geht in erster Linie um folgende: das Wohnungsproblem, die komplexen Transportprobleme, die Energie-Versorgung und -Sicherheit, die systematische Anhebung der Lebensqualität der Bevölkerung. Der Aufschwung bringt natürlich wiederum neue Probleme. So z.B. die gewaltigen Baumaßnahmen in allen Bereichen, u.a. im Gesundheitswesen, in der Volksbildung, in der Energiewirtschaft, in der Lebensmittelindustrie, im Wohnungswesen, im Transport, in der Lagerwirtschaft, stellen alle höchste Anforderungen an das Bauwesen. Präsident Fidel Castro erwähnte in seiner Ansprache zum 1. Mai 2006 bereits leichte Zweifel daran, ob die Baubetriebe Kubas all diese Aufgaben erledigen können. Er schnitt die Möglichkeit an, eventuell ausländische Baubetriebe einzubeziehen.

Auch im Jahre 2006 setzte sich die dynamische Entwicklung der Volkswirtschaft fort. Die in den vergangenen Jahren begonnen politökonomischen Veränderungen beginnen zu reifen und Früchte zu tragen, wie die Errichtung der staatlichen Kontrolle über die Wechselkurse, die Entfernung des US-Dollars aus dem Geldumlauf in Kuba und dessen Abwertung. Die Konsolidierung des konvertierbaren Peso, die Einrichtung eines einzigen Devisenkontos für die Einnahmen des Staates und die Zentralisation der Entscheidungen über die Devisenausgaben haben strategische Bedeutung. Die nun mögliche genaue Kontrolle über die Verbindlichkeiten des Staates erleichtert auch das Agieren auf den internationalen Finanzmärkten. Hinzu kommt, dass im Jahr 2006 die Witterungsverhältnisse nicht unwesentlich dazu beitrugen, dass ein Rekordwachstum des nationalen Bruttoprodukts von 12,5 % möglich wurde. Somit hat sich die Wachstumsstabilität, die besonders seit dem Jahre 2004 mit 5,4 % begann und 2005 11,8 % erreichte, unwiderlegbar fortgesetzt. Der Wachstumskoeffizient übertrifft deutlich das mittlere Wachstum, das von der UN-Wirtschaftskommission für

Lateinamerika und die Karibik (CEPAL) mit 5,3 % errechnet worden ist.

Neben sichtbaren Fortschritten in der Durchführung der Maßnahmen der so genannten Energie-Revolution, in der Verbesserung des Niveaus der Investitionen zur Erweiterung der industriellen Produktion und der Sicherung der wichtigsten Dienste und der Weiterführung der Sozialprogramme, hat der Aufschwung faktisch zu Fortschritten in allen Wirtschaftszweigen geführt. Es wurden im Jahr 2006 mehr als 29 Millionen Gebrauchsgegenstände und elektrische Haushaltsgeräte angeschafft, die nicht nur zu spürbaren Energieeinsparung beitragen, sondern auch die Lebensqualität in den Haushalten verbessern helfen. Die Versorgung der Bevölkerung mit Eiern, Reis, Getreide, Schokoladengetränken und Kaffee für den subventionierten Warenkorb konnte leicht verbessert werden.

Das Programm zur Entwicklung der *Elektroenergie* hat erste positive Ergebnisse gebracht. Es gibt fast keine Stromabschaltungen mehr, die früher in der Bevölkerung große Ängste ausgelöst haben und in den Haushalten sowie in der Wirtschaft und der Landesverteidigung riesige Schäden verursachten. Vormals wurden in den landesweit verteilten sechs Wärmekraftwerken jährlich über 3,8 Millionen Tonnen Rohöl zu hohen Preisen verfeuert und die Kapazitäten durchschnittlich nur zu 60 % genutzt. Durch die begonnene Installation und Produktion von modernen Dieselaggregaten und die Nutzung von Erdgas konnte die Effizienz der Stromerzeugung erhöht werden. Die Stromerzeugung wuchs um 7,2 % und der Verbrauch von Energieträgern um 4,2 %. Im Jahr 2007 soll die Erneuerung des Verteilernetzes und der Kühlkapazitäten fortgesetzt werden.

In den Darlegungen des Ministers für Wirtschaft und Planung über die Entwicklung im Jahr 2006 wurden weiterhin als sehr positive Kennziffern dargelegt: Die Bereitstellung von 948 Millionen Dollar zur Verbesserung der Ernährung und zur Sicherung des subventionierten durchschnittlichen Warenkorbes und die Fertigstellung von 110000 Wohnungen (was eine 2,8-fache Steigerung zu den vorangegangenen Jahren bedeutet).[144)] Die UN-Wirtschaftskommission für Lateinamerika (CEPAL) hat ebenfalls den dynamischen Rhythmus der Wirtschaftsentwicklung Kubas in ihrem Jahresbericht 2006 hervorgehoben[145)] und besonders auf die bessere Verfügbarkeit von Devisen hingewiesen, was eine kräftige Steigerung der Importe ermöglicht habe. Der Tourismus hat bereits zum vierten Mal die 2 Millionen Besucher Grenze überschritten. Die seit Jahren boomende Nickelindustrie und der sichtbar gestiegene Export von Medikamenten und Dienstleistungen haben wesentlich dazu beigetragen, dass sich die Exporte um 45% gesteigert haben. Positiv auf die Binnennachfrage haben sich die Lohnerhöhungen der vorangegangenen zwei Jahre ausgewirkt. Die Bauindustrie hatte einen 30prozentigen Zuwachs.

Trotz aller positiven Ergebnisse im Jahre 2006 und besonders der optimistischen Tendenzen für die Zukunft, gab es in der Abrechnung vor der Nationalversammlung auch sehr kritische Beiträge. Neben der generellen Kritik an der Arbeit der Landwirtschaft wurden weiterhin bestehende Mängel in der Arbeitsdisziplin, der niedrigen Produktivität, in noch bestehender Veruntreuung,

Korruption und Misswirtschaft angeprangert. Auch noch weiterhin bestehende Lücken in der Kontrolle eines rationellen Verbrauchs von Treibstoffen im Transportwesen und eine nicht genügende Vorbereitung von geplanten Investitionen - obwohl die Investitionen um 28 % gewachsen sind - waren Gegenstand kritischer Debatten. Wie sich bereits in den weitreichenden Orientierungen Fidel Castros in seiner Rede am 17. November 2005 zeigte, wird jetzt der Schwerpunkt der Partei und des Staates auf eine konsequentere politisch-ideologische Erziehungsarbeit in allen Ebenen gelegt. Dies zog sich wie ein roter Faden durch die Planabrechnung 2006 im Parlament. Dabei wurden neben den kritischen Bemerkungen zu den subjektiven Schwächen noch andere erschwerende Probleme behandelt. So zum Beispiel hatte die Verschärfung der US-Blockade merkliche Kürzungen des Deviseneinganges durch privaten Transfer zur Folge, die größten Banken der Schweiz haben sich dem Druck der USA gebeugt und ihre Finanzgeschäfte mit Kuba eingestellt. Ein Schaden

entsteht auch durch den Verlust der traditionellen Handelsmarke »Havana Club«: Durch einen dubiosen Gerichtsbescheid eines US-Gerichts wurden die US-Markenrechte dem Bacardi-Konzern zugeschlagen. Bedenklich ist in der gegenwärtigen Situation auf den Weltmärkten noch immer die große Abhängigkeit Kubas von Lebensmittelimporten, die wertmäßig in den vorangegangenen zwei Jahren um 35 % angewachsen sind.

In den vergangenen 10 Jahren, so wurde unterstrichen, haben sich die Löhne und Gehälter schneller entwickelt, als das durchschnittliche Wachstum der Produktion. Diese Tendenz verändert sich nur langsam.

Im Ergebnis der rigorosen Maßnahmen zur Kontrolle des Verkaufes von Treibstoffen, gegen die Verschleuderung von Staatseigentum, hat sich gezeigt, welche Reserven auf diesen und anderen Gebieten noch bestehen. Das ermöglicht es, künftig strengere Maßstäbe an die Verbrauchsnormen anzulegen.

Größte Unzufriedenheit unter der Bevölkerung gibt es noch immer mit der Situation im Personentransport in den Städten. Hier sollen besondere Maßnahmen in Havanna und Santiago durchgeführt werden. Große Investitionen müssen auch für die Infrastruktur, besonders den Straßenbau und der Reparatur der Verkehrswege, getätigt werden.

Die Bilanz der wirtschaftlichen Entwicklung der vergangenen Jahre, besonders seit 2004, stimmt insgesamt optimistisch. Es wird deutlicher, dass die strukturellen Missbildungen in der Wirtschaft, die aus Unterentwicklung und einseitiger Abhängigkeit entstanden waren und in den Jahren der Sonderperiode noch potenziert wurden, schrittweise beseitigt werden und eine solide Basis geschaffen wird, die die Vervollkommnung der sozialistischen Ziele strategisch ermöglicht.

Das zeigt sich auch deutlich in den *Einschätzungen zum Staatshaushalt 2006 und in den Vorhaben 2007.* Das Haushaltsdefizit beträgt 3,2% des BIP. Das rührt daher, dass sich die Relationen zwischen den Einnahmen und den Ausgaben verändert haben. Das war möglich trotz einer schnelleren Entwicklung der sozialen Programme, die ja ausschließlich durch den Staatshaushalt finanziert werden. Die Ausgaben für die Bereiche Volksbildung, Gesundheitswesen, Kultur, Sport und Soziales machten 69% aller Ausgaben aus. Darin eingeschlossen waren die 2005 vorgenommenen Erhöhungen der Renten, Pensionen und Löhne, die 4260 Millionen Peso Mehrausgaben brachten und über 5 Millionen Menschen betrafen.

Zur Unterstützung des Investitionsprogramms in Verbindung mit den langfristigen Plänen für das Gesundheitswesen, der Volksbildung, zur Energieeinsparung, dem Wohnungsbau und zur Entwicklung sowie Sicherung der Wasserversorgung wurden 4,5 Mrd. Peso bereitgestellt.

Es hat sich gezeigt, dass sich eine Volkswirtschaft auch trotz gewaltiger Ausgaben für Sozialprogramme gut entwickeln kann.

Der Haushalt für das Jahr 2007 hat natürlich ebenfalls die Unterstützung und Entwicklung der Projekte der sozialen Errungenschaften der Revolution und die Stimulierung der wirtschaftlichen Entwicklung des Landes als Hauptziele.

Um die hohe Zielstellung zu erreichen, hält es die Regierung für eine grundlegende Voraussetzung, die Effizienz der Produktionseinheiten und die rationelle Nutzung aller Ressourcen entscheidend zu verbessern.

Die Einnahmen sollen sich um 9,8% besonders durch das Wachstum der Exporte von Dienstleistungen, des Warenverkaufes an die Bevölkerung und der Effizienz der Betriebe erhöhen. Die Ausgaben sollen um 9,1% wachsen, womit eine weitere Verbesserung des Verhältnisse zu den Einnahmen angestrebt wird.

Um die kostenlose Ausbildung und gesundheitliche Betreuung der ganzen Bevölkerung zu sichern, sollen Mittel im Werte von 22,6% der Bruttoinlandsproduktes bereitgestellt werden. In diesen Sektoren sind über 900000 Mitarbeiter beschäftigt. Zur Zahlung von Renten und Sozialhilfe sind 3,9 Mrd. Peso (330 Millionen mehr als 2006) geplant. Diese Summe sichert die Zahlung an 1495000 Pensionäre und Rentner.

Für Sozialhilfe sind 1203 Millionen Peso geplant, die für die Versorgung von 588097 Berechtigten und 382 entsprechende Zentren, wie Altersheime, Seniorenklubs und Heime für physisch und geistig Behinderte auszugeben sind.

Wiederum sind große Summen für die Bezuschussung des subventionierten Warenkorbes für die Bevölkerung, wie auch für die Verpflegung in den Schulen, Krankenhäusern, Kindergärten und anderer sozialer Einrichtungen vorgesehen. Es muss vermerkt werden, dass auch für diesen Warenkorb der Kauf von Waren in Höhe von etwa einer Milliarde Doller in Devisen vorgesehen ist.

Weiterhin sind natürlich die erforderlichen Mittel für die Landesverteidigung, für die innere Sicherheit und für die

Staatsreserven angesichts der wachsenden Aggressivität der US-Regierung vorgesehen.

Zur Weiterführung und Unterstützung des Investitionsprozesses für die strategischen Programme im Zusammenhang mit dem Gesundheitswesen, der Volksbildung, dem Wohnungsbau und der Infrastruktur des Transportwesens, der Energiewirtschaft sowie der Wasserwirtschaft sind 4,8 Mrd. Peso (300 Millionen mehr als im Vorjahr) vorgesehen.

Nach ausführlicher Aussprache hat man es für angebracht gefunden, die Subventionen für unrentable Betriebe um 21% zu kürzen und Reserven in Höhe von 300 Millionen Peso für unvorhergesehene Witterungseinflüsse einzuplanen.

Insgesamt weist der Haushalt für das Jahr 2007 ein Defizit von 1912 Millionen Peso aus, das sind 3,2% des BIP.

Die Ministerin für Finanzen und Preise unterstrich in ihrer Begründung des Haushaltes, dass nicht die Höhe der bereitgestellten Mittel, sondern die Art ihrer Nutzung entscheidend sei. Sie appellierte an alle staatlichen Organe, zur Festigung des Prinzips der einheitlichen Kontenführung des Staates und zur Verbesserung der Kontrolle durch die Provinzverwaltungen beizutragen.

Insgesamt ist aus den Abrechnungen des Jahres 2006 und aus der Diskussion über die Vorhaben 2007, besonders die Weiterführung der langfristigen Pläne zur Lösung der Schlüsselprobleme, eine gewachsene Reife, Kompetenz und Verantwortung in Wirtschaftsfragen in der höchsten Volksvertretung festzustellen.

Die begonnenen Veränderungen in der Wirtschaft haben in der vorangegangenen Jahren erste, bescheidene *Verbesserungen in der Lebenslage* und in der *Versorgung* für die Mehrheit der Bevölkerung ermöglicht, obwohl gerade hier noch die größten Merkmale eines Entwicklungslandes zu spüren sind. Die durchschnittlichen Monatseinkommen der Bevölkerung erhöhten sich seit 1996 entsprechend der Möglichkeiten. Sie stiegen zu 1995 um 11,4 % von 190 auf 203 Peso. 1999 gab es eine erneute Erhöhung um 5,7 % auf 223 Peso und 2000 um 7,3 % auf durchschnittlich 249 Peso. Im Jahre 2001 erhielten 82 % der aus dem Staatshaushalt bezahlten Beschäftigten (1091200 Personen) eine Lohnerhöhung. 73,3 % der Beschäftigten in Betrieben und Unternehmen (1322500 Personen) stehen im Leistungslohn, weitere 1,2 Mio. Werktätige erhalten konvertierbare Peso oder gleichwertige Waren. So waren im Jahre 2000 die durchschnittlichen Einkommen pro Werktätigen 359 und 2002 bereits 373 Peso. In sieben Monaten des Jahres 2005 wurden bedeutende Maßnahmen beschlossen, um auch in den finanziellen Bezügen die Prinzipien der sozialen Gerechtigkeit schrittweise zu realisieren. Im Mai wurden die *Mindestlöhne* von 100 auf 225 Peso angehoben, im Juli die Gehälter für die Mitarbeiter in der Volksbildung und im Gesundheitswesen. Im November erhöhte sich das *Durchschnittseinkommen* von 354 auf 398 Peso, die *Mindestrenten* von 55 auf 164 und der Mindestsatz für die *Sozialhilfe* von 62 auf 122 Peso monatlich.[146] Das sozialistische Verteilungsprinzip wurde in Zusammenarbeit mit den Gewerkschaften in Einklang mit den gewachsenen Möglichkeiten des Landes vervollständigt. Der Lohn stellt den wichtigsten materiellen Anreiz dar, den der Arbeiter für seinen Beitrag zur Entwicklung der Gesellschaft erhält. Der Stufenlohn, entsprechend der Komplexität der Arbeit festgelegt, steigt schrittweise an. Die bereits bestehenden zusätzlichen Zahlungen und Bonus-Systeme bleiben bestehen. Für entsprechende berufliche oder akademische Qualifizierungen werden zusätzliche monatliche Prämien gegeben. Erstmals seit 23 Jahren bekamen auch Staatsangestellte mehr Geld - sie waren von früheren Lohnerhöhungen immer ausgenommen. Von den Maßnahmen zur Lohnerhöhung waren etwa 5 Millionen Bürger betroffen. Insgesamt haben die betroffenen kubanischen Familien innerhalb eines Jahres eine Lohnerhöhung von ca. 26% erhalten.[147)]

Die Erhöhung der Einkommen muss aus Sicht der Finanzpolitik des Landes mit großer Vorsicht erfolgen, um die mühevoll erreichte Stabilität der Landeswährung nicht zu gefährden. Eine außerordentlich ernste Problematik ist weiterhin die Existenz zweier Währungen. Sie ist eine Hauptquelle für soziale Ungleichheit, Schmarotzertum, unredliche Bereicherung und Korruption mit all seinen politisch-ideologischen Folgen. Nicht die Mangelwirtschaft ist es, die der Führung des Landes die Durchsetzung der sozialistischen Prinzipien von Gerechtigkeit so erschwert, sondern die noch weit verbreitete Möglichkeit zur Bereicherung außerhalb eines ordentlichen Arbeitsprozesses. Wenn früher generell ein inflationärer Geldüberschuss in der Bevölkerung bestand, so ist heute die Geldknappheit in den Familien ein ernstes Problem. Nur in den Kreisen der Bauernschaft häuften sich in den Jahren der Sonderperiode die Geldvorräte in den Familien, die auch traditionsgemäß nicht die Möglichkeiten des Sparens in den Banken nutzen. Kubanische Soziologen schätzen nach Umfragen und Analysen ein, dass trotz der Erhöhungen noch etwa 15 % der städtischen Bevölkerung in finanziell kritischen Verhältnissen leben. Sicher wollte man mit den wirklich großzügigen Maßnahmen zur Verbesserung der Einkommen im Jahr 2005 diese Situation verbessern. Gleichzeitig ist die kubanische Führung bestrebt, unter Berücksichtigung der objektiven Grenzen soziale Gerechtigkeit durchzusetzen und das Streben nach wirtschaftlicher Effizienz zu stimulieren. Selbst im Jahre 2002 – angesichts erhöhter Probleme in der Wirtschaft – wurden diese Prinzipien beachtet und in den Vorhaben für 2003 als besonderer Schwerpunkt berücksichtigt. In der Planabrechnung vor der Nationalversammlung im Dezember 2002 führte der Minister für Wirtschaft und Planung aus: »Wir haben die sozialen Programme mit großem Nachdruck fortgesetzt, eine größere und besser normierte Grundversorgung sowie die Verbesserung der Sonderversorgungen für die Bevölkerung gesichert; es wurde eine bessere Verfügbarkeit von Medikamenten garantiert und der Versorgung der Bevölkerung mit Elektroenergie der Vorrang gegeben. Schließlich haben wir in weniger als einem Jahr die durch den Zyklon Michelle verursachten Schäden behoben.« Zur Durchsetzung der sozialen Programme wurden die eingeschränkten Mittel mit größerer Effizienz eingesetzt.

Im Jahre 2002 wurde, offenbar auch beeinflusst durch die Reform der Zuckerwirtschaft, ein besonderes Programm zur Integration von Jugendlichen in den Arbeits- und Lernprozess begonnen. In dieses Programm wurden

119575 Jugendliche einbezogen. Es handelt sich sowohl um Jugendliche, die ihre Arbeit verloren hatten, als auch um solche, die nach Schulabschluss keinen Ausbildungs- oder Studienplatz erhielten und Gefahr liefen, asozial oder kriminell zu werden. Hinzu kommen die beschlossenen Sonderprogramme als Folge der Umgestaltung in der Zuckerwirtschaft. Im Zusammenhang damit hat man weiter an der Durchsetzung des Prinzips gearbeitet, dass in der kubanischen Gesellschaft jede Person eine nützliche Beschäftigung haben sollte. Als neue Quellen dafür wurden z.B. der Ausbau der Dienstleistungen und der städtische Landbau erschlossen und ausgebaut. Schulen zur Ausbildung von Sozialarbeitern und Kunstinstrukteuren wurden geschaffen. Ende 2003 gab es bereits über 15000 Sozialarbeiter und Ende 2005 wurden schon 28000 in der praktischen Arbeit eingesetzt, während sich 7000 Jugendliche in diesem Beruf weiterbildeten oder in der Ausbildung standen.[148)] Mit dieser großartigen Politik und dem kontinuierlichem Wirtschaftswachstum wurde es möglich, dass die *Arbeitslosigkeit,* eines der gravierenden Probleme der Menschheit, in Kuba von über 8 % im Jahre 1993 auf 4,1 % 2001, auf 3,3 % 2002 und seit 2005 auf 1,9 % verringert werden konnte, was faktisch einer Vollbeschäftigung gleichkommt.

Der *Einzelhandelsumsatz* erhöhte sich im Jahre 2003 durch Verbesserung des Angebots um 12 %. Für 2004 war eine fünfprozentige Steigerung geplant. Die bereitgestellten finanziellen und materiellen Fonds für die *Gemeinschaftsverpflegung* in den sozialen Einrichtungen stiegen um 15,7 %.

Die *Versorgung der Bevölkerung*, für die im Jahre 2004 802 Mio. Peso Subventionen geplant waren und für die 948 Millionen Peso im Jahr 2006 bereitgestellt wurden, erfolgt z. Zt. auf folgenden Wegen:

Die *Grundversorgung* für jeden Bürger geschieht auf Rationierung (*»tarjeta«* – *»Karte«*). Das ist die stark subventionierte (außerordentlich preiswerte) Versorgung mit Grundnahrungsmitteln (Reis, Gemüse, Bohnen, Hülsenfrüchte, Brot, Eier und Milch für Kinder bis zum 7. Lebensjahr wie auch für alte Bürger). In den 80er Jahren umfasste dieses Versorgungssystem etwa 30 Produkte. Es war vorgesehen, die Lebensmittelrationierung vollkommen abzuschaffen. Heute wird nur noch mit sieben Produkten stabil versorgt. Nach diesem Prinzip hat jeder Bürger das Recht auf gleiche Versorgung. Der Verkauf erfolgt in festen Verteilerstellen in den Wohngebieten. Dieses System hat den Vorteil, dass jeder Bürger billig die lebensnotwendige Ernährung gesichert erhält. 1999 waren es durchschnittlich 2369 kcal und 59,4 g Protein und 2000 2585 kcal täglich pro Person, während es 1973 noch 1940 kcal waren. Im Vergleich mit dem Krisenjahr 1994 erhöhte sich 2002 der Pro-Kopf-Verbrauch von Kalorien um 33 % und von Proteinen um 43 %. Im Jahre 2003 waren es 3193 kcal und 82,8 g Protein, 2004 3.305 und 85,5 und 2005 bereits 3356 kcal/Tag sowie 88 g Protein.

Im Jahr 2005 wurden 6,5 % mehr rationierte Waren zur Verteilung bereitgestellt und es erfolgte eine geringe Stabilisierung der Versorgung. Auch im Jahre 2006 setzte sich die Stabilisierung der Grundversorgung fort, obwohl langfristig geplant ist, die Rationierung abzuschaffen. Sie ist aber noch immer unterschiedlich in den verschiedenen

Wohngebieten organisiert, was z. T. objektive, aber überwiegend auch subjektive Gründe hat. In verschiedenen wissenschaftlichen Gremien werden gegenwärtig Untersuchungen durchgeführt, ob es nicht besser wäre, nur bestimmten Personen subventionierte Waren zu verkaufen. Dadurch, dass jeder Bürger Anrecht auf die gleiche Versorgung hat und die Preise extrem niedrig sind, wird auch hier ein reger Handel unter den Bürgern, die bei bestimmten Waren Überschuss haben, während bei anderen Bedarf, z. T. illegal organisiert, oftmals auch zu Schieberpreisen. Entscheidungen dazu gibt es jedoch noch nicht, da das einen ganzen Komplex von Untersuchungen erfordert. Im Jahre 2005 wurden besonders durch erhöhte Nahrungsgüterimporte die stark subventionierten Warenkörbe der Bevölkerung zusätzlich zu ihrem rationierten monatlichen aufgebessert. Das ist auch noch für 2007 vorgesehen. Besonders Reis und Bohnen wurden zusätzlich angeboten. Diese zusätzlichen Waren werden zu etwas höheren Preisen, die jedoch noch immer subventioniert sind, verkauft.

Von führenden Funktionären wird betont, dass die Ernährungssicherheit noch immer in erster Linie über Zuteilungen, *Gemeinschaftsküchen* (Kantinen, Schulspeisung etc.) sowie über den Eigenanbau gewährleistet wird. Man kann aber auch aus gewissen Andeutungen schließen, dass durch weitere bessere Angebote, Anpassung der Löhne und eine entsprechende Preispolitik, die baldige Überwindung der Rationierung abzusehen ist.

Unter direkter Kontrolle des Ministeriums für Binnenhandel wurde in den Kommunen eine Einrichtung mit der Bezeichnung *»geschützter Handel«* geschaffen. Dieser umfasst Sonderversorgungen mit Lebensmitteln und anderen Artikeln für Wenigverdienende, Rentner, Schwangere, Kranke und Kinder.

Auch in den Jahren 2006 und 2007 sind Subventionen für die Verbesserung der Versorgung durch den Warenkorb der Familien und die gesellschaftliche Versorgung zu niedrigen Preisen als Ausgleich der Preisdifferenzen vorgesehen. Trotzdem gibt es beträchtliche Engpässe und die immer teureren Lebensmittelimporte kosten große, wachsende Summen an Devisen.

Die so genannten freien Warenmärkte

Hier verkaufen vor allem die Bauern ihre überplanmäßigen Produkte. Man kann in Peso, aber auch auf Dollarbasis kaufen. Die Preise sind jedoch noch relativ hoch, obwohl sie seit 1994 um 84% gesenkt wurden. Staatliche Handelsorganisationen sind aufgerufen, sich auch auf

solchen Märkten besonders mit der Aufgabe zu beteiligen, zur Senkung und Stabilität der Preise beizutragen. Diese Art Handel gibt es auch mit Industriewaren. Mittlerweile haben sich auch solche Märkte auf staatlicher Basis gebildet, wo niedrigere Preise existieren, das Angebot aber sowohl in Menge, als auch in Qualität nicht so gut ist. Probleme scheint es auch zu geben, da sich bereits eine Schicht von Zwischenhändlern gebildet hat, die die Preise manipulieren und sich ohne entsprechende Arbeitsleistungen bereichern. Es gibt auch Schwierigkeiten zwischen den Bauern und den staatlichen Aufkaufsorganisationen: Bei zu geringem Preisniveau halten die Bauern ihre Waren, selbst die vertraglich gebundenen, zurück oder verkaufen sie auf dem freien Markt. Dieser Problemkreis war offenbar ein Hauptpunkt der kritischen Auseinandersetzungen während der Planabrechnung 2006. Raúl Castro selbst sah sich veranlasst, mehrmals in die Diskussion einzugreifen. Er kritisierte heftig die ausgebliebenen Zahlungen und betonte, dass die privaten Einzelbauern und die Bauern in den Genossenschaften 65 % der landwirtschaftlichen Produkte des Landes aufbringen und dafür eine gerechte Bezahlung erwarten können. Er stellte der amtieren Ministerin für Landwirtschaft die Aufgabe, zur nächsten Vollversammlung des Parlaments einen detaillierten Bericht zur Lösung des Konfliktes zwischen Produktion, Aufkauf und Vermarktung der Lebensmittel zu geben.

In den vergangenen Jahren wurden besonders in den Städten viele *staatliche Devisenläden* eingerichtet. Diese sind, wie auch in den Handelsketten der Touristenhotels, relativ gut ausgestattet. Dort können alle Kubaner, die konvertible Pesos besitzen, einkaufen. Diese Peso können übrigens auch in den staatlichen Wechselstuben (CADECA) erworben werden.

In Städten mit bedeutenden Industrien oder auch in Industriezentren selbst wurden Geschäfte geschaffen, in denen eine *Sonderversorgung* für schwer und gut arbeitende Werktätige in Form eines Bonussystems mit devisenwertigen Waren gesichert wird.

Von grundlegender Bedeutung ist die Versorgung in den in den *Betriebskantinen,* in den *Kindereinrichtungen* und die *Schulspeisung.*

Die schrittweise Erhöhung der Einkommen führte dazu, dass sich bereits 1998 der Lebensmittelverkauf im öffentlichen Handel um 12 % und in den Bauernmärkten um 10,2 % erhöhte.

Auch auf anderen Gebieten ist die Regierung bemüht, entsprechend der sehr begrenzten Möglichkeiten, die Lebensqualität der Bevölkerung zu heben.

Volksbildung und Gesundheitswesen sind einzigartige Errungenschaften. Die kostenlose Verpflegung in den Produktionsstätten, in den Schulen und Gesundheitseinrichtungen sind über das o. E. hinaus zu festen Bestandteilen der Grundernährung geworden. Die Partei und die gesellschaftlichen Organisationen arbeiten gemeinsam mit wissenschaftlichen Instituten und Sozialarbeitern an der Basis stets daran, wie Risikogruppen oder Menschen mit besonderen Problemen, sei es in der Versorgung, in den Wohnverhältnissen oder anderen Fragen, geholfen werden kann. Bei der Versorgung mit bestimmten hochwertigen Gebrauchsgegenständen wie Fahrräder, Fernsehapparate usw. schalten sich gewöhnlich gesellschaftliche Organisationen wie CDR oder Gewerkschaft ein.

Preisstabilität und Beibehaltung der gleichen Wechselkursverhältnisse, Sicherung der Grundversorgung und soziale Gerechtigkeit werden unter allen Bedingungen angestrebt. Für die Großstädte Havanna und Santiago wurde ein Programm begonnen, die Küchen mit Gas auszustatten. In beiden Großstädten wurden tatsächlich 162000 Wohnungen an Gasleitungen angeschlossen. 55800 Wohnungen erhielten Stromanschluss, und 49600 Telefonanschlüsse wurden installiert. Die Stromversorgung ist nach vielen Jahren wieder stabiler geworden. Mit der Ausstattung der Familien mit neuen elektrischen Haushaltsgeräten, bzw. mit der Reparatur alter Geräte, dem neuen Energieprogramm, wird ein weiteres Grundproblem der Revolution in möglichst kurzer Zeit gelöst. 85% der Familien besitzen Eigentumswohnungen. Die Realisierung des Wohnungsbauprogramms und die Reform der Wohnungsverwaltung und -verteilung werden weitere Erleichterungen bringen. 95% der Wohnungen haben Stromanschluss und 95,3% sind an das Trinkwassersystem angeschlossen. Seit dem Sieg der Revolution wurden 1005 Stauanlagen und 48540 km Straßen gebaut. Mit dem Programm der Wasserwirtschaft, das als Konsequenz aus der Trockenperiode erarbeitet wurde, soll das Wasserproblem langfristig und, durch die Anlegung von Reserven, stabil gelöst werden. Im Verlaufe der Umstrukturierung der Wirtschaft zu Beginn der 90er Jahre wurden über 120000 Arbeitskräfte freigesetzt. Obwohl die Wirtschaftseinheiten und Gewerkschaften einen großen Teil der Arbeitslosen wieder anderorts eingegliedert haben, betrug die Arbeitslosenrate 1998 noch insgesamt 6% – im Jahre 2005 wurde mit 1,9% Arbeitslosigkeit faktisch die Vollbeschäftigung erreicht. Denjenigen, die zeitweilig arbeitslos waren, wurden 60% ihres früheren Verdienstes ausgezahlt.

Die freigewordenen Arbeiter waren im Wesentlichen wie folgt untergekommen: Betriebe und andere Wirtschaftseinheiten haben zu Beginn der Krisenjahre landwirtschaftlich-gärtnerische Selbstversorgungseinrichtungen geschaffen, wo Arbeiter für eine bestimmte Zeit tätig waren, bis erneut berufliche Kapazitäten entstanden. Der Tourismus und die gemischten Betriebe boten viele neue Arbeitsstellen. Nach Schaffung notwendiger juristischer und steuerlicher Regelungen wurde die selbständige Arbeit gestattet – 1996 gab es bereits über 200000 Selbständige (Kunsthandwerk, Handwerk, Gastronomie, Kleinhandel, Transport usw.).

Es wird hervorgehoben, dass insbesondere in den Ostprovinzen ein gravierendes Problem im Wohnungsbau und im Transportwesen besteht, was besondere Anstrengungen zu seiner Reduzierung erfordert. Dieses Problem verschärfte sich erneut infolge der Trockenheit und der Stürme. Die Regierung hat Sonderprogramme zum Wohnungsbau und zur Bewässerung begonnen.

Die soziale Sicherung der Bevölkerung ist ebenfalls Teil der Verbesserung der Lebensbedingungen. Im Jahr 1999 wurden 98 Mio. Peso mehr als im Vorjahr – insgesamt 1740 Mio. – für Renten und Sozialfürsorge ausgegeben. Davon wurden 1070 Mio. von Betrieben und Verwaltungen in den Rentenfonds gezahlt und 670 Mio. vom Staatshaushalt aufgebracht.

Die humanistische Sozialpolitik wird trotz aller Schwierigkeiten auch künftig als Kernstück der Politik beibehalten. Das zeigt sich besonders auch in der Haushaltsplanung des Staates für die vergangenen Jahre. Die soziale Sicherheit ist proklamiertes Recht für alle Werktätigen und unbedingte Pflicht des Staates und schließt unter anderem die Finanzierung der Seniorenheime und die Betreuung physisch Behinderter ein.

Die Hauptlinien der Sozialpolitik sind im Gesetz enthalten und legen folgende Inhalte fest:

- die Befriedigung der Grundbedürfnisse der Bevölkerung,
- die ständige Verbesserung der Lebensqualität,
- die Schaffung einer gerechten und solidarischen Gesellschaft,
- die Sicherung einer Grundernährung,
- die Durchsetzung der Garantie auf Bildung und Gesundheit für alle,
- die soziale Sicherheit für Rentner und sozial Schwache,
- die Garantie des Rechtes auf Beschäftigung,
- die Sicherung des Rechtes auf Erholung für alle Werktätigen,
- die Garantie für den Erhalt einer menschenwürdigen und bequemen Wohnung.

Diese wiederholt erklärten Ziele waren bereits im Gesetz Nr. 24 über die Sozialversicherung vom 01. Januar 1980 enthalten. Sie sind verbindlich für die Politik des Staates. Sie wurden auch nach umfassender Aussprache auf dem XIII. Gewerkschaftskongress angenommen.[149)]

Die Grundprinzipien der Sozialpolitik wurden wiederholt in den Aussprachen und Rechenschaftslegungen vor den jährlichen Vollversammlungen der Nationalversammlung zu den abgelaufenen Wirtschaftsjahren und in den entsprechenden Orientierungen für die jeweils bevorstehenden Jahre bekräftigt und es besteht kein Zweifel daran, dass sie fester Hauptbestandteil der Politik der gesamten Führung sind. So führte z. B. der Ministerpräsident der Zentralbank, Francisco Soberon Valdes, aus: »Das Ziel der politischen Ökonomie Kubas ist es nicht, ein Konsummodell zu entwickeln, das die Länder der Ersten Welt imitiert. ...« Das wichtigste Ziel sei es, ein revolutionäres Projekt zu verwirklichen, das jedem Menschen seine Basisernährung, eine kostenlose medizinische Versorgung von hoher Qualität, eine ausgezeichnete und immer andauernde Bildung, eine ehrliche Arbeit, Zugang zu allen kulturellen und sportlichen Veranstaltungen, kurz die volle Ausschöpfung aller physischen und geistigen Fähigkeiten garantiere.[150)] Mit solchen Orientierungen wird erneut eine grundsätzliche Problematik für den Aufbau des Sozialismus aufgeworfen. Dieser Gedanke der Herausbildung eines vollkommen neuen Menschen im Prozess des sozialistischen Aufbaus lehnt sich auch an entsprechend ethische Überlegungen José Martís und Che Guevaras an. Auch Fidel Castro hat in seiner Rede vom 17. November 2005 nach einer umfassenden kritischen Analyse der Entwicklungsprobleme Kubas festgestellt: »... Ja, wir sind uns unserer Mängel sehr bewusst, unserer Defekte, unserer Fehler, unserer Ungleichheiten. ... Und ich würde nicht wagen, dieses Thema hier anzusprechen, wenn ich nicht die absolute Überzeugung und die absolute Sicherheit hätte, dass ... wir diese Mängel schleunigst verringern werden. Wir wollen, dass die Bürger dieses Landes, die zu einer Zeit zu 10%, 15%, 20% oder mehr arbeitslos waren, die Bürger dieses Landes, von denen es zu einer Zeit eine Millionen Analphabeten gab oder bis zu 90% Analphabeten oder Semianalphabeten waren, so bald wie möglich hauptsächlich von ihrer Arbeit, Rente oder Pension leben«.[151)] Allein diese beiden Aussprüche führender Persönlichkeiten Kubas deuten das historische Ausmaß und die Bedingungen für die Herausbildung des neuen Menschen im Sozialismus an.

Einige Theoretiker der linken Szene, die allerdings noch nie in einer nichtkapitalistischen Gesellschaft, die sich anschickt, aus einer Unterentwicklung in der Neuzeit den Sozialismus aufzubauen, tatsächlich gelebt haben, sehen auch in dem Komplex der materiellen Befriedigung der Menschen, der Lebensqualität, in Kuba eine gleiche Entwicklung wie einst in der DDR oder anderen osteuropäischen Ländern. Für die, die den Zerfall des Sozialismus selbst in der DDR nah erlebt haben, offenbarte sich das Streben vieler Bürger nach »westlichem Wohlstand« als einer der Angriffsflächen für die Kräfte, die den Weg in eine neue Gesellschaft aufhalten wollten. Auch die führenden Parteien redeten den Menschen ein, dass der vermeintliche Wohlstand der so genannten »Ersten Welt« bald erreichbar sei. Auch heute noch wird mit dem Blick auf Kuba von Einigen behauptet, dass man sich weltweit an dem Konsumniveau und Konsumprofil der Mittelschichten der »Ersten Welt« orientiere, und dass »... die Konfrontation in Kuba stattfindet zwischen einerseits, der universalen Konsumschablone der Mittelschicht der ›Ersten Welt‹ – die der kubanischen Bevölkerung jährlich von zwei Millionen Touristen vorgelebt wird und ihr täglich in Form von US-Filmen über den Fernsehschirm flimmert – und andererseits, dem Lebensstandard, den die Produktivkräfte und das Verteilungssystem des Landes ermöglichen.«[152] Unbestritten spielt diese flexible Grenze noch heute in der kubanischen Gesellschaft eine gewisse Rolle, aber es gibt sowohl in den konkreten Ausgangspositionen als auch in den historischen Unterschieden keinerlei Vergleichsmöglichkeiten zur Situation in der DDR.

Das so vergötterte Konsumniveau oder der mittlere Warenkorb der Mittelschichten der »Ersten Welt« ist sehr relativ und auch variabel. Für die DDR-Bürger z. B. sah er, von den Fernsehstationen der BRD bis 1989 produziert, aus, wie das Paradies auf Erden. Als sie dann vereint wurden, sprach man zwar noch von »blühenden Landschaften«, aber die Realität wurde spürbar rauer. Später begann sich, leider zu spät, die Überzeugung zu entwickeln, dass der Warenkorb sich als sich gesetzmäßig verringernde Mogelpackung herausstellte und dass sich die Arbeitslosigkeit, die Schere zwischen Arm und Reich sowie die Verelendung auch der Mittelschichten, von der verarmten Masse gar nicht zu sprechen, unaufhaltsam in der globalisierten kapitalistischen Gesellschaft ausweiten. Allerdings war in der europäischen Bevölkerung die Erwartungshaltung eine andere als in Kuba. In Kuba hat das Volk in historisch kurzer Zeit gewaltige Leistungen ausgehend von einer abhängigen Dienstleistungsgesellschaft als Bordell und Spielkasino für die USA, von halbkolonialer Unterentwicklung, von einer international unbedeutenden Insel, in revolutionärer Einheit und mit großem Selbstbewusstsein vollbracht. Daher besteht die berechtigte Hoffnung, dass hier der Fetisch eines scheinbaren Konsums der »Ersten Welt«, der ja sowieso nicht mit der Lage in Europa vor 1990 verglichen werden kann, bald überwunden wird. (Es ist natürlich für aufgeklärte Bürger sonnenklar, dass die Konsumgewohnheiten in langer kapitalistischer Entwicklung nicht vom Konsumenten, sondern vom Produzenten geprägt worden sind.)

1. Parteitag der KP Kubas, Dezember 1975:
Bestätigung der Parteitagsbeschlüsse durch das Volk auf dem Platz der Revolution in Havanna

Außenpolitik: Kampf für Gerechtigkeit und nationale Würde

Die Außenpolitik der Regierung Kubas dient einmal dazu, die Prinzipien der sozialistischen Außenpolitik der Welt zu demonstrieren und zum anderen dazu beizutragen, den Druck aus den USA durch die Erweiterung des internationalen Unterstützungskreises für Kuba zurückzudrängen, um den außenpolitischen Spielraum zu erweitern. Dies ist angesichts des gegenwärtigen Kräfteverhältnisses in der Welt eine schwere Aufgabe. Die kubanische Außenpolitik basiert auf der Zielsetzung, freundschaftliche und partnerschaftliche Beziehungen zu allen Ländern der Welt zu unterhalten. Die Unterschiede zwischen politisch-gesellschaftlichen Systemen stellen dabei für Kuba in der außenpolitischen Praxis sichtbar kein Hindernis dar. Um eine mit allen Ländern mögliche Partnerschaft zu entwickeln, geht Kuba von folgender Voraussetzung aus: Zwar ist der Kapitalismus als System kein bevorzugter Partner Kubas, und die am stärksten entwickelte kapitalistische Macht führt bis heute erklärtermaßen einen ständigen und in seinen Mitteln zunehmend aggressiven politisch-ökonomischen Krieg, in dem auch militärische Drohgebärden nicht fehlen, gegen Kuba. Die kapitalistischen Länder werden jedoch nicht als ein homogenes, undurchdringliches Ganzes angesehen. Kuba ist sehr wohl in der Lage, ihre unterschiedlichen Interessen gegenüber seinem Land zu erkennen und nach Möglichkeit, unter strikter Beibehaltung der eigenen Prinzipien, zu nutzen.

Die lateinamerikanischen Regierungen kamen 1962 den Forderungen der US-Regierung nach, die auf der Konferenz in Punta del Este (Uruguay) ein scheinbares

Entwicklungsprogramm »Allianz für den Fortschritt« verkündete und schlossen Kuba aus der Organisation Lateinamerikanischer Staaten (OAS) aus. Nur Mexiko behielt ununterbrochen diplomatische Beziehungen zu Kuba. In den Jahren danach normalisierten sich die Beziehungen wieder zu einigen Ländern, entwickelten sich aber während der Existenz des sozialistischen Lagers generell mit den lateinamerikanischen Ländern nicht so, wie sie eigentlich, der geographischen Lage entsprechend, sein sollten. In den vergangenen Jahren begann sich im südamerikanischen Subkontinent auch unter dem Druck der neoliberalen Globalisierung eine gewisse national geprägte demokratische Erneuerung durchzusetzen, die zwar noch nicht alle Hoffnungen der Völker erfüllt, aber zunehmend stärker wird. Neu daran ist, dass die jetzigen, aus Wahlen hervorgegangenen, Regierungen Lateinamerikas sich deutlicher gegen die nachteilige Vormachtstellung der USA und die neoliberale Globalisierung wehren, und in einigen Ländern sich zunehmend antikapitalistische Tendenzen zeigen. Diese Entwicklung eröffnet natürlich für die kubanische Außenpolitik viel versprechende Möglichkeiten einer Integration des Landes mit seinen Nachbarn. Heute kann man sagen, dass Lateinamerika und die Länder der Karibik, gemeinsam mit Afrika – das die Kubaner als Kontinent der Solidarität bezeichnen – die Hauptrolle in der politischen Solidarität mit Kuba und im Kampf gegen die von den USA verschärften Wirtschaftblockade spielen. Von den 33 lateinamerikanischen Regierungen verurteilten 31 die US-Blockadepolitik und in dem Schlussdokument des Gipfeltreffens Lateinamerika-Europäische Union im Jahre 2006 wurde erstmals, wenn auch nach hartem Widerstand, eine Formulierung gegen das Helms-Burton-Gesetz aufgenommen. Ähnlicher Widerstand gegen die US-Politik gegen Kuba zeigte sich bei der Formulierung eines Sonderkommuniqués des letzten lateinamerikanischen Gipfeltreffens in Montevideo. Diese Formulierung gegen die Blockadepolitik wurde dann auch im Treffen der Gruppe Afrika-Karibik-Pazifikstaaten akzeptiert.

Mit Afrika festigten sich besonders durch die langjährige bewährte Hilfe Kubas auf den Gebieten des Gesundheitswesens die traditionell guten Beziehungen. Auch mit den Ländern Asiens festigten sich die strategischen Beziehungen besonders mit der Volksrepublik China, die zu einer festen und zuverlässigen Säule wurden, aber auch mit Vietnam, Laos, der KDVR, Indonesien, Japan und anderen Ländern. Die positive Entwicklung der außenpolitischen Beziehungen drückte sich auch in der Teilnahme von 750 Unternehmen aus 43 Ländern und offiziellen Regierungsdelegationen aus 11 Ländern an der Internationalen Messe von Havanna im Oktober 2006 aus. Unter den Ausstellern waren China mit 2400 qm, Spanien mit 1400 qm und Russland mit 1300 qm die bedeutendsten.[153)]

Angesichts dieser Entwicklung in der Welt wurde es möglich, dass Kuba die internationale Isolierung zunehmend überwinden konnte und immer bessere Bedingungen für seine Außenpolitik hat.

Heute unterhält Kuba volle diplomatische Beziehungen zu 178 der 191 Mitglieder der Vereinten Nationen und außerdem mit Palästina und Westsahara, die noch nicht Mitglied der UNO sind. Kuba unterhält in 112 Ländern 136 diplomatische und konsularische Einrichtungen. In

Havanna gibt es 95 diplomatische und konsularische Vertretungen, die 88 Länder und sieben internationale Gremien repräsentieren.

Wenn es noch vor wenigen Jahren für viele karibische und lateinamerikanische Länder eine Ausnahme war, mit Kuba diplomatische Beziehungen zu haben, so ist Kuba heute das Land der Region, die Beziehungen mit der größten Anzahl der Länder nicht nur der Karibik und Lateinamerikas hat.

Es ist also nicht gelungen, Kuba außenpolitisch zu isolieren, sondern das sozialistische Land hat heute mehr Ansehen und Prestige als je zuvor. Es ist nicht zu leugnen, dass die wachsende Sympathie mit Kuba nicht nur durch den mutigen Widerstand gegen die Anmaßungen aus den USA begründet ist, sondern auch durch die Art und Weise, wie Kuba die tiefe Krise infolge des Zerfalls des sozialistischen Lagers und die darauf folgende Sonderperiode überwunden hat. Die Neugier und das Abwarten sind schließlich einer Bewunderung gewichen, ja sie hat auch Mut und Zuversicht verbreitet.

Diese Entwicklung drückt sich auch in den jährlichen Abstimmungen in der UN-Vollversammlung gegen die Blockade Kubas durch die USA aus. Seit dem Jahre 1992, als erstmals eine Abstimmung gegen die Blockade stattfand und Kuba 59 Stimmen zu Gunsten seiner Resolution erhielt, haben sich in den letzten Jahren 124 Staaten mehr der Verurteilung der Blockade angeschlossen, so dass in der letzten Abstimmung, am 8. November 2006, 183 Länder gegen die Blockade gestimmt haben. Nur vier Staaten haben gegen die von Kuba eingebrachte Entschließung gestimmt: die Vereinigten Staaten, Israel und zwei Staaten, die faktisch Kolonien der USA sind, die Marschall-Inseln und Palau. Diese kleinen Inseln im Pazifik haben erst jetzt eine gewisse formale Unabhängigkeit erhalten. Vier Länder, Nikaragua, El Salvador, Irak und Elfenbeinküste nahmen nicht an der Abstimmung teil. Mikronesien, das einen ähnlichen halbkolonialen Status wie die Marschall-Inseln hat, wagte sich zur Stimmenenthaltung. Das Abstimmungsverhalten der Mitgliedsländer der Weltorganisation zeigt eindeutig die Ablehnung der Blockade und dass die Bush-Administration in ihrer Blockadepolitik gegen Kuba isoliert ist. Selbst enge Verbündete der USA, wie die NATO-Mitglieder, schließen sich der Ablehnung einer solchen semikolonialen Politik an.

Im Jahre 2005 haben die wichtigen internationale Gremien Kuba ebenfalls in seinem Kampf gegen die Blockade unterstützt: der zweite Gipfel der Länder des Südens, der Gruppe der 77, der 134 Länder angehören; der Gipfel der Vereinigung Karibischer Staaten; der Iberoamerikanische Gipfel mit mehr als 20 Ländern; der zweite Gipfel zwischen Kuba und dem CARICOM, der sich in Barbados gegen die Blockadepolitik der USA ausgesprochen hat.

Die in der Welt anerkannten und geschätzten Prinzipien der internationalen Politik Kubas wurden bereits mit aller Deutlichkeit vom kubanischen Staatschef in seiner Rede vor der UN-Vollversammlung anlässlich des 50 Jahrestages der Weltorganisation dargelegt. Er geißelte bereits damals den »Neokolonialismus innerhalb von Mitgliedsländern der Vereinten Nationen ... sowie den ununterbrochenen Rüstungswettlauf, die Politik der militärischen und nuklearen Hegemonie.« Fidel Castro wies darauf hin, dass Lateinamerika und Afrika nicht im Sicherheitsrat vertreten sind und dass jährlich über 20 Millionen Menschen an Hunger und heilbaren Krankheiten sterben, während die Mehrheit der Menschheit nicht in den Genuss der sich rasch entwickelnden Fortschritte in Wissenschaft und Forschung kommen, sondern der überwiegend einem irrationellen Konsumismus dient, der die begrenzten Ressourcen verschleudert und ernsthaft das Leben auf unserem Planeten gefährdet. Er unterstrich bereits damals: »Wir wollen eine Welt ohne Hegemonie, ohne Nuklearwaffen, ohne Interventionen, ohne Rassismus, ohne Hass zwischen Nationen und Religionen, ohne Beleidigungen der Souveränität eines Landes, mit Achtung der Unabhängigkeit und des Rechts auf Selbstbestimmung der Völker...«[154)]

Obwohl Fidel Castro an der Gipfelkonferenz der blockfreien Länder vom 11. bis 16. September 2006 wegen Krankheit physisch nicht teilnehmen konnte, beherrschte die gleiche weltpolitische Problematik, die er elf Jahre zuvor in den Mittelpunkt der internationalen Politik gestellt hatte, diese Konferenz. Das bedeutsame Treffen fand zum zweiten Mal nach 1979 in Havanna statt. Fidel Castro wird als Präsident des Gastgeberlandes für die kommenden drei Jahre Präsident dieser Bewegung sein und man kann mit Sicherheit erwarten, dass von diesem Gremium weitere bedeutende Initiativen ausgehen werden.

Diese traditionsreiche Bewegung entstand im Jahre 1955. Die Zahl ihrer Mitglieder erhöhte sich durch die Aufnahme von Haiti und St.Kitts in Havanna auf 118. Neben den über 60 Staats- und Regierungschefs kamen der Generalsekretär der Vereinten Nationen sowie Repräsentanten weiterer regionaler und internationaler Organisationen nach Kuba. Allein aus Lateinamerika waren 24 Länder vertreten. Die Bush-Regierung schickte im Vorfeld der Konferenz Emissäre in verschiedene lateinamerikanische Länder um deren Teilnahme an der Konferenz zu verhindern oder zumindest zu versuchen, der »inneren Dissidenz« die höchstmögliche Aufmerksamkeit zukommen zu lassen.[155)] Solche Störmanöver gelangen keineswegs. Im Gegenteil: Die aggressive Kriegspolitik und die von den USA aufgezwungene unipolare Welt wurden verurteilt, die internationale Solidarität und die Wiederbelebung der Charta der Vereinten Nationen wurden in der Resolution gefordert. Die Aggression Israels gegen Libanon und die Blockadepolitik gegen Kuba wurden heftig kritisiert und die friedliche Lösung der Palästina-Problematik verlangt. Der Gipfel verlief mit großer Sachlichkeit und war in den Debatten über die grundlegenden Vorgänge in der Welt von Realismus gekennzeichnet. Alle Dokumente wurden einstimmig beschlossen, bis auf die Resolution zur Lösung der Sahara-Problematik, hier stimmte Marokko dagegen. Insgesamt hat diese Gipfelkonferenz in Havanna beträchtliches internationales Prestige für Kuba gebracht. Viele Redner würdigten die großen Verdienste Fidel Castros für die Bewegung und drückten ihre Wünsche für dessen baldige Genesung aus.

Kuba bot den Mitgliedsländern an, alle, die es wünschen, im Kampf für Alphabetisierung und für ein gerechtes Gesundheitssystem weiterhin solidarisch zu unterstützen.

Außenminister Felipe Perez Roque zog in seiner Rede vor der UN-Vollversammlung am 8. November 2006, in der er den Antrag Kubas gegen die USA Blockade begründete, eine beeindruckende Bilanz der in der Welt einmaligen solidarischen Hilfe für die Länder der so genannten »Dritten Welt«.[156] Auch in diesem Jahr, während der dramatischen Eskalation der aggressiven Politik der Bush-Regierung gegen Kuba, war die brüderliche Solidarität Kubas ein Hauptbestandteil der Außenpolitik Kubas. Seit 1962, als kubanische Ärzte in Algerien zum ersten Mal im Ausland Hilfe leisteten, entsandte Kuba bis Ende 2006 insgesamt fast 132000 Mediziner in 102 Länder. Zu diesem Zeitpunkt arbeiteten 31000 Mitarbeiter des kubanischen Gesundheitswesens in 69 Ländern. Ein auf Katastrophen und Notstandssituationen spezialisiertes medizinisches Kontingent wurde im September 2005 gegründet und dessen Hilfe der USA-Regierung zur Bekämpfung der Schäden des furchtbaren Hurrikans Katrina im Süden der USA angeboten, was jedoch von Präsident Bush abgelehnt wurde. Insgesamt 2564 Mitglieder dieses Kontingents arbeiteten nach dem Erdbeben 8 Monate lang in Pakistan. Sie haben 32 Krankenhäuser aufgebaut, 1,8 Millionen Patienten behandelt und 2086 Menschen das Leben gerettet. Danach leisteten weitere 135 kubanische Ärzte in Indonesien Hilfe und bauten zwei Krankenhäuser auf, die ebenfalls gespendet wurden. Sie haben 91000 Patienten betreut und 1900 chirurgische Eingriffe vorgenommen.

Kubanische Ärzte hatten vorher während Naturkatastrophen 1970 in Peru, 1999 in Venezuela, 2004 in Sri Lanka und Indonesien und 2005 in Guatemala und in weiteren Länder, die das wünschten, gearbeitet.

Seit dem Jahre 2004 führt Kuba die »Operation Milagro« (Wunder) durch. Es wurden fast 400000 Menschen aus 28 Ländern kostenlos operiert und haben das Augenlicht wiedererlangt.

Kuba leistet nicht nur medizinische Hilfe, sondern bildete bis Ende 2006 fast 43000 junge Medizinstudenten aus 82 Nationen der »Dritten Welt« in Kuba oder in deren Ländern aus. 1612 Ärzte aus 27 Ländern haben in der Lateinamerikanischen Schule für Medizin ihren Abschluss gemacht. Insgesamt haben in diesem Jahr 2422 Studenten aus 115 Ländern in Kuba ihre Ausbildung beendet.

Seit dem Sieg der kubanischen Revolution wurden 45000 Hochschulstudenten aus 120 Ländern ausgebildet. Mehr als 32000 kamen aus Afrika. Zurzeit studieren noch über 19000 Jugendliche aus den Ländern der so genannten »Dritten Welt« an kubanischen Universitäten. Und all das geschieht völlig kostenlos. Man kann sich vorstellen, welche Bedeutung diese Art freundschaftlicher Beziehungen mit der Jugend dieser Länder hat, in denen auch kubanische Jugendliche mit der Waffe für deren Freiheit gekämpft haben.

Eine ähnliche Hilfe gewährt Kuba auf dem Gebiet der Volksbildung. Mit einigen befreundeten Ländern, wie Venezuela, wurde vereinbart, die Alphabetisierung gemeinsam durchzuführen und bei der Organisation des Volksbildungswesens zu helfen.

Es entspricht der Logik, dass sich die Beziehungen Kubas mit seinen natürlichen Verbündeten, seinen Nachbarn aus der Karibik und Lateinamerika, seit dem Wegfall des sozialistischen Lagers besonders schnell entwickelten. Neben der solidarischen Hilfe Kubas auf den Gebieten der Volksbildung und des Gesundheitswesens gab es auch in den Wirtschaftsbeziehungen einen Durchbruch. Mit Argentinien und Brasilien wurden beträchtliche Lebensmittelimporte vereinbart, was nicht nur den Bedürfnissen

Kubas entgegenkommt, sondern auch neue Absatzmärkte für diese Länder geöffnet hat, die schon seit vielen Jahren vergeblich darum kämpfen, auf den Markt der USA zu kommen. Mit Chile und Kolumbien gibt es gemeinsame Produktionen und auch mit anderen lateinamerikanischen Ländern haben sich Beziehungen zum gegenseitigen Nutzen entwickelt. Ganz besonders intensiv entwickeln sich die Beziehungen mit Venezuela. Es ist nicht zu übersehen, dass die persönliche Freundschaft zwischen Fidel Castro und Hugo Chávez diesen Beziehungen eine ganz besondere Dynamik verleiht. Seit der Unterzeichnung der ersten Abkommen, auf deren Basis Kuba sich für die Alphabetisierung in Venezuela, für den Aufbau eines effektiven Volksbildungssystems und eines für alle Venezolaner zugängigen Gesundheitswesens einsetzt und Venezuela Erdöl zu Festpreisen liefert, wurde der Grundstein für eine neue Art von gleichberechtigten Beziehungen zwischen den lateinamerikanischen Ländern gelegt. Die Idee wurde von Venezuela entwickelt: »Die Bolivarianische Alternative für Lateinamerika« (ALBA). Sie ist nicht nur ein Musterbeispiel für gleichberechtigte Beziehungen zwischen den Staaten der Region, sondern auch ein wirksames Mittel gegen die von den USA angestrebte neoliberale Freihandelszone (ALCA). Der erste, größte Schritt in diese Richtung wurde beim Besuch von Chávez im Dezember 2004 getan: Kuba akzeptiert steuerfrei Investitionen jeder Art, es gewährt Venezuela Zollfreiheit und seinen Schiffen und Passagierflugzeugen dieselben Bedingungen wie kubanischen. Das Erdölabkommen wurde erneuert. Venezuela kann kubanische Dienstleistungen mit nationalen Produkten oder mit seiner Währung bezahlen. Kuba hält jährlich

2000 Studienplätze für Venezolaner frei und entsendet 15000 kubanische Ärzte und Krankenschwestern. Venezuela leistet Finanzhilfe im produktiven Sektor und zur Entwicklung der Infrastruktur, wie Energie, Asphalt-Produktion, Modernisierung der Häfen und der Wasserversorgung. Entwicklung des Tourismus »ohne fiskalische oder andere Belastungen«. Gemeinsame Forschungen auf den Gebieten des Arten- und Umweltschutzes. Venezuela gestattet Kuba die Nutzung seiner Infrastruktur sowie seiner Luft- und Schiffsflotte. Diese bedeutenden Vereinbarungen wurden währen des Aufenthaltes einer Wirtschaftsdelegation unter Leitung von Carlos Lage im Januar 2007 mit weiteren 16 Abkommen ergänzt. Darunter die Installation eines Unterwasserkabels zwischen beiden Ländern, Forschung und Erschließung von Erdölvorkommen und anderen Bodenschätzen, Errichtung eines 175 MW Kraftwerkes, Modernisierung und Erweiterung der Häfen und Flotte, Gründung von Finanzierungsgesellschaften für den Kauf von Schiffen, für die Infrastruktur im Eisenbahnwesen, Aufbau und Betrieb von Hotels in beiden Ländern, Zusammenarbeit im Reisanbau, in der Forstwirtschaft, in der Produktion von Nirostastahl sowie die Gründung einer

Versicherungsgesellschaft. Die ALBA ist offen für alle interessierten lateinamerikanischen Länder. Bisher hat sich schon Bolivien angeschlossen und es liegt die durchaus angebrachte Vermutung nahe, dass sich diese neue Art der Integration fortsetzt.[157)] Erwähnenswert ist in diesem Zusammenhang die von Venezuela und Kuba ausgegangene Initiative zur Gründung der karibischen Energievereinigung »Petrocaribe«. Ähnliche Organisationen, wie Petrosur und Telesur sind bereits feste Bestandteile der ALBA.

Während sich die Beziehungen Kubas mit der überwiegenden Zahl der Länder Lateinamerikas, Afrikas, Asiens und auch anderen Staaten, wie Japan oder Kanada normal bis gut entwickeln, gibt es im Verhältnis zur Europäischen Gemeinschaft beträchtliche Probleme. Das begründet sich einmal durch die extreme Abhängigkeit Europas von der US-Außenpolitik und zum anderen auch dadurch, dass die Oberschichten der meisten europäischen Staaten die gleichen Interessen daran haben, ein sozialistisches Vorbild in der realen Politik auszuschließen. In Europa gibt es nicht wenige Versuche, für Kuba das gleiche Schicksal wie für den Sturz des Sozialismus in Europa unausweichlich vorauszusagen.

Die offizielle Kuba-Politik der EU basiert noch immer auf der »Gemeinsamen Position«, einem Dokument vom Dezember 1996, deren inhaltliche Formeln alle sechs Monate auf EU-Gipfeln bestätigt werden. Die Hauptaussage dieser »Position« ist: Die Europäische Union ist bereit, mit dem kubanischen »Regime« zusammenzuarbeiten, um mehr »Demokratie« und die »Anerkennung der Menschenrechte« durchzusetzen. Dafür werden Vorbedingungen gestellt, die diskriminierende Einmischungen in die inneren

Angelegenheiten Kubas bedeuten. Im Jahre 2003 kam es infolge der kubanischen Reaktion auf eine Reihe von durch die USA provozierten gefährlichen Zuspitzungen zu einer Erhöhung des Druckes auf Kuba von Seiten der Europäischen Union. Es wurden konkrete Unterstützungsmaßnahmen für die USA zur Formierung einer »Oppositionsbewegung« gegen die sozialistische Regierung Kubas durchgeführt, so genannte »Dissidenten« hofiert. Man hat in der antikubanischen Politik zu Handlungen gegriffen, die in der diplomatischen Praxis als eindeutig feindlich auslegbar sind. Obwohl sich im Verlauf der Politik die Lage wieder etwas beruhigt, bleibt doch die grundsätzliche Problematik zwischen den Beziehungen EU-Kuba bestehen und sorgt latent für Spannungen. Einige Länder, wie Frankreich, Italien und auch Spanien unter der Regierung Zapatero bemühen sich zwar, ihre Wirtschaftsbeziehungen mit Kuba auszubauen, doch das betrifft mehr die Interessen der Industrieunternehmen, die natürlich auch von der Abwesenheit der USA-Unternehmen profitieren wollen.

Kuba ist grundsätzlich bereit, über die in der »Gemeinsamen Position« formulierten Vorbedingungen zu sprechen, kann diese jedoch keinesfalls akzeptieren, weil solche Vorbedingungen keinem anderen Land gestellt werden – auch nicht den Ländern, die ernsthafte Probleme mit den Menschenrechten haben. Man kann den heftigen Kritikern der Menschenrechtlage auf Kuba wahrlich nicht unterstellen, dass sie tatsächlich für die »Reinheit« der ungeteilten Menschenrechte kämpfen, denn dazu hätten sie in ihren eigenen Ländern genügend Betätigungsfeld. Die Regierungen der USA und auch europäischer kapitalistischer Länder nutzen die Kampagne mit den »Menschenrechten« eindeutig für den politischen Kampf gegen das revolutionäre Kuba, gegen den Sozialismus. Das ist aus ihrer Warte legitim und leider nicht anders zu erwarten, stößt jedoch logischerweise in Kuba und auch in anderen Ländern auf entsprechende Reaktionen.

Das erste Menschenrecht ist das Recht auf Leben. Vorrangig ist das Recht auf Nahrung, das Recht auf medizinische Behandlung, das Recht auf Arbeit, das Recht auf Wohnung usw. All das ist in Kuba viel überzeugender gewährleistet, als in anderen Ländern der Erde. Ja, man kann sogar sagen, dass Kuba ein Beispiel für die Unteilbarkeit der Menschenrechte ist. Die kubanische Führung erkennt auch offen an, dass es in Kuba keine Meinungsfreiheit für eindeutige Gegner der Revolution gibt. Die Gegner der sozialistischen Entwicklung greifen jedoch für ihre Zwecke exemplarisch ein oder zwei Rechte aus der Charta heraus, um die Führung Kubas diffamieren zu können. Man kann also hinsichtlich der vordergründigen Menschenrechtkampagne gegen Kuba erneut beobachten: Kein anderes Thema ist so mit Heuchelei und politischen Opportunismus behaftet, wie das der Menschenrechte. Das war in der Geschichte generell so und gilt insbesondere für jene, die sich in dieser Hinsicht am auffälligsten gebärden, nicht nur, weil sie die Macht über die größten Medienmonopole haben. Unter diesen Staaten sind dies vor allem die USA, die ihre eigenen Verbrechen mit eben diesem Argument zu verstecken suchen und sich einem internationalen Strafgerichtshof entziehen. Wie treffend schrieb doch der in der Politik so erfahrene Willy Brandt als er 1987 in seinem Essay »Menschenrechte misshandelt und missbraucht« bemerkte: »Zur Arbeit für die Menschenrechte gehört das Fegen vor der eigenen Tür. Wer sich zum Westen ... bekennt, muss sich eine noch härtere Prüfung seiner menschenrechtlichen Verhältnisse gefallen lassen, als derjenige, der sich auf andere Traditionen beruft... Leute, die ihre Absichten verschleiern möchten, indem sie Menschenrechte vorschieben, wo Besitz und Machtinteressen gemeint sind, handeln nicht nur zynisch und heuchlerisch, sie gefährden auch die politische Lösung großer sozialer Probleme.«[158)]

Die US-Administration und ihre Verbündeten gerieten auch in Fragen Menschenrechte in der jüngsten Vergangenheit zunehmend in die Kritik der Weltöffentlichkeit und man arbeitete daher in der UNO darauf hin, die größte und wichtigste Menschenrechtsorganisation aufzulösen und einen kleinen, manipulierbaren Apparat zu schaffen. Dieser Prozess wurde begleitet von einer diplomatische Offensive und einer entsprechenden Propagandakampagne, wie sie auch aus den Wahlkämpfen kapitalistischer Länder hinlänglich bekannt ist. Der Plan der USA war es, einen Menschenrechtsrat aus nur 20 Mitgliedern, unter ihnen die fünf ständigen Mitglieder des Sicherheitsrates zu schaffen. Dieser Vorschlag wurde jedoch von der UN-Vollversammlung zurückgewiesen und man wählte einen Menschenrechtsrat, in dem alle Regionen der Welt vertreten sind. Da diese Wahl geheim war, und die USA bereits bei früheren geheimen Wahlen in der UNO schlechte Erfahrungen machen mussten, verzichteten sie auf eine Teilnahme an der Wahl in der Hoffnung, dass ihre Verbündeten schon für die richtige politische Zusammensetzung sorgen würden. Es ist daher ein außerordentlich großer Triumph der Gerechtigkeit geworden, dass Kuba mit 135 Stimmen von 191 als

Mitglied in diesen Menschenrechtsrat gewählt wurde. Mit dieser Wahl geht eine 15jährige Routine zu Ende, in der es den USA jedes Jahr gelang, ein höriges Land anzuwerben, das Kuba in einem vorgeschriebenem Entschließungsentwurf eine Missachtung der Menschenrechte vorwarf. Diese Resolutionen dienten dann stets als »Rechtfertigung« der gezielt betriebenen antikubanischen Politik. Die geheime Abstimmung in der Vollversammlung der UNO ist zugleich ein Ausdruck dessen, wie die Staaten der Welt wirklich über den verlogenen Gebrauch der Problematik »Menschenrechte« durch die USA und ihre Verbündeten denken. Es ist natürlich nach so vielen Jahren der Verleumdungen nicht verwunderlich, dass der Außenminister Kubas triumphierend zu Beginn seiner Rede im Rat für Menschenrechte der UNO ausrief: »Heute ist ein besonders symbolischer Tag. Kuba ist Gründungsmitglied des Rates für Menschenrechte und die USA nicht. Kuba wurde mit der überwältigen Unterstützung von 135 Ländern gewählt, mehr als zwei Drittel der Vollversammlung der Vereinten Nationen, während die USA nicht einmal wagten, sich als Kandidat zu präsentieren. Kuba vertraute aus den gleichen Gründen in die geheime Abstimmung, aus denen die Vereinigten Staaten sie fürchteten«[159)] Es kam auch eindeutig zum Ausdruck, dass es besonders die Länder der »Dritten Welt« waren, die für Kuba gestimmt haben. Außenminister Perez konnte sich daher auch nicht der Bemerkung enthalten: »Kuba kennt die in Brüssel verhandelte geheime Vereinbarung ganz genau, bis in seine kleinsten Details, in der die Europäische Union sich verpflichtete, nicht für Kuba zu stimmen und eng mit den Vereinigten Staaten zusammenzuarbeiten...«[160)]

Ideologischer Kampf: »Batalla de Ideas«

Durch die Öffnung gegenüber dem kapitalistischen Umfeld, die andauernde, vielfältige und gezielte USA-Propaganda, die Gestattung des Besitzes von Devisen, durch die private wirtschaftliche Tätigkeit und besonders durch den wachsenden Tourismus sind auch in Kuba verstärkt *Erscheinungen der persönlichen Bereicherung, der Korruption, der Steuerhinterziehung, des illegalen Handels, der Prostitution und der Jugendkriminalität* zu beobachten. Sicherlich haben dazu auch die langen Jahre der Not und der unsagbaren Entbehrungen beigetragen, wie Raúl Castro bereits auf dem *5. Plenum der KP Kubas* im März 1996 ausgeführt hat.[161)] Hinzu kamen noch weitere Erscheinungen, die bei der Führung des Landes offenbar ernste Besorgnis ausgelöst haben und deren Ursache nicht unmittelbar mit den Auswirkungen der Sonderperiode zusammenhing, sondern ihre Ursachen auch in der gewissen, notwendigen Öffnung der Wirtschaft Kubas zu den kapitalistischen Weltmärkten hatten. In den USA hatte man verstärkt damit begonnen, auch unter Nutzung der Erfahrungen aus der Glasnost-Zeit, sich konkret in die inneren Belange Kubas einzumischen und über wissenschaftliche Institute Kubas, die z. T. Beraterorgane der Kommunistischen Partei sein sollten – wie die Institute für Amerika- und Europaforschung –, den Boden für die Organisation einer so genannten »Zivilgesellschaft« zu bereiten. So wie damals, in der Endphase der UdSSR über vierzig nichtstaatliche Organisationen entstanden, wollte man auch in Kuba ähnliche Organisationen neben den bereits bestehenden gesellschaftlichen Organisationen schaffen, die zweifelsohne nicht die Unterstützung des sozialistischen Aufbaus zum Ziel hatten. Der Einstieg war fast immer eine bekundete Absicht zur solidarischen Unterstützung der Not leidenden Bevölkerung Kubas. In jener Zeit häuften sich die Auslandsreisen von Wissenschaftlern zu internationalen Kongressen, die zum größten Teil von ausländischen »Partnern« finanziert wurden. Im Februar 1994 spielten sich dann die bekannten dramatischen Szenen der Massenflucht in die USA ab, die teilweise kriminelle Auswüchse annahm. In jener Zeit wurden auch Konzeptionen von so genannten »wissenschaftlichen Denkfabriken« in den USA entwickelt, in denen die wahren Absichten erkennbar wurden. So schrieb zum Beispiel die in den USA lebende Wissenschaftlerin Guillen Gunn: »Wenn Kuba weiterhin marktorientierte Wirtschaftsreformen in die Tat umsetzt, wird wahrscheinlich durch die damit einhergehende Dezentralisierung mehr Raum für wirkliche NGO's (Nichtstaatliche Organisationen) entstehen und es erhöht sich der verstärkende Effekt der Unabhängigkeit in dem Ausmaß, in dem sie Spenden aus dem Ausland erhalten«.

Es gab auch besonders in dieser Zeit Anlass dafür, dass die kubanische Führung streng darauf achtete, dass in Kuba keine Medien der Meinungsbildung entstehen oder genutzt werden, die sich gegen die sozialistische Entwicklung richten. Denn auch in dieser Hinsicht wurde versucht, die Erfahrungen der so genannten Glasnost, die die UdSSR und andere sozialistische Länder unterminiert hatte, auch in Kuba unter der Propagandafloskel der Pressefreiheit zu etablieren und zu pflegen. Auch hierzu gibt es im Bericht an das 5. Plenum eine klare Aussage: »Alarmiert durch diese Erfahrung ... halten wir daran fest und werden weiter daran festhalten, dass die wirklich freie Presse jene Presse ist, die der Freiheit des Volkes dient und nicht den Ausbeutern, die in Miami auf der Lauer liegen«.[162)]

Natürlich musste die politische Führung auch ideologische Wirkungen aus den notwendig durchgeführten Wirtschaftsreformen einschätzen, wie die Legalisierung des US-Dollars, die Beteiligung ausländischer Unternehmungen an der Wirtschaft, die Zulassung selbstständiger Tätigkeit (Taxi, Kunsthandwerk, Gastronomie, Zimmer Vermietung usw.), die Entwicklung des Massentourismus und all seiner negativen Wirkungen, die Bereicherung der Bauernschaft, die Entstehung von Zwischenhändlern besonders im Zusammenhang mit den Bauernmärkten und viele weitere Probleme. Mit all diesen herangereiften Problemen setzte sich dieses 5. Plenum des Zentralkomitees der Kommunistischen Partei Kubas auseinander und stellte auch kritisch fest, dass solche Erscheinungen selbst in der Partei in ihrer Wirkung unterschätzt wurden. Es beriet bereits damals die Aufgaben zur *Verbesserung der politisch-ideologischen Arbeit* der Partei und der Massenorganisationen. In den Basisorganisationen und selbst auf der Ebene mancher Bezirke habe man Verständnis für bestimmte gesetzwidrige Handlungen zugelassen und auch in Kreisen staatlicher Leitungen habe es an klaren Maßnahmen gemangelt.

Die im Zusammenhang mit dem 5. Plenum in der Bevölkerung diskutierten Probleme waren weiterhin Gegenstand der Vorbereitungen zum V. Parteitag, der dann im Oktober 1997 stattfand. Für dessen Vorbereitung wurde ein Aufruf veröffentlicht, der als Basis einer breiten

Volksaussprache diente und ein weiterer Beweis dafür war, dass die Partei ihre Politik stets in enger Verbundenheit mit der gesamten Bevölkerung durchführt.

Später, erst in dem für einen nachhaltigen Aufschwung der kubanische Wirtschaft entscheidendem Jahr 2005, wurden wiederum die Weichen für künftige Entwicklungen auf der Basis kritischer und offener Analysen hin zur Vervollkommnung des gesellschaftlichen Modells gestellt. Fidel Castro hat sich oft und in mehreren Reden mit grundsätzlichen Fragen auseinandergesetzt und auch in Beiträgen anderer führender Persönlichkeiten gibt es interessante Aspekte, die besonders auf die *umfassende Erziehung und Bildung der Menschen* in der sozialistischen Gesellschaft hinweisen. Besonders aufschlussreich sind in dieser Hinsicht die Ausführungen Fidel Castros in seiner Grundsatzrede in der Universität von Havanna am 17. November 2005.[163)] Hier hat er sich tiefgründig mit Gefahren innerhalb des gesellschaftlichen Systems auseinandergesetzt und angedeutet, dass nur die inneren Faktoren, die von den Menschen begangenen Fehler, den Sozialismus zerstören könnten. Es ist zu beachten, dass diese Rede keine welthistorische Überraschung gewesen ist, die die Solidaritätsbewegung paralysiert hätte, wie es z.B. von Prof. Heinz Dieterich verwundert festgestellt wurde. Für Kuba-Kenner waren die meisten Gedanken nicht neu. Auch Ricardo Alarcon, ein Mitglied des Politbüros des Zentralkomitees der Partei und Präsident der Nationalversammlung sagte in einem Interview, dass sich die Führung schon seit dem Kollaps des Sozialismus in Europa mit solchen Grundfragen der weiteren Entwicklung des Sozialismus beschäftigt. In diesem Interview führte er weiter aus: »Wir sind bemüht, unseren Sozialismus stetig zu verbessern ... Dieser *›Kampf der Ideen‹*, wie er in Kuba heißt, wird in all seinen Programmen und Projekten von Jugendlichen angeführt, die Jugendorganisationen sind führend beteiligt. Sie sind es, die auch gegen die Korruption kämpfen, gegen den Missbrauch der Ressourcen, gegen die bürgerliche Mentalität und kapitalistische Verhaltensweisen, die in den vergangenen Jahren leider wieder aufgekommen sind. Das war nicht vermeidbar, weil wir unter dem Eindruck der Krise kapitalistische Mechanismen teilweise einführen mussten. Aber wir sind uns der Gefahren dieser Entwicklung bewusst. Und die Jugend steht an erster Stelle im Kampf gegen sie.«[164)]

Es wurde der konsequente Kampf angesagt gegen solche Erscheinungen wie Korruption, Bereicherung, Diebstahl an Staatseigentum, Verschwendung, Irrtümern der Regierung, von Mitgliedern der Führung usw. Obwohl in der politischen Arbeit diese Problematik immer Schwerpunkt gewesen ist, fehlten aber oftmals die notwendigen Konsequenzen. Offensichtlich auch deshalb hat Fidel Castro in seiner Rede erstmals in der Öffentlichkeit auf die große Gefahr hingewiesen, dass über eine Möglichkeit der »Selbstzerstörung« der Revolution nachgedacht werden müsse und daran erinnert, dass der Sozialismus schließlich eine Übergangsphase ist, der eine ständige dynamische und schöpferische Weiterentwicklung im Einklang mit der gesellschaftlichen Praxis erfordert. Fidel Castro sagte in jener Rede, in der er an ähnliche, bereits zu Zeiten der Existenz des sozialistischen Lagers in seinem Schlusswort auf dem III. Parteitag 1986 entwickelten

Gedanken anknüpfte, u.a.: » ... der größte Irrtum war zu glauben, irgendjemand wüsste, wie der Sozialismus geht, dass jemand wüsste, wie man den Sozialismus aufbaut«. In sehr kritischen Analysen wurden unzählige Beispiele solcher für sozialistische Verhältnisse unmoralischen Verstöße gegen die Prinzipien der Ethik und Ehrlichkeit angeführt. Das lässt vermuten, dass tief greifende Änderungen bevorstehen.

Es ist nicht verwunderlich, dass diese Rede in der Universität, vor den Jugendlichen und Studenten gehalten wurde, und dass Tausende neu ausgebildete junge Sozialarbeiter zu dieser Zeit eingesetzt wurden, um Diebstahl, Korruption, Misswirtschaft, Veruntreuung aufzudecken. Zunächst wurde damit landesweit in der Verteilung von Treibstoff begonnen. Sicherlich werden solche Kontrollmaßnahmen bald auf anderen »gefährdeten« Gebieten, wie Bauernmärkte, Privatwirtschaft, Devisenläden, in denen ähnliche kleinbürgerliche Ambitionen entstehen können, folgen. Die Staatsorgane werden wieder gestärkt, die Kontrolle verbessert werden. Diese komplexe, kritische Analyse stellt Fidel Castro nicht als unvermeidbare, objektiv bedingte oder logische Folge der sozialistischen Entwicklung dar, wie einige westliche Gesellschaftswissenschaftler glauben wollen, sondern es scheint eher so, dass die kubanische Parteiführung den Zeitpunkt für gekommen sieht, die Ursachen für solch bedenkliche Erscheinungen grundlegend bekämpfen zu können.

Es wurde bereits seit etwa fünf Jahren von der Kommunistischen Partei, von Fidel Castro inspiriert, damit begonnen, eine langfristig angelegte ideologische Erziehungskonzeption in allen Bereichen des gesellschaftlichen

Lebens und besonders unter der Jugend zu realisieren. Diese Konzeption wird unter dem Begriff *»Kampf der Ideen«* zusammengefasst. Seit vielen Jahren hat man analysiert, dass sich bestimmte moralisch-ethische Probleme in den Zeiten der Notstandsperiode in Teilen der Bevölkerung und auch in Kreisen leitender Persönlichkeiten zu Gewohnheiten entwickelt hatten. Wegen der angespannten Lage, den unzähligen Problemen in der Wirtschaft des Landes und besonders in der Versorgung der Bevölkerung, wurden recht weitreichende Kompromisse in der politisch-ideologischen Erziehung gemacht. Die Probleme konnten erst systematisch in den Vordergrund der Parteiarbeit gerückt werden, nachdem die Grundlagen der Wirtschaft gelegt, die Versorgungslage und all die damit zusammenhängenden Fragen beantwortet worden sind und eine optimistische, ruhige Lage im Lande geschaffen wurde. Auch mussten andere materielle Bedingungen geschaffen werden, um diesen Erziehungsprozess allseitig abzusichern.

Mit der Konzeption »Kampf der Ideen« geht die kubanische Partei ebenfalls sehr eigene und neue Wege. Man hatte natürlich die Entwicklungen der Menschen und ihre Verhaltensweisen in der Sowjetunion und in Ländern Osteuropas studiert und gewisse Tendenzen des Strebens nach ausschließlich materiellen Gütern, eine gewisse Verbürgerlichung, festgestellt, was objektiv in keiner Gesellschaft ohne Grenzen ist. Das konnte man besonders nach dem Zerfall des Sozialismus in Europa sehr deutlich am Konsumverhalten vieler Bürger registrieren. Offenbar hat man an die Prophezeiung Che Guevaras in einer Rede 1964 in Algerien gedacht als er sagte: »... man kann nicht den Sozialismus mit den beschädigten Waffen des Kapitalismus aufbauen, da dies zur Restaurierung des Kapitalismus führen würde«.

Das kubanische Erziehungssystem hat bereits seit Jahrzehnten besonders in der Bildung der Kinder und Jugendlichen an die von José Martí geprägten ethischen und moralischen Werte angeknüpft und daher einen großen Beitrag zur patriotischen Haltung, Einigkeit und zur Entwicklung des Nationalbewusstseins geleistet. In seinem Essay »Unser Amerika«, veröffentlicht 1891, wies Marti darauf hin: »Schutzgräben aus Ideen sind wertvoller als Gräben aus Steinen. Es gibt keinen Keil, der eine Wolke aus Ideen zerschneiden kann«. Fidel Castro hat in vielen Beiträgen die Konzeption von Martí weiterentwickelt. In seinem Buch über Martí, »Der geistige Verfasser«, schrieb er: »... wir verehren Martí unendlich wegen seines gigantischen Werkes, ein revolutionäres Bewusstsein in die Seele unseres Volkes gesät zu haben. Wir bewundern Martí, weil er ein brillanter Intellektueller war, ein Mensch von außerordentlicher Intelligenz, ein Poet mit tiefen Empfindungen, der sein Talent dem revolutionären Kampf gewidmet hat, der sein Leben und seine Feder diesem Kampf weihte, der ein Mann des Wortes und der Tat war. Wir danken ihm und wir danken ihm in Ewigkeit dafür, für seine Bedeutung und seine Symbolkraft«.[165)] Fidel Castro hat in diesem Werk wie auch schon in seiner Verteidigungsrede: »Die Geschichte wird mich freisprechen« im Jahre 1953 nachgewiesen, dass Marti auch als der geistige Vater der Bewegung des 26. Juli gesehen werden muss.

Es bestehen verschiedene Interpretationen hinsichtlich der Bedeutung des Begriffes »Kampf der Ideen«. Die grundlegenden Beiträge jedoch wurden diesbezüglich von Fidel Castro in seinen Beiträgen in den 90er Jahren geleistet. Nach seiner Konzeption geht es darum, Ideen zu entwickeln, Argumente, die Überzeugungen wegen ihrer Wahrhaftigkeit schaffen. Die Konzeption schließt einen Komplex von Maßnahmen, Veränderungen und Projekten ein, die die Realisierung der verschiedenen Programme der Revolution ins Auge fassen, die zur wichtigsten Zielstellung die Sicherung der sozialen Ziele der Revolution haben. Die Konzeption sieht die Entwicklung eines Programms mit über hundert Aufgaben und Zielstellungen vor, unter ihnen befinden sich z. B. der Bau und die Modernisierung von Schulen, Krankenhäusern, Altersheimen, der Computer gestützte Unterricht, die Schaffung von Bibliotheken, die Herausgabe von Büchern und Literatur zur Erweiterung der Kenntnisse der Bevölkerung, die Schaffung weiterer Kanäle für das Bildungsfernsehen und ähnliche Aufgaben. Schließlich soll die Realisierung der Konzeption dazu beitragen, das Lebensniveau und die Lebensqualität der kubanischen Bevölkerung zu heben. »... Die Werte (der Ideen) bilden die wirkliche Lebensqualität, die höchste Lebensqualität, noch vor der Ernährung, der Wohnung und der Bekleidung..., ohne die Wichtigkeit der materiellen Bedürfnisse zu unterschätzen. Diese muss man immer beachten, denn um studieren zu können, um die anderen Lebensqualitäten erwerben zu können, muss man bestimmte physische Notwendigkeiten befriedigen, die materieller Natur sind. Aber die eigentliche Lebensqualität besteht im Wissen, in der Kultur, das sind genau die Pfeiler der Konzeption des Kampfes der Ideen...« Und weiter führte er aus: »Lebensqualität ist Patriotismus,

Lebensqualität ist Würde, Lebensqualität ist Selbstachtung, worauf alle Menschen ein Recht haben.«[166]

Es deutet alles darauf hin, dass die kubanische Führung sich seit langem darauf vorbereitet, den komplexen Erziehungsprozess der Menschen auf der Basis des eigenen geschichtlichen, patriotischen Erbes und der kulturellen, humanistischen Werte des Sozialismus zu aktivieren. Die Revolutionsführer haben bereits gleich nach dem militärischen Sieg der Revolution ein Volksbildungsprogramm eingeleitet, das von den Grundschülern bis zu den Senioren die ganze Nation einbezog. Die Notwendigkeit und auch die Möglichkeit einer umfassenden Weiterentwicklung in allen gesellschaftlichen Bereichen scheint man jetzt für opportun zu halten, zumal in dieser Richtung bereits langfristig gründliche Vorbereitungen erfolgt waren.

Ein besonderes Ziel ist die *Einbeziehung der Jugend*. Daher hat die Parteiführung der Union der Jungen Kommunisten (UJC) die volle Verantwortung für die Realisierung der Konzeption des Kampfes der Ideen in all seiner Bestandteile übertragen. Das ist z. B. einer der Gründe, warum Fidel gerade die Universität zur Tribüne für seine historische Rede am 17. November 2005 auswählte. Hier waren die Jugendlichen versammelt, hier hat er die verantwortungsvolle Arbeit der jungen Sozialarbeiter und der der Instrukteure für die Kulturarbeit gewürdigt. Hier hat er auch die studentische Jugend aufgefordert, sich die revolutionären Ideen der Menschheit anzueignen und dies in revolutionären Taten auszudrücken. »Es sind die Ideen«, so sagte er eindringlich: »In der Geschichte der revolutionären Bewegung lest ihr die großen Theoretiker, die niemals die revolutionären Prinzipien aufgegeben haben. Es sind die Ideen, die uns einen, es sind die Ideen, die uns zum kämpfenden Volk machen, es sind die Ideen die uns und nicht nur individuell, sondern kollektiv, zu Revolutionären machen. Und so ist es schließlich, dass, wenn sich die Kraft von allen vereint, ein Volk niemals besiegt werden kann.«[167] Der VII. Kongress der Organisation der Universitätsstudenten, im Dezember 2006, behandelte all die Probleme, die von Fidel Castro dargelegt worden sind. Raúl Castro betonte in seinem Schlusswort, dass die erste Generation der Revolution schrittweise ihre Pflicht beendet und dass es notwendig ist, der Jugend noch mehr Verantwortung zu übertragen.

Interessant sind die Anstrengungen des Landes besonders für die Jugend auch ein positives Umfeld für die Realisierung der Ideen zur Entwicklung des neuen Menschen zu schaffen. Etwa, keine Arbeitslosigkeit zuzulassen, der Jugend Verantwortung zu übertragen, alle Bildungsmöglichkeiten, Teilnahme am kulturellen Leben, am Sport und an sinnvoller Freizeitgestaltung zu ermöglichen. Selbstverständlich müssen die großen Leistungen der vergangenen Jahre im Bildungswesen, im Gesundheitswesen und auf anderen sozialpolitischen Gebieten in diesen Kontext einbezogen werden. Die Sozialarbeiter haben im Kampf gegen Schieberei und Korruption eine große gesellschaftspolitische Rolle gespielt, was ihr Verantwortungsbewusstsein erhöht hat. In den Kommunen werden ihnen von den gesellschaftlichen Kräften, den Staatsorganen und den Massenorganisationen, Betreuungsaufgaben für bedürftige Personen übergeben. Die Kultur- und Kunstinstrukteure wirken in den Schulen und kulturellen Vereinigungen nicht nur bei der Lösung fachlicher Aufgaben, sondern helfen auch entsprechende Aufgaben in der Erziehung zu lösen. Von größtem Wert für die Erziehung im Sinne des Kampfes der Ideen sind auch die internationalistischen Einsätze tausender Pädagogen und Mediziner. Im Prinzip ist es auch so, dass die Mehrheit der kubanischen Jugend, die nach dem Sieg der Revolution oder vorher geboren wurden, in einem Zustand permanenter Bedrohung ihrer Heimat durch die feindliche Politik der USA und einer dadurch provozierten Mobilisierung, ja faktisch in einem ständigen Prozess der Revolution, lebte und herangewachsen ist. Abgesehen von der politischen Anspannung und der ständigen Mobilisierung der Wachsamkeit, gibt es auch die systematische Erprobung und Vervollkommnung der Konzeption der Verteidigung des Landes durch seine Bürger. Auch die solidarischen Einsätze in Afrika, die zehntausenden Kämpfer in Angola gegen die südafrikanischen Söldner, trugen zur patriotischen, revolutionären Erziehung und zur Motivation vieler Jugendliche bei. Sie sind gemeinsam mit den Veteranen, die gegen die Batista-Diktatur, in der Schweinebucht oder anderswo gekämpft haben, in der »Assoziation der Kämpfer« organisiert.

Die Entwicklung der sozialistischen Gesellschaft, in der die Produktionsverhältnisse beginnen, sich wieder nach ihnen eigenen Gesetzmäßigkeiten zu entwickeln, die äußeren Bedingungen ständigen Veränderungen unterworfen sind und sich der Druck aus dem Norden in vielfältiger Form verschärft, *stellt an die kubanische Führung zunehmend große Anforderungen.* Es erwachsen auch grundlegende theoretische Fragen. Die Risiken der Entwicklung werden kritisch analysiert, sie werden erkannt und scheinen daher durchaus kalkulierbar. Die grundlegenden Diskussionen über den sozialistischen Aufbau werden durch die nunmehr reichen eigenen Erfahrungen zielstrebiger und interessanter. Sowohl die Führungsgremien als auch zahlreiche Wissenschaftler haben sich mit den Lehren aus dem Zusammenbruch des Sozialismus in Europa beschäftigt, und versucht, die richtigen Folgerungen zu erarbeiten und die eigene nationale Realität in der politischen Arbeit stärker zu berücksichtigen.

Die Möglichkeiten zur Überwindung der Schwierigkeiten liegen besonders in der wachsenden Einheit und in der Kreativität des Volkes, in der Fähigkeit, auch ernste Krisensituationen zu überleben und im Reifeprozess der Kommunistischen Partei. Seit 1959 wird Kuba besonders in Lateinamerika und auch in den Ländern der »Dritten Welt« als Synonym für Unbeugsamkeit, Freiheitswillen, Stabilität und Fortschritt eingeschätzt. Selbst die besonders für Europäer schwer zu begreifende Komplexität der Probleme und der Situation in den Lebensbedingungen lassen bei der Mehrheit der Kubaner nicht den Wunsch aufkommen, freiwillig zu den vorrevolutionären Verhältnissen zurückzukehren oder die soziale und wirtschaftliche Krise anderer lateinamerikanischer Länder oder der karibischen Nachbarn zu teilen.

Der Direktor des Amerika-Instituts von Kuba, Dario L. Machado Rodríguez, stellte aus Anlass des V. Iberoamerikanischen Gipfels die akuten Probleme so zusammen: »Unter den aktuellen Bedingungen stehen wir vor den Herausforderungen von größerer sozialer Ungleichheit, einer Erhöhung der privatkapitalistischen ausländischen

Investitionen im Land, einem Anwachsen von ›Mischbetrieben‹, der beschleunigten Entwicklung des Tourismus, einer größeren Bedeutung der Marktbeziehungen, einer stärkeren Dezentralisierung von Regierungs- und Verwaltungsfunktionen, der Wettbewerbsfähigkeit unserer Produkte und Dienstleistungen auf den internationalen Märkten.«[168)] Obwohl sich die gegenwärtige Einschätzung, Aufgabenstellung und Perspektive sich natürlich in der Folgezeit durch die dynamische Entwicklung wieder etwas geändert hat, bleiben doch die Hauptursachen der kritischen Einschätzung erhalten.

Man kann heute mehr denn je davon ausgehen, dass die *führende Rolle der Kommunistischen Partei* als einzige politische Partei erhalten und sicherlich ausgebaut wird. Besonders die Problemlösungen unter den heutigen Bedingungen stellen gewaltige Anforderungen an die Führungsarbeit auf allen Gebieten. Die Partei hat heute 780000 Mitglieder und ist auf allen Gebieten des gesellschaftlichen Lebens präsent. Allein in Havanna hat sie 145000 Mitglieder. Ihre Struktur und inhaltliche Ausrichtung wandelte sich besonders nach dem III. Parteitag merklich. Es wurde ein Prozess der Verjüngung und der radikalen Verringerung des Funktionärsbestandes auf allen Ebenen eingeleitet. Dieser Prozess setzt sich fort und wurde auch wieder auf dem bisher letzten, dem V. Parteitag im Oktober 1997, sichtbar.[169)] Die Anzahl der Mitglieder des Zentralkomitees wurde von 225 auf 150 reduziert, die des Politbüros von 26 auf 24. In den Führungsgremien der Partei sind im Wesentlichen Personen, die unmittelbar aus der Praxis kommen. In der inhaltlichen Ausrichtung der Arbeit bemüht sich die Partei um eine Wandlung von einem früher vorwiegend militärisch geprägten Führungsstil zu einer volksverbundenen ideologisch-politischen Arbeit. Man achtet streng darauf, dass Parteimitglieder keine Privilegien haben, und dass sie nicht wegen ihrer Funktionen etwa in die Partei delegiert werden. Sie werden wegen ihrer persönlichen Eigenschaften und ihrer Vorbildwirkung, ähnlich wie die Kandidaten für die Wahlen der Volksvertreter, von den Menschen als Kandidat zur Aufnahme in die Partei vorgeschlagen, die sie am besten beurteilen können. Auch in den Problemen der Kontinuität in der Führungsarbeit, bedingt auch durch den Alterungsprozess und der damit verbundenen abnehmenden physischen Leistungsfähigkeit wurden offenbar ebenfalls entsprechende Schlussfolgerungen gezogen. Das Durchschnittsalter der Abgeordneten der Nationalversammlung beträgt etwa 45 Jahre. Ein ähnlicher Altersdurchschnitt ist im Zentralkomitee der Partei und auch in den Leitungsgremien anderer Ebenen festzustellen. Es gibt tausende Personen, die hohe Verantwortung tragen und erst nach dem Sieg der Revolution geboren wurden.

Insgesamt schätzte der V. Parteitag bereits vor Jahren ein, dass der Erholungsprozess der kubanischen Wirtschaft unumkehrbar begonnen hat. Die Wirtschaftsbeschlüsse, die auch heute noch die grundlegenden Richtungen bestimmen, gehen davon aus, dass die »Sonderperiode« zu Ende geht und der Übergang zu einer neuen Etappe der Wirtschaftsentwicklung möglich wird. Diese Etappe hat offenbar folgende Charakteristika:

- Absoluten Schwerpunkt wird die politisch-ideologische Erziehung haben, wobei die ethisch-moralischen

Werte der Revolution besonders in der Erziehung der Jugend eine entscheidende Rolle spielen.

- Die bisherige Strategie gegenüber dem Auslandskapital wird weitergeführt. Es sind genügend Sicherungen dafür vorhanden, dass eine Beteiligung ausländischer Unternehmen volkswirtschaftlichen Nutzen für Kuba bringt. Stützen der Wirtschaftsentwicklung bleiben Tourismus, Bergbau, Tabak, Derivate aus dem Zuckerrohr, die Fischwirtschaft und zunehmend die wissenschaftliche Forschung sowie die Entwicklung und Vermarktung von wissenschaftlichen Ergebnissen.
- Es wird die Lösung wirtschaftlicher und sozialer Grundprobleme konzentriert vorangetrieben, insbesondere in der Energiewirtschaft, dem Wohnungsbau, dem Transport und Verkehr, im Bauwesen.
- Die Erhöhung der Lebensqualität durch Bildung der allseitigen Persönlichkeit der Bürger und die Schaffung aller dazu erforderlichen Bedingungen im geistig-kulturellen, gesundheitspolitischen Bereich sowie der Verbesserung der materiellen Lebensbedingungen ist ein weiterer Schwerpunkt.
- Es wird keine Veränderung der Eigentumsverhältnisse geben, d.h. keine Ausdehnung privater Produktion. Der staatliche Sektor der Wirtschaft wird ausgebaut und gefestigt. Besonderer Schwerpunkt wird auf die Verbesserung der Effizienz der Produktion und Investitionen, der Nutzung der Ressourcen, der Arbeitsdisziplin, der sozialistischen Verhaltensweisen der Menschen gelegt.
- Es werden besondere Maßnahmen zur Produktionssteigerung in der Landwirtschaft erwartet.

- Familienbetrieben kann, wenn es im gesellschaftlichen Interesse ist, die Genehmigung erteilt werden, mehr als eine Person einzustellen. Die gesellschaftliche Kontrolle wird erheblich verstärkt werden.
- Fortsetzung der Kapazitätsanpassung staatlicher Betriebe (Modernisierung, Produktionsumstellung, Stilllegung von Betriebsteilen, Frei- und Umsetzung von Arbeitskräften, weitere Einführung der wirtschaftlichen Rechnungsführung und der vom Parteitag empfohlenen Normen für die Leitung und Verantwortung der Wirtschaftseinheiten usw., bis die Rentabilität und internationale Wettbewerbsfähigkeit erreicht ist).
- Weitere Stabilisierung der Finanzwirtschaft ohne Währungsschnitt.
- Weiterhin werden angestrebt: eine langfristige Konzentration auf Strukturaspekte, wie Diversifizierung, Ausweitung der Exportpalette, Kompensierung von Importen mit eigenen Produkten, Entwicklung der Nahrungsgüterproduktion, mehr Sparsamkeit und Effizienz beim Einsatz von Energie, Rohstoffen und finanziellen Mitteln. Besondere Steigerung des Exports von Dienstleistungen und Ergebnissen wissenschaftlicher Arbeit.

Auch in der jüngsten Berichterstattung vor der Nationalversammlung setzte sich besonders der Vorsitzende des Ausschusses für Wirtschaft sehr kritisch mit den noch bestehenden Mängeln auseinander. Die Bürger versuchen, ihre Bedürfnisse auf dem »Freien Markt« zu decken, was natürlich ihre finanziellen Möglichkeiten überfordert. Die Situation sei noch komplizierter, wenn man bedenkt, dass die Befriedigung der Bedürfnisse der Bevölkerung nicht direkt proportional mit dem Wirtschaftswachstum erfolgt, dass Ungleichheiten entstanden sind, die unvermeidbare – wenn auch unerwünschte – Auswirkungen auf ökonomische Entscheidungen haben, »die wir treffen mussten, um aus der Krise herauszukommen und neue Impulse für die wirtschaftliche Entwicklung zu geben«. Offenbar ist die politische Führung des Landes intensiv darum bemüht, dass besonders die ideologischen Auswirkungen der Problematik der doppelten Währung auf die Bevölkerung in Grenzen bleiben. Durch die Legalisierung des Besitzes von Devisen und die volle staatliche Kontrolle über die Devisen ist dieser Faktor jetzt berechenbarer geworden. Die Partei arbeitet eng mit den entsprechenden wissenschaftlichen Instituten und den Sozialarbeitern zusammen, um z. B. einen Überblick über Devisenzuflüsse zu erhalten. Das Endziel soll natürlich die freie Konvertierbarkeit der nationalen Währung sein, aber das hängt von vielen Faktoren der wirtschaftlichen Entwicklung ab.

Man schätzt, dass etwa 60% der kubanischen Bevölkerung Devisen besitzen. Im Jahre 1996 nahmen die Geschäfte des Einzelhandels (die Devisenläden) 60 bis 70 Mio. Dollar ein. Ein Jahr später, also relativ kurz nach Freigabe des Devisenbesitzes, hatte man folgende Daten erarbeitet: Im Tourismus arbeiteten über 200000 Kubaner, die etwa 70 Mio. Dollar erhielten (z. T. als Lohnanteil und auch als Trinkgelder u. a.). Die privaten Familienbetriebe nahmen ca. 100 Mio. Dollar ein. Überweisungen aus dem Ausland an zumeist Familienangehörige betrugen durchschnittlich 800 Mio. bis 1 Mrd. Dollar, was die

US-Regierung nun durch die verschärften Blockademaßnahmen zu verhindern sucht. Die privaten Dollareinnahmen in den gemischten Betrieben sind relativ gering. Kubanische Arbeiter und Angestellte werden in der Regel über kubanische Dienstleistungsunternehmen an ausländische Betriebe vermittelt und entlohnt. Außerdem sind in solchen Betrieben, die mit ausländischen Anteilen arbeiten, nur etwa 0,5 % der kubanischen Werktätigen tätig. Diese Erhebungen über den Devisenbestand in Privatbesitz sind sehr veränderlich und zeigen lediglich Anfänge der soziologischen Forschung.

Die einzige Lösung der gesamten Problematik sei es – und diese Orientierung wurde gegeben –, die materielle Produktion und die Dienstleistungen auf der Grundlage der »Gleichheit, sozialen Gerechtigkeit und Solidarität unter den Menschen als Grundpfeiler der Politik schneller zu erhöhen«.[170)]

Trotz aller Probleme und der kommenden, zu erwartenden, grundsätzlichen Überlegungen, kann Kuba mit Stolz auf das Erreichte und besonders auf die Fortschritte in den Jahren 2005 und 2006 zurückblicken, so dass Minister Soberon, Präsident der Zentralbank, mit Recht feststellen konnte, dass unter allen Ländern der »Dritten Welt« Kuba das Land ist, dessen Bürger das höchste Alter erreichen, dessen Kinder am wenigsten sterben und am besten ausgebildet werden, dessen Sportler am meisten Medaillen gewinnen, dessen Bevölkerung am meisten Trinkwasser und Elektrizität zur Verfügung hat. Es ist das Land mit der höchsten Zahl von Bildungsabschlüssen pro Einwohner, das Land, dessen Familien über den größten Prozentsatz an Hauseigentum verfügen und dessen Gesellschaft die größte soziale Sicherheit und den geringsten Index an Kriminalität aufweist.

Die zunehmend kritische Analyse der Entwicklung des Sozialismus ist ein langer, sich ständig wiederholender Prozess, der von Anfang der Revolution an charakteristisch für die Tätigkeit der kubanischen Partei ist. Das war zu beobachten in der »Ersten Deklaration von Havanna« 1961 und entwickelte sich besonders rege in den Diskussionen zum Korrekturprozess in de 80er Jahren. Natürlich herrschten in der Sonderperiode andere Bedingungen und Anforderungen. Das Besondere an der Rede Fidel Castros an der Universität von Havanna vom 17. November 2005 besteht darin, dass Fidel mit all den akuten Problemen *an die Öffentlichkeit* gegangen ist und somit nicht nur weitere, nunmehr öffentliche, Diskussionen zu Grundfragen ausgelöst hat. Bereits einige Wochen nach dieser Rede wurde in der Nationalversammlung eingeschätzt, dass im ganzen Land eine breite Aussprache zu den aufgeworfenen Problemen stattfindet. Bekannte Wissenschaftler Kubas meldeten sich mit interessanten Beiträgen zu Wort. Es ist wiederum bezeichnend, dass Fidel in entscheidenden Momenten der Entwicklung das gesamte Volk nicht nur in die Aussprache, sondern vor allem in die Lösung der Probleme einbezieht. Es besteht daher kein Zweifel daran, dass die Kubaner ihre eigenen Lösungen auf der Basis ihrer konkreten Situation finden werden – das war auch der »rote Faden« in den Ausführungen Fidel Castros. Kuba benötigt keine Ratschläge bürgerlicher Intellektueller, die zwar mit theoretischen, wenn auch vielleicht gut gemeinten Erwägungen, nun zu Hauf erscheinen, die aber nie in einem sozialistischen Land gelebt haben, die konkreten Ursachen und Zusammenhänge des Scheiterns des Sozialismus in Europa nicht richtig einordnen können, sondern nur vorwiegend theoretisch verallgemeinern. Solche einseitigen Verallgemeinerungen, die dann sogar in Schemata objektiver Gesetzmäßigkeiten eingepasst werden, die subjektiven Faktoren außen vor lassen und besonders die Gegner des Sozialismus erfreuen, könnten verwirren. Bei den vielen spezifischen Merkmalen der Entwicklung in Kuba muss man sich gründlicher mit dem Leben dort beschäftigen. Es nützt der kubanischen Führung nicht, ihr vom Ausland aus vorzuschlagen, in welcher Richtung sich z.B. die Wirtschaft bewegen sollte. Nach solchen Vorschlägen, wie sie bereits in großer Vielfalt erfolgten, ist meistens der Pferdefuß der kapitalistischen Marktgesetze in der Endkonsequenz zu erkennen. Eines haben die kubanischen Führungsgremien offensichtlich eindeutig entschieden: die Wirtschaft muss den politischen und sozialen Zielen der Revolution dienen. Angesicht des geplanten Zuwachses des Bruttoinlandsproduktes im Jahre 2007 und der Fortschritte in der Realisierung der Bildungs- und Gesundheitsprogramme, scheint diese These nicht so falsch zu sein. Damit haben auch die variantenreichen Vorschläge aus dem Ausland keine Erfolgsaussichten. Nach all den Jahren furchtbarer Prüfungen, die schließlich in einer erfolgreichen Prosperität enden, wird die Partei die Hände nicht in den Schoß legen. Man kann davon ausgehen, dass alle notwendigen Maßnahmen ergriffen wurden und weiterhin ergriffen werden, um die konkreten Lösungen aus eigener Kraft für die Herausforderungen auf allen Gebieten der gesellschaftlichen Entwicklung und insbesondere auf ideologischem Gebiet auszuarbeiten und zu realisieren.

Der Weg des kubanischen Volkes zur Freiheit, zur Erlangung seiner vollen Souveränität und zum Aufbau einer sozial gerechten Gesellschaft vor den Toren der USA war überaus hart und reich an Opfern. Wiederholt und gerade in jüngster Zeit zeigt sich die moralische Überlegenheit der kubanischen Gesellschaft auch am Beispiel des Kampfes gegen den Terrorismus, der von der US-Administration so vordergründig und zunehmend verlogen, dem eigenen Großmachtstreben dienend, als Maxime der Politik missbraucht wird. In seinem Namen werden viele Tausend unschuldige Menschen umgebracht und ganze Länder verwüstet, andere Staaten unter ständigem Druck gehalten oder gar mit Aggression und Repressalien bedroht. Im eigenem Land jedoch werden fünf kubanische Patrioten, die gegen die terroristischen Aktionen der militanten exilkubanischen Organisationen in den USA, von deren Regierung ausgehalten und protegiert, gearbeitet haben, schon das 9. Jahr in Hochsicherheitsgefängnissen eingesperrt, weil sie gegen den Terror kämpften, während einer der bekanntesten terroristischen Verbrecher, der Exilkubaner Luis Posada Carriles, im April 2007 aus der US-Haft entlassen worden ist, in die er nicht etwa wegen seiner grausamen terroristischen Aktionen geraten war, sondern angeblich wegen Formfehler bei der Einreise in die USA. Dieser Terrorist, so stellte es sich im Prozess heraus, beging seine Verbrechen seit dem Jahre 1961 im Dienste der CIA. Er war maßgeblicher Drahtzieher für viele terroristische Aktionen in Lateinamerika. So für die Explosion eines kubanischen Passagierflugzeuges bei Barbados, für die Operation Condor, im schmutzigen Krieg gegen das sandinistische Nikaragua. Als Chef der politischen Polizei in Venezuela wurde er wegen Folter und Mord an vielen venezolanischen Bürgern verurteilt und konnte meist mit Hilfe der CIA entkommen. Solche Vorgänge sind eindeutige Beweise für die missbräuchliche Anwendung des »Kampfes gegen den Terror«. Das kubanische Volk ist sich seit langem bewusst, dass sein Widerstand gegen die aggressive USA Politik noch viele Jahre andauern wird. Er schweißt es zusammen, er stählt es immer wieder auch für die Lösung der noch anstehenden unzähligen Probleme und bewahrt seinen kämpferischen, revolutionären Geist.

Mit großer Ruhe und Zuversicht erholte sich die Bevölkerung von dem Schrecken durch die schwere Krankheit Fidel Castros und es zeigte sich, dass bei guter Organisation und Mobilisierung auf allen Ebenen die Staatsgeschäfte weiter liefen wie bisher, dass die Führung des Landes stabil und kollektiv ist. Mit dieser Gewissheit wird man die kommenden Aufgaben optimistisch angehen. Dafür gibt es eine bedeutend solidere Ausgangsbasis als in vergangenen Jahren, in denen man eine Vielzahl von Maßnahmen gleichzeitig durchführen musste, um entstandene Löcher zu flicken. Heute konzentriert man sich auf einige Schlüsselprobleme. Das Wachstum des Bruttoinlandsproduktes wird auch im Jahre 2007 wieder stabil über 10 % liegen. Die Infrastruktur, das Transportwesen, die Energie- und Wasserversorgung werden ausgebaut. Große Schritte sind im Wohnungsbau vorgesehen. Solche Wirtschaftsvorhaben werden eine nachhaltige und stabile Entwicklung ermöglichen, da sie erstmals ohne neue Schulden realisiert werden können.

Für über 5,6 Millionen Bürger konnten Lohnkorrekturen erfolgen, ohne dass sich inflationäre Tendenzen zeigten. Begünstigend sind vor allem der weiterhin sehr günstige Nickelpreis auf dem Weltmarkt und die Eigendeckung des nationalen Bedarfes an Erdöl und Erdgas zu über 50 %. Es wurden auch die technischen Voraussetzungen geschaffen, diese Rohstoffe nutzen zu können. Mit einigen Ländern, wie China, Norwegen und Kanada wurden die ersten Verträge geschlossen, um die großen Öl- und Gasreserven auf dem kontinentalen Schelf zu erschließen.

Insgesamt werden durch die stabile Wirtschaftsentwicklung die Strukturen gefestigt und solide Voraussetzungen für die Verbesserung der Lebensbedingungen der Bevölkerung, für die Durchführung der sozialen Programme der Revolution geschaffen.

Es ist ein historisch glücklicher Umstand, dass die generelle Entwicklungstendenz in Lateinamerika gegen die imperialistische Globalisierung nach nordamerikanischem Vorbild gerichtet ist. Die USA-Pläne zur Schaffung eines ihnen genehmen Gesamtamerikanischen Marktes stoßen auf Widerstand in Lateinamerika. Das hat einmal tiefgreifende wirtschaftliche Ursachen: der USA-Markt ist objektiv für lateinamerikanische Produkte sehr eingeschränkt, große Finanzspritzen, wie zu Zeiten der gescheiterten »Allianz für den Fortschritt« kann sich die durch Kriege bebeutelte Wirtschaft nicht erlauben. Zum anderen entwickeln sich, durch die anhaltenden Probleme in den Beziehungen begünstigt, Tendenzen zur selbstständigen, ja zum Teil linken Politik in einer zunehmenden Zahl lateinamerikanischer Länder. Natürlich konsolidiert sich durch eine solche Entwicklung die Position Kubas in Lateinamerika auch in der Zukunft. Kuba ist für die Länder linker Politik das Herzstück und auch Vorbild für mutige Entwicklungsprozesse ohne oder gegen die USA.

Von besonderer Bedeutung ist die begonnene Integration nach einer entsprechenden Initiative des Präsidenten Venezuelas vor vier Jahren, die ALBA (Bolivarianische Alternative für Lateinamerika) zu schaffen. Waren bisher Venezuela und Kuba die einzigen Initiatoren, so unterzeichnete Bolivien später das Abkommen, im April 2007 reihte sich Nikaragua ein. Andere Länder, wie Ekuador und Haiti suchen die Kooperation. Kuba hat mit seiner sozialistischen Politik und besonders seiner solidarischen Hilfe auf den Gebieten des Gesundheitswesens und der Volksbildung eine enorme positive Ausstrahlung auf die Länder der Region. Im Rahmen der ALBA werden entscheidende Aufgaben in Angriff genommen. So zum Beispiel die Versorgung der Länder mit Energieträgern zu günstigen Bedingungen, die Schaffung gemeinsamer Medien zur Durchbrechung des imperialistischen Informationsmonopols. Von besonderer Bedeutung wird die Schaffung einer »Bank des Südens« sein. Bisher wurden finanzielle Reserven lateinamerikanischer Länder fast ausschließlich in US-Banken angelegt. Von dort erschienen sie dann als US-Kredite. Künftig werden die lateinamerikanischen Länder selbst, frei vom Diktat der US-Banken, des IWF oder der Weltbank entscheiden können. Präsident Chávez hat bereits den Austritt seines Landes aus dem IWF angekündigt. Solch essentiellen wirtschaftlichen Prozesse werden zweifellos den Widerstand der imperialistischen Monopole tendenziell ansteigend verschärfen.

Die antikubanischen Pläne der Bush-Administration bilden den Rahmen der begonnenen Offensive. Verstärkt versuchen die USA, durch Erhöhung von Investitionen, bilaterale Finanzierungen, den Abschluss bilateraler Freihandelsabkommen, die Länder des Kontinents zu teilen, Unterstützer zu gewinnen und die ALBA zu unterwandern und das Beispiel Kuba zu zerstören.

Solche Ziele haben auch, bei aller Differenziertheit, die Monopole anderer Staaten. Deshalb werden auch künftig Europa und die USA noch enger bei dieser Hetzjagd zusammenarbeiten. Viele Millionen Dollar nähren unzählige »Nichtstaatliche Organisationen« Europas. Der Statthalter für den »Übergang« in Kuba hat in seiner jüngsten Reise durch Europa im Frühjahr 2007 wiederum versucht, die Fäden zwischen den verschiedenen übel riechenden Sümpfen zu spannen. Frühere DDR-Bürgerrechtler, wie Nooke und Meckel verbinden sich mit der »Konrad-Adenauer-Stiftung« zum Halali gegen das sozialistische Kuba.[171)] Sie haben tatsächlich die abwegige Illusion, die kubanische Führung mit solchen »Bewegungen« wie in Osteuropa stürzen zu können.

Haben die europäischen Regierungen in der UNO auch für den kubanischen Antrag gegen die US-Blockade gestimmt, so haben sie jedoch im gleichen Gremium für ein USA-Papier (von Australien eingebracht) mit den bekannten Menschrechtsklauseln gemeinsam mit den USA gestimmt. Die Annahme dieses Papiers wurde durch Abstimmung für einen entsprechenden Antrag Kubas verhindert (126 : 51, bei 5 Enthaltungen).

Diese gemeinsamen Aktionen und die zunehmenden Aktivitäten der Europäischen Gemeinschaft gegen Kuba und die voranschreitende antikapitalistische Entwicklung in Lateinamerika lassen weitere heftige Auseinandersetzungen in der Zukunft erahnen.

Anmerkungen/Quellen

1) Rede Fidel Castros zum Abschluss der Internationalen Konferenz für das Gleichgewicht der Welt, veranstaltet zur Ehrung des 150. Geburtstages von José Martí, am 29. Januar 2003 in Havanna.
Internet: http://www.cuba.cu/gobierno/discursos/2003/ale/f290103a.html
2) *Siehe* Hans Weiss, Märchen von Kuba, S.36, Nomen Verlag, Frankfurt am Main, 2005
3) *Siehe* Jürgen Hell: Geschichte Kubas. Deutscher Verlag der Wissenschaften, Berlin/DDR 1989, S. 334 ff
4) Ebenda
5) Ebenda
6) »Granma«, 13. November 1996, Havanna, Cuba
7) Janette Habel, »Kuba: die Revolution in Gefahr«. Neuer ISP Verlag, Köln 1993, S. 19 ff.
8) *Siehe* S. A. Gonionski, »Lateinamerika und USA, 1939 bis 1959«. Verlag: Institut für Internationale Beziehungen, Moskau 1960 (in Russisch), S.257 ff.
9) »Nueva Era«, Havanna, Februar 1959, S.3
10) Ebenda
11) Programm der Sozialistischen Volkspartei Kubas, Havanna, Februar 1958, S.3
12) Ebenda
13) P. Fontaine in: Das Schwarzbuch des Kommunismus, 4.Aufl., München
14) *siehe* Roberto Fernández Retamar: »José Martí, Notre Amérique, eine Anthologie«, Paris 1968, S.338 ff.
15) Silvia Martínez Puentes, »Cuba en dos tiempos«, Havanna, 2002, S.61 ff
16) Fidel Castro: »Die Geschichte wird mich freisprechen«, Editora Política, Havanna, 1964
17) Janette Habel: »Kuba: die Revolution in Gefahr«. Neuer ISP Verlag, Köln 1993, S.12
18) Klaus Fritsche: Der August-Putsch und die sowjetisch-kubanischen Beziehungen, Köln 1991; Bundesinstitut für Ostwissenschaftliche und Internationale Studien, Aktuelle Analysen, Nr. 64 vom 19.12.91 und Le Monde vom 13.09.94
19) »Anklage des kubanischen Volkes gegen die Regierung der Vereinigten Staaten«, im Internet: http://www.cuba-sí.de
20) »Granma«, 29. Juli 1988

21) Klaus Fritsche: Der August-Putsch und die sowjetisch-kubanischen Beziehungen, Köln 1991; Bundesinstitut für Ostwissenschaftliche und Internationale Studien, Aktuelle Analysen, Nr.64 vom 19.12.91; Le Monde vom 13.09.94
22) V. Parteitag der Kommunistischen Partei Kubas, Havanna, 8. bis 10. Oktober 1997. Schlusswort
23) »New York Times«, 19. April 1992
24) laut Mitteilung des Generaldirektors des Außenhandelsunternehmens ALIMPORT, Pedro Álvarez, *siehe* »Granma« vom 4. März 2004
25) »Economic Eye on Cuba«, 13. Februar 2007, U.S.-Cuba Trade and Economic Council, New York
26) Ebenda
27) »Neues Deutschland«, 24. Juli 2006, Berlin
28) »Neues Deutschland«, 9. Februar 2006
29) Das Helms-Burton Gesetz. In: Blätter für deutsche und internationale Politik, Ausgabe 9/96, Verlagsgesellschaft Bonn
30) Ebenda, S.2
31) Foreign Clains Settlement Commission of the United States, Annual Report 2005
32) *siehe* Beitrag auf »Spiegel Online« vom 11. Dezember 2006: http://www.spiegel.de/wirtschaft/0,1518,453296,00.html
33) Jornal do Brasil, v. 5. Februar 2001; Interview mit dem Präsidenten der Nationalversammlung Kubas
34) Ansprache des Dr. Fidel Castro Ruz, Vorsitzender des Staats- und Ministerrates der Republik Kuba anläßlich der offenen Tribüne der Revolution in San José de Las Lajas; am 27. Januar 2001.
Internet: http://www.cuba.cu/gobierno/discursos/2001/ale/f270101a.html
35) Kommission für ein freies Kuba, Büro für die westliche Hemisphäre, State Department, USA
36) Erklärung des Präsidenten Bush; Büro des Pressesekretärs des Weißen Hauses, 6. Mai 2004
37) »Neues Deutschland«, 24. Juli 2006
38) »Neues Deutschland«, 13. Juli 2006
39) Ebenda
40) Der »öffentliche Teil« findet sich im Internet: http://www.cafc.gov/cafc/rpt/2006/c18232.htm
41) *siehe z. B.* UNICEF-Report: »The State of the World´s Children 2007«, Dezember 2006
42) »PLAN BUSH: destruir la Nacion cubana«, Editora politica, Havanna, 2006, S. 44; im »Report« (sh. Anm. 40) auf Seite 14

43) »PLAN BUSH: destruir la Nacion cubana«, Editora politica, Havanna, 2006, S. 48; im »Report« (sh. Anm. 40) S. 26f
44) *siehe* Agenturberichte vom 5./6. August 2006, in denen entsprechende Äußerungen von Bush und Rice zitiert sind
45) »Neues Deutschland«, 27. November 2006
46) Ebenda
47) nach: Klaus Eichner, »Agenten und Menschenrechte«, Mitteilungen der Kommunistischen Plattform der Linkspartei.PDS, Mai 2006
48) Rede des Präsidenten der Republik Kuba Fidel Castro Ruz bei der zentralen Veranstaltung anlässlich des 52. Jahrestages des Angriffes der Kasernen Moncada und »Carlos Manuel de Céspedes«, Theater »Karl Marx«, 26. Juli 2005 Internet: http://www.cuba.cu/gobierno/discursos/2005/ale/f260705a.html
49) »Neues Deutschland«, 17. November 2004, »Kuba entledigt sich ›Feindwährung‹«.
50) »Granma Internacional«, Havanna, 30. Dezember 2004
51) »Neues Deutschland«, 24. Juli 2006
52) zitiert aus dem Interview mit Raúl Castro für die Tageszeitung »Granma« vom 17. August 2006
53) für eine geschichtliche Darstellung siehe z.B.: Luciano Canfora: »Kurze Geschichte der Demokratie«, Köln, 2006
54) Alle Kubanerinnen und Kubaner, die im Vollbesitz ihrer politische Rechte sind, können ihr aktives und passives Wahlrecht wahrnehmen. Sie müssen folgende Voraussetzungen erfüllen: sie müssen mindestens 16 Jahre alt sein, sie müssen mindestens zwei Jahre vor den Wahlen ihren festen Wohnsitz in Kuba haben und in das Wahlregister ihres Wahlkreises eingetragen sein. Beim passiven müssen sie fünf Jahre vor den Wahlen ihren festen Wohnsitz in Kuba haben. Die Delegierten der Nationalversammlung und der Bezirkstage werden alle fünf Jahre und die der Kreistage alle zweieinhalb Jahre gewählt.
55) Granma, 10. November1992 : Fernsehinterview mit Carlos Lage, Sekretär des Ministerrats Kubas
56) Ebenda
57) »Granma Internacional«, November 1997, Schlusswort Fidel Castros auf dem V. Parteitag der KP Kubas (PCC)
58) Silvia Martínez Puentes, »Cuba en dos tiempos«, Havanna, 2002, S. 150
59) »Granma«, 10. November 1992, Interview mit Carlos Lage

60) Schlusswort von Fidel Castro zum III. Parteitag der PCC, 2. Dezember 1986, Internet: http://www.cuba.cu/gobierno/discursos/1986/esp/f021286e.html
61) Selbst manche linke Soziologen glauben daran, dass nur Meinungsumfragen entsprechender Institutionen den Regierungen ein reales Bild geben könnten.
62) aus dem Bericht des Ersten Sekretärs der Kommunistischen Partei Kubas (PCC) auf dem IV. Parteitag, Oktober 1991 Internet: http://www.cuba.cu/gobierno/discursos/1991/esp/f141091e.html
63) siehe Dokumente des IV. Parteitages der KP Kubas
64) »Granma«, 21. Dezember 2000 u. 22. Februar 2003
65) Bericht des Ministers für Wirtschaft und Planung, Oswaldo Martínez, vor der Nationalversammlung Kubas
66) »Granma Internacional«, 23. Dezember 2002
67) Ansprache des Präsidenten Fidel Castro zum 1. Mai 2006 Internet: http://www.cuba.cu/gobierno/discursos/2006/ale/f010506a.html
68) Materialien des V. Parteitages der Kommunistischen Partei Kubas, Nov. 1997
69) »Granma«, 25. Dezember 2006, Debatte in der Nationalversammlung Kubas
70) Ansprache des Präsidenten Fidel Castro zum 1. Mai 2006 Internet: http://www.cuba.cu/gobierno/discursos/2006/ale/f010506a.html
71) Ebenda
72) »Granma Internacional«, 23. Dezember 2002
73) »Granma International«, 25. Dezember 2004, Rede Fidel Castros vor der Nationalversammlung
74) Ebenda
75) *siehe auch* Rede Fidel Castros zur Maiveranstaltung 2006
76) »Granma Internacional«, 25. Dezember.04, Rede Fidel Castros vor der Nationalversammlung
77) Rede des Finanzministers vor der Nationalversammlung zur Begründung des Haushalts 2003; *siehe auch* Ausgaben der »Granma« vom 22. bis 26. Dezember 2003
78) »Junge Welt«, 02. August 2006, Berlin
79) »Granma«, 21. Dezember 2000
80) »Granma«, 23. Dezember 2000
81) »Granma« vom 25. Dezember 2004, Rede Fidel Castros vor der Nationalversammlung
82) »Granma Internacional«, Juni 1999

83) »Granma«, 25. Dezember 2006;
Rede Fidel Castros in Pinar del Rio, 17. Januar 2006,
Internet: http://www.cuba.cu/gobierno/discursos/2006/ale/f170106a.html
84) *siehe* Rede Fidel Castros zum 1. Mai 2006
85) »Granma«, 24. Dezember 2004, Rede der Ministerin für Finanzen und Preise, Georgina Barreiro
86) Ebenda
87) »Neues Deutschland«, 13. Januar 2005
88) Angaben des stv. Ministers für wirtschaftliche Zusammenarbeit und ausländische Investitionen, Octavio Castilla.
89) Angaben aus der Rede des Präsidenten der Zentralbank Kubas auf dem Kongress der Ökonomen Kubas, Havanna, 28. November 2005
90) »Granma«, 24. Dezember 2004, Rede der Ministerin für Finanzen und Preise, Georgina Barreiro
91) »Anuaro Estadistico de Cuba« (statistisches Jahrbuch), Ausgabe 2005, Herausgeber: Oficina Nacional de estadísticas, Republik Kuba
92) »Neues Deutschland«, 13. Januar 2005
93) *siehe* Materialien der Vollversammlung der Nationalversammlung, »Granma« vom 25. Dezember 2005
94) Angaben aus dem »Anuaro Estadistico de Cuba« (statistisches Jahrbuch) der Jahre 2000 und 2005, Herausgeber: Oficina Nacional de estadísticas, Republik Kuba
95) siehe Materialien der Bilanz-Versammlung der Nationalversammlung 2005 in www.trabajadores.cubaweb.cu
96) Materialien zur Bilanz des Jahres 2002 und zu den Volkswirtschaftsplänen 2003/04
97) *siehe* »Anuaro Estadistico de Cuba« (statistisches Jahrbuch) der Jahre 2000 und 2005, Herausgeber: Oficina Nacional de estadísticas, Republik Kuba
98) Ebenda
99) Angaben des stv. Ministers für wirtschaftliche Zusammenarbeit und ausländische Investitionen, Octavio Castilla
100) »Granma«, 24. Dezember 2004, Rede Fidel Castros vor der Nationalversammlung
101) Ebenda und »Neues Deutschland«, 18./19. Dezember 2004
102) »Cuba Kompakt«, 15. Dezember 2004, Ausgabe 3, FG BRD- Kuba e. V. Köln
103) »Granma«, 24. Dezember 2004, Rede Fidel Castros vor der Nationalversammlung Kubas

104) Rede Fidel Castros zum 1. Mai 2006
Internet: http://www.cuba.cu/gobierno/discursos/2006/ale/f010506a.html
105) »Frankfurter Rundschau«, 20. Januar 2000
106) »Anuaro Estadistico de Cuba« (statistisches Jahrbuch) des Jahres 2005, Herausgeber: Oficina Nacional de estadísticas, Republik Kuba
107) »Neues Deutschland«, 25. November 2005
108) Materialien zur volkswirtschaftlichen Bilanz 2002 und den Aufgaben 2003, »Granma«, Dezember 2003
109) »Cuba Kompakt«, 15. Dezember 2004, Köln, Ausgabe 3
110) »Cuba Libre«, Heft 1/2006, Köln
111) *siehe* Bericht des Wirtschaftsministers Kubas, J. Luis Rodriguez vor der Nationalversammlung Kubas am 25. Dezember 2005; www.trabajadores.cubaweb.cu
112) *siehe* Rede Oswaldo Martinez vor der Nationalversammlung, »Granma«, 25. Dezember 2005
113) *siehe* Rede Carlos Lage vor der Nationalversammlung »Granma« 08. September 2005
114) *siehe* Bericht des Wirtschaftsministers an die Nationalversammlung. »Trabajadores«, Dezember 2005
115) »Cuba Kompakt«, 15. September 2005
116) *siehe z.B.:* »Sin cultura no hay libertad posible«, Rede des Präsidenten der Republik von Kuba, Fidel Castro Ruz, zur Eröffnung des XVIII. Internationalen Balletfestivals von Havanna, 19. Oktober 2002
http://www.cubavision.cubaweb.cu/discursos_detalles.asp?ID=270
117) mehr dazu und zum Bildungssystem auf den Internetseiten des kubanischen Ministeriums für Erziehung: www.rimed.cu
118) *siehe* »Anuaro Estadistico de Cuba« (statistisches Jahrbuch) des Jahres 2005, Herausgeber: Oficina Nacional de estadísticas, Republik Kuba
119) *siehe* Rede Oswaldo Martinez vor der Nationalversammlung. »Trabajadores«, 25. Dezember 2005
120) aus dem Bericht des Wirtschaftsministers, J. Luis Rodriguez an die Nationalversammlung. www.trabajadores.cubaweb.cu
121) *siehe* »Anuaro Estadistico de Cuba« (statistisches Jahrbuch) des Jahres 2005, Herausgeber: Oficina Nacional de estadísticas, Republik Kuba

122) ausführlich zum Aufgabenbereich und Qualifikation der Familienärzte (in Spanisch):
DIAZ NOVAS, José, GALLEGO MACHADO, Bárbara y DURAN CORTINA, Maricel. Caracterización del médico de familia. Rev Cubana Med Gen Integr, sep.-dic. 2005, vol.21, no.5-6, p.0-0. ISSN 0864-2125.
Download: http://scielo.sld.cu/pdf/mgi/v21n5-6/mgi165-605.pdf
123) »Neues Deutschland«, 16. Dezember 2005
124) *siehe* Materialien der Nationalversammlung, Dezember 2005
125) »Cuba kompakt«, Köln, 15.09.2006
126) *siehe* UNICEF-Report: »The State of the World´s Children 2007«, Dezember 2006
127) Ebenda
128) Ebenda
129) Dr. Alfonso Casanova Montero, stv. Minister für Wirtschaft und Planung, in »Cuba Socialista«, No. 24/02
130) Bericht des Wirtschaftsministers vor der Nationalversammlung, »Granma«, 25. Dezember 2005
131) Silvia Martínez Fuentes, »Cuba en dos Tiempos«, Havanna 2002, S.61 ff
132) »Neues Deutschland«, 12. Januar 2006
133) Angaben aus dem Jahr 2005, *siehe* »Anuaro Estadistico de Cuba« (statistisches Jahrbuch) des Jahres 2005, Herausgeber: Oficina Nacional de estadísticas, Republik Kuba
134) *siehe* Rede F. Castro vom 28. Oktober 2005 auf der Festveranstaltung zum Studienabschluss der Kunstausbilder Internet: http://www.cuba.cu/gobierno/discursos/2005/ale/f281005a.html
135) aus dem Jahresbericht des Witschaftsministers vor der Nationalversammlung, »Trabajadores«, 25. Dezember 2005
136) »Cuba Libre«, Nr. 1/2006, Köln
137) *siehe* Rede Fidel Castros zum Jahrestag am 26. Juli 2006 in Bayamo
Internet: http://www.cuba.cu/gobierno/discursos/2006/ale/f260706a.html
138) *siehe dazu* die Sonderbeilage der Gewerkschaftszeitung »trabajadores« vom Dezember 2005
139) Resolucion Economica, V Congreso, EDITORA POLITICA, Havanna, 1998
140) »Granma«, 24. Dezember 2003
141) Ebenda
142) Ebenda
143) »Cuba en dos tiempos«, Havanna, 2002

144) siehe Bericht des Ministers für Wirtschaft und Planung von dem Parlament Kubas, in »Granma« vom 26. Dezember 2006
145) »Balance preliminar de las economías de América Latina y el Caribe 2006«, Comisión Económica para América Latina y el Caribe (CEPAL), Dezember 2006, S. 119f
siehe auch: »Neues Deutschland«, 23./24. Dezember 2006
146) Wirtschaftminister Jose Luis Rodriguez in seinem Jahresbericht an die Nationalversammlung, »Granma«, 25. Dezember 2005
147) »Cuba Libre" 1/2006, Januar-März 2006
148) *siehe* Rede Fidel Castro Ruz auf der Festveranstaltung in der Universität Havanna am 17. November 2005
Internet: http://www.cuba.cu/gobierno/discursos/2005/ale/f171105a.html
149) Materialien des V. Parteitages der KP Kubas, November 1997
150) Minister Soberon auf dem Kongress der Ökonomen Kubas. »Granma«, 26. November 2005
151) Rede Fidel Castro Ruz auf der Festveranstaltung in der Universität Havanna am 17. November 2005
Internet: http://www.cuba.cu/gobierno/discursos/2005/ale/f171105a.html
auch in: »Kuba nach Fidel«, Berlin 2006, S. 38
152) »Kuba nach Fidel«, Berlin 2006, Beitrag von Heinz Dieterich, S. 146
153) »Granma Internacional«, 19. Oktober 2006
154) Rede Fidel Castros auf der Sondersitzung zum 50. Jahrestag der UNO.
Presse-Rundschreiben Nr.347 des kubanischen Außenministeriums, Havanna, 22. Oktober 1995
Internet: http://www.cuba.cu/gobierno/discursos/1995/esp/d221095e.html
155) »Cuba kompakt«, 15. September 2006
156) Rede des Außenministers Kubas vor der UN Vollversammlung. New York, 08. November 2006
157) »Granma Internacional«, 25. Januar 2007
158) Willy Brandt, Essay »Menschenrechte misshandelt und missbraucht«, Reinbeck, 1987
159) *siehe* Rede des Außenministers Kubas im Rat für Menschenrechte in Genf, Juni 2006
160) Ebenda
161) »PDS International«, Heft 1/2000, S.77
162) Bericht des Politbüros des Zentralkomitees der Kommunistischen Partei Kubas zur 5. Plenartagung des Zentralkomitees, in: »Granma Internacional«, Mai 1996

163) Rede Fidel Castro Ruz auf der Festveranstaltung in der Universität Havanna am 17. November 2005 Internet: http://www.cuba.cu/gobierno/discursos/2005/ale/f171105a.html

164) *siehe* Interview mit R. Alarcon in der Zeitung »junge Welt« vom 19. Juli 2006

165) »Jose Marti – der geistige Urheber«, Fidel Castro, S.212

166) Vortrag des Präsidenten Kubas in der juristischen Fakultät der Universität von Buenos Aires, Argentinien, am 26. Mai 2003 Internet: http://www.cuba.cu/gobierno/discursos/2003/ale/f260503a.html

167) Rede Fidel Castro Ruz auf der Festveranstaltung in der Universität Havanna am 17. November 2005 Internet: http://www.cuba.cu/gobierno/discursos/2005/ale/f171105a.html
auch in: »Kuba nach Fidel«, Berlin 2006, S. 35

168) Dario Machado Rodriguez, Direktor des Amerika-Instituts auf dem 4. Iberoamerikanischen Gipfeltreffen, »Cuba Socialista«, No. 24/02

169) »PDS International«, Heft 1/2000, S.77

170) Ebenda

171) *vgl.* die Veranstaltung der »Konrad-Adenauer-Stiftung«: »Democracy in Cuba«, Berlin, 25./26. April 2007 ; Internet: http://www.kas.de/veranstaltungen/2007/24396_veranstaltung.html

Übersichtskarten

Kuba, geografische Lage

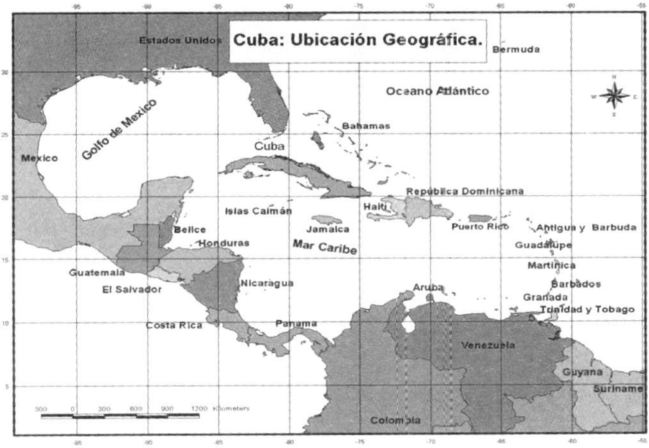

Kuba, politisch-administrativ

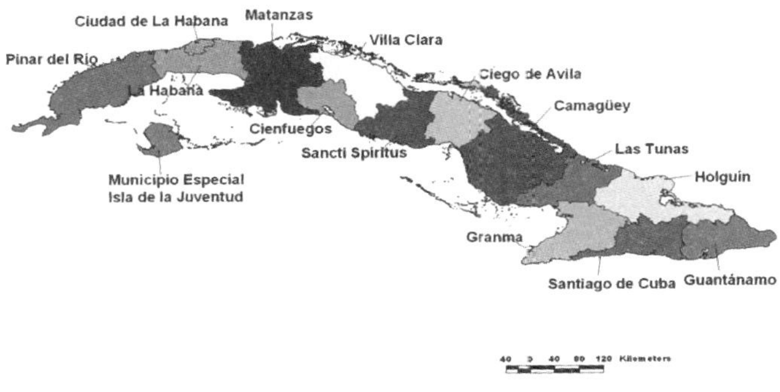

Grafiken entnommen aus:
»Anuaro Estadistico de Cuba« (statistisches Jahrbuch) des Jahres 2005, Herausgeber: Oficina Nacional de estadísticas, Republik Kuba

INDEX

A

B

C

D

M

N

O

P

Q

R

S

Z

»Sin cultura no hay libertad posible.«
Fidel

Unsere Bücher können Sie im guten Buchhandel beziehen. Sollte der Weg zur Buchhandlung zu weit sein, liefern wir unsere Bücher auch gerne portofrei an unsere Leser:

verlag wiljo heinen

Verlag Wiljo Heinen
Schulstraße 20
24860 Böklund
Tel.: 04623 189925 ; Fax 04623 189932
Internet: **http://www.verlag-wh.de**